王 卓◎著

中国西部扶贫问题研究

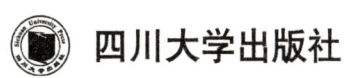

四川大学出版社

项目策划：何　静
责任编辑：何　静
责任校对：周　颖
封面设计：墨创文化
责任印制：王　炜

图书在版编目（CIP）数据

中国西部扶贫问题研究 / 王卓著. 一 成都：四川大学出版社，2019.12
ISBN 978-7-5690-3487-5

Ⅰ. ①中… Ⅱ. ①王… Ⅲ. ①扶贫－研究－西北地区 ②扶贫－研究－西南地区　Ⅳ. ①F126

中国版本图书馆 CIP 数据核字（2019）第 295724 号

书　名	中国西部扶贫问题研究
著　者	王　卓
出　版	四川大学出版社
地　址	成都市一环路南一段 24 号（610065）
发　行	四川大学出版社
书　号	ISBN 978-7-5690-3487-5
印前制作	石　慧
印　刷	郫县犀浦印刷厂
成品尺寸	170mm×240mm
印　张	14
字　数	290 千字
版　次	2019 年 12 月第 1 版
印　次	2021 年 1 月第 2 次印刷
定　价	55.00 元

版权所有 ◆ 侵权必究

◆ 读者邮购本书，请与本社发行科联系。
　电话：（028）85408408/（028）85401670/
　（028）86408023　邮政编码：610065
◆ 本社图书如有印装质量问题，请寄回出版社调换。
◆ 网址 http://press.scu.edu.cn

四川大学出版社
微信公众号

自 序

贫困存在于世界上的每一个国家及每一种社会形态，无论是发达国家还是发展中国家，无论是资本主义社会还是社会主义社会，都有形式不同、程度不同的贫困现象。但是，像中国政府这样大规模、有组织、长时段地开展扶贫工作的并不多见。

我从1991年进入扶贫系统以来，经历了一轮又一轮的扶贫攻坚战，亲眼看到很多同事奔波在扶贫一线，亲眼看到一些贫困家庭跳出贫困陷阱，亲眼看到一些贫困地区旧貌换新颜。在世纪之交的十余年里，我自己也深深地扎根扶贫一线，尽己所能地助力一些贫困家庭脱贫，包括以捐款和以购代捐的方式直接扶贫，以小额信贷扶贫实践的方式帮助贫困家庭，以政策建议的方式间接助力扶贫，以学术方式阐释和倡导扶贫有关理论等。

毋庸置疑，中国的扶贫成绩举世瞩目、世界公认，但却未获得与之相当的荣誉，以至于在2019年得知阿比吉特·巴纳吉（Abhijit V. Banerjee）、埃丝特·迪弗洛（Esther Duflo）和迈克尔·克雷默（Michael Kremer）以其"在减轻全球贫困方面的实验性做法"（Poor Economics: A Radical Rethinking of the Way to Fight Global Poverty）获得当年诺贝尔经济学奖项时，我和我的朋友们都在反思：为什么中国丰富而卓有成效的扶贫实践未能有此殊荣？

2003年，我从扶贫一线返回大学，执教于四川大学公共管理学院社会学系。2006年，四川大学110周年校庆时，学校和国务院扶贫办、联合国开发计划署等联合发起成立中国西部反贫困研究中心，开始组织队伍研究贫困与反贫困问题。近年来，我在讲授相关课程的时候，结合自己的实践和研究心得给研究生开设扶贫专题，发现我们确实缺少与中国丰富的实践相匹配的系统的扶贫理论。于是，便产生了整理既有研究和出版本书的想法。

本书由我从1994年深度参与小额信贷扶贫试验到近年来的若干研究成果组成，分成三个篇章。上篇是对世纪之交中国贫困问题和21世纪扶贫政策的思考；中篇是对中国扶贫中的重要投入要素——扶贫资金相关议题的研究，提出了"扶贫陷阱"论；下篇是针对扶贫陷阱而展开的两个方面的思考，一是贫困主体的社会支持体系，二是扶贫多元主体参与的运行实践与机制。

虽然本书不能涵盖中国扶贫的方方面面，尚未结构性呈现中国扶贫理论，但是我希望通过本书能对中国现有的扶贫理论研究做一些贡献，希望本书能成为扶贫研究者和对贫困问题感兴趣的研究生的参考书，希望得到学界同行的批评指正。

王　卓

于四川成都

目 录

上编　世纪之交的贫困问题

中国现阶段的贫困特征 …………………………………………… 3
论中国城市化进程中的贫困问题 ……………………………… 11
新世纪凉山州彝族贫困地区扶贫问题研究 …………………… 20
关于下一阶段扶贫工作的建议 ………………………………… 29

中编　扶贫陷阱

小额信贷扶贫到户的实践和可行性 …………………………… 39
平昌县 GB 式小额信贷扶贫试点 ……………………………… 47
小额信贷扶贫的实践和思考 …………………………………… 55
低收入人口的信贷需求与供给分析 …………………………… 60
小额信贷视角下合会的运行机制 ……………………………… 69
农村小额信贷利率及其需求弹性 ……………………………… 81
农村民间金融组织的社会特征分析 …………………………… 93
农村民间金融组织的金融影响评价 …………………………… 101
农村民间金融组织监管制度的创新路径 ……………………… 112
扶贫资金政府管理中的"公有地悲剧" ………………………… 118

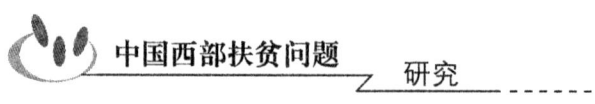

扶贫陷阱与扶贫资金政府管理效率 …………………………………… 130

下编　扶贫多元主体

四川农村低保居民社会支持网研究 …………………………………… 143
汶川地震灾区居民社会支持网研究 …………………………………… 154
四川乡镇贫困群体的社会支持网研究 ………………………………… 171
兰州市城市贫困家庭社会支持网研究 ………………………………… 184
灾后社区扶贫模式研究 ………………………………………………… 197
参与式灾后重建的作用和影响 ………………………………………… 207

上编
世纪之交的贫困问题

中国现阶段的贫困特征*

在世界贫困人数呈上升趋势的国际背景下，中国的扶贫成就令世人瞩目。但是，由于贫困本身的复杂性和社会发展在不同阶段所具有的历史规律性，中国现阶段的贫困状况十分复杂，表现在四个方面：一是绝对贫困和相对贫困共存；二是农村贫困与城市贫困共存；三是区域贫困与个体贫困共存；四是阶层性贫困开始形成。

一、绝对贫困与相对贫困共存

关于贫困问题的研究，最早可以追溯到19世纪中叶，马克思当时即断言无产阶级的贫困是资本主义积累的绝对的、一般的规律。① 19世纪末英国的朗特里（Rowntree）和布思（Booth）进一步提出绝对贫困概念，即认为一定数量的货物和服务对于个人和家庭的生存和福利是必需的，如果一个家庭的总收入不足以取得仅仅是维持物质生活所必备的需要量，那么该家庭就处于贫困状态。②

绝对贫困关心基本需要的满足，这些基本需要如食品、住房和衣着的消费构成维持生存最低需要的生活标准。因此，绝对贫困也称为生存贫困。③

中国最早对绝对贫困现象的描述是：食不果腹，衣不蔽体，房不挡风雨。这种定性而形象的描述可以使我们在直接面对各类人群时判定哪些人处于绝对贫困状态。但其局限性是明显的：①我们不可能直接接触所有的人；②用"三不"标准判定贫困易受主观因素的影响，参照群体不同，判断结果就可能有差异。

1984年，我国曾经提出"人均口粮南方水稻产区400斤以下，北方杂粮

---

* 原刊载于《经济学家》2000年第2期，此次整理有修订。
① 马克思：《资本论》，人民出版社，1964年。
② Rowntree B S. Poverty: A Study of town Life. London: Macmillan, 1901.
③ 王卓：《世纪之交的中国贫困问题》，《中国贫困地区》1999年第10期。

产区 300 斤以下"的绝对贫困标准，由此确认当时农村没有解决温饱问题，处于绝对贫困状态的人口有 1.25 亿，约占当年农村总人口的 16%。如此广泛的绝对贫困使得解决绝对贫困人口的温饱问题成为政府在 20 世纪 80 年代，甚至 90 年代扶贫工作的唯一目标。经过政府与社会的扶贫济困、贫困地区的扶贫开发以及广大贫困群众十多年的艰苦努力，到 1998 年，全国农村没有解决温饱问题的绝对贫困人口减少到 4200 万，占当年农村总人口的 4.6% 左右。政府计划到 2000 年全部解决有劳动能力的农村绝对贫困人口的温饱问题。占我国总人口 80% 的农村人口温饱问题的解决，在一定意义上标志着我国绝对贫困状况的缓解。但是，绝对贫困状况的缓解并不等于消除贫困。贫困有两种典型的状态，一为绝对贫困，一为相对贫困。在我国农村绝对贫困问题逐渐缓解的同时，相对贫困以其人口数量越来越多的趋势开始成为我国现阶段贫困状况的另一个显著特征。①

相对贫困是指一个人或家庭的收入低于社会平均收入水平达一定程度时所维持的生活状态。② 如果说绝对贫困纯粹是物质上的或者经济意义上的最低生理需要，是一种生存临界状态，那么相对贫困则包含了更高层次的社会心理需要，是一种与某参照群体比较后的落后和收入下降状态。事实上，绝对贫困向相对贫困的转变符合马斯洛的需求层次理论。

相对贫困的人员不仅是指收入分配处于低层，也是指其在一个社会中所处的地位低下。相对贫困关心对资源的最低权利，人们有权要求得到一份最低收入。

从经济意义上讲，相对贫困是与社会平均生活水平有较大差距的一种生活状况，因此相对贫困的标准随着经济发展所带来平均生活水平的提高而不断上升。相对贫困标准在不同社会和同一社会的不同发展阶段是有差异的。相对贫困标准由社会确定，是社会上多数人对于较低生活水平的一种确认。

世界银行的贫困标准是以 1985 年购买力平价计，人均每天最低消费 1 美元，年收入低于 375 美元即为贫困。③ 而我国一些大中城市制定的最低生活保障线为人均月收入 220 元，人均年收入 2640 元，折合美元约 319 美元，比国际公认贫困标准低 15%。农村贫困标准为 1998 年价计人均年纯收入 635 元，折合美元约 77 美元，比国际公认标准低 80%，比国内城市贫困标准低 75%。

---

① 康晓光：《90 年代我国的贫困与反贫困战略》，《中国国情国力》1995 年第 7 期。
② 周彬彬：《我国扶贫政策中几个值得探讨的问题》，《农业经济问题》1991 年第 10 期。
③ 世界银行：《1990 年世界发展报告》，中国财政经济出版社，1990 年。

这种明显的差距充分说明了贫困标准的"相对性"是很强的。①

由于教育和传媒的发展，人们的眼界比以前开阔了。过去农民最多和乡里的有钱人比较，现在却羡慕城里人的生活。这种比较来自经济发展的不平衡、个人的价值判断以及与社会富有成员之间的地位和收入差距。与此同时，一部分人又感到被剥夺了与社会中另一部分人同享欢乐的权利，于是心理失落的感觉变得强烈起来。

贫富差距、两极分化是相对贫困最强烈的表现。联合国开发计划署的统计数据显示：人类20%的富有者消费着86%的各种商品和服务，而占人口1/5的最贫困者只消费着世界财富的1.3%，几乎只有30年前的2.3%的一半。在世界人口中，1/5的富有者和1/5的最贫困者，从人均国民收入上衡量，其收入之比在1980年是30∶1，而到1997年则扩大到74∶1。相对贫困问题的缓解可以减轻不平等对社会稳定的危害。

任何社会都存在一部分生活在社会最底层的人。我国现阶段尽管仍然存在一少部分绝对贫困人口（如丧失劳动能力需要政府救济的残疾人，一部分没有收入来源的老人、儿童等），但是收入不平等和分配差距所造成的相对贫困问题日益突出，应该并将成为我国今后反贫困工作的主要方面。

二、农村贫困与城市贫困共存

改革开放以前中国贫困的总体特征是大众贫困，这种贫困主要集中在农村，表现为农村贫困：①1978年全国农村人口占总人口的82.08%，当年农民家庭年人均纯收入仅133.6元，农民年消费水平138元。城镇居民与此相关的两项数据分别是343.4元、405元。总体低水平下的农村更为落后和贫困。②城市贫困问题一直未纳入政府扶贫日程。1978年我国农村贫困人口计2.5亿，约占当年农村总人口的30.7%。1986年政府开始大规模扶贫时，工作重点也在农村，农村贫困人口计1.25亿。②

中国农村贫困的根本原因是人口与资源关系的失调，表现在两个方面：一是数量上的人口压力；二是制度失调导致的资源利用率低。

建立在基本理清人口与资源关系基础之上的中国扶贫工作在20世纪八九十年代取得了历史性的伟大成就，全国农村贫困问题得到极大缓解。从根本

---

① 唐平：《中国农村贫困标准和贫困状况的初步研究》，《中国农村经济》1994年第6期。

② 国家统计局：《中国统计年鉴》，中国统计出版社，1997年。

上讲，这一成就得益于以下方面。

（一）农村家庭联产承包责任制的创新

农村家庭联产承包责任制的创新基本理顺了生产资料的所有制关系，使耕者有其田。这个制度在我国广大农村的推行对于70年代中期到80年代中期乡村贫困问题的缓解发挥了十分重要的作用，这期间我国农村贫困人口减少了将近一半。

（二）全国范围内坚决推行计划生育政策

连续近二十年的计划生育政策的推行大大缓解了人口压力。人口总和生育率下降到2.1，接近生育更替水平；家庭平均规模下降到3.64，20年间少生人口约3亿。计划生育制度的执行，不仅减少了人口总量，协调了经济发展与人口发展的关系，而且在总体上比较成功地遏制住了贫困人口陷入"越穷越生、越生越穷"的恶性循环。

（三）劳动力的相对自由流动政策

劳动力的相对自由流动政策使长期被户籍制度约束的劳动者打破城乡藩篱，获得了与生产资料自由结合的权利。生产力的解放不仅使劳动者释放出巨大的劳动潜力，而且推动了农村城市化的进程，在很大程度上缓解了人口对土地的压力。

（四）以大规模扶贫开发为契机的贫困地区农村基础设施建设和科技进步

以大规模扶贫开发为契机的贫困地区农村基础设施建设和科技进步，不仅改善了农村贫困人口生产生活环境，提高了资源的产出率，增大了经济总量，而且通过涓滴效应和辐射作用提高了农村贫困人口的收入水平，改善了贫困人口的生活状况。

然而由于历史的积淀，我国工业化和城市化进程十分缓慢，到1997年全国城市化率仅为29.92%，大大低于发达国家的城市化水平。城乡差距和工农差距的长期存在使农村贫困人口温饱问题的解决仅仅表现为贫困程度的降低，而贫困地区基础条件脆弱，无力抗拒自然灾害的侵袭，可能导致15%~30%的人口返贫。因此，从现实的角度看，我国农村的贫困问题仍将继续存在。

在工业化和城市化进程中，必然出现农村剩余劳动力涌入城市，成为流动人口的情况。这部分流动人口如果被雇佣，也会处于劳动时间长、待遇低、工作辛苦、工作不稳定等不利状况。这部分人的大多数及其家属即成为城市贫困人口的一个组成部分，另一主要部分就是国家制度性变革所析出的一部分人。城市贫困即以这种特有的形式开始浮出水面,并引起社会越来越多的关注。

各国工业化的历程表明了资本积累在工业化进程中的不可避免性。没有资本的原始积累,机器大工业和社会化大生产无法实现。我国 20 世纪 80 年代的经济体制改革使一部分人完成了初期的原始积累,先富了起来;90 年代的国有大中型企业体制转换改变了国家资本与工人的关系,使大量产业工人完成"身份"转变,由"国家主人"转为企业的雇佣工人,待业、失业不再陌生。

按照马克思和恩格斯的设想,人类社会是按原始社会、奴隶社会、封建社会、资本主义社会、社会主义社会、共产主义社会的方向循序向前发展的。中国社会发展的特殊性是并没有完全遵循这一社会历史发展规律,而是历史性地跨越了资本主义社会这个阶段,从封建主义社会直接进入社会主义社会。"社会主义初级阶段就是不发达阶段,农村尤其落后,在较长时期内存在贫困地区、贫困人口和贫困现象是不可避免的。"[①] 这一论断不仅实事求是,也明确了现阶段农村贫困和城市贫困存在的必然性。

我国现阶段城市贫困人口主要由五类人组成:第一类是有劳动能力、收入低、家庭负担沉重的人;第二类是孤儿和需要救济的贫民子女;第三类是没有固定职业、收入极不稳定的人;第四类是困难企业的下岗职工;第五类是衰败的、流落街头的、没有劳动能力的人。[②]

三、区域贫困与个体贫困共存

贫困理论中有一种经典的理论是地理环境决定论,把贫困看成是地理环境不利所造成,贫困就只有一种类型即地区贫困。[③]

我国扶贫开发的基本理念遵从了地理环境决定论,并从划定 18 片贫困地区开始大规模的扶贫开发。1985 年全国农村农民年人均纯收入 200 元以下的低收入人口有 1.02 亿,占农村总人口的 12.25%。他们主要分布在 22 个省(自治区)的 699 个贫困县,其中有 430 个贫困县分布在 18 个集中连片的贫困地区。

---

① 《中共中央、国务院关于进一步加强扶贫开发工作的决定》,中发〔1999〕10 号。
② 关信平:《中国城市贫困问题研究》,湖南人民出版社,1999 年。
③ 国务院扶贫开发领导小组办公室:《贫困地区经济开发十粹》,中国科学技术出版社,1993 年。

全国18个贫困地区大致可分为六种类型：东西部接壤地带贫困类型、西南喀斯特山区贫困类型、内蒙古旱地贫困类型、东部丘陵山区贫困类型、黄土高原丘陵沟壑区贫困类型、西藏高寒山区贫困类型。这些贫困地区具有相似的自然条件：气候多变，灾害频繁；地形多种多样，开发利用艰难复杂；生物资源丰富，但保护利用情况较差；矿产资源丰富，但开发利用问题较多；旅游资源丰富，但管理水平较低；等等。从社会经济方面考察，贫困地区的特点是：多民族混居，多种社会经济形态共存；交通闭塞，工业落后；人口增长迅速，人口素质偏低；文化科技不发达；交往的多边性和社会的封闭性；农业生产不稳定，经济发展不平衡。

经过十多年的区域性扶贫开发和贫困地区广大干部群众共同努力，我国贫困地区的面貌发生了深刻的变化，贫困现象得到大范围缓解。井冈山、沂蒙山、大别山、闽西南等革命老区整体解决了温饱问题。"三西"地区、秦巴山区、武陵山区等其他贫困地区的基本生产生活条件明显改善，文化、教育、卫生事业有了新的发展。

随着扶贫工作的进展，贫困人口集中连片的状况已经明显改变。余下的部分农村贫困人口主要分布在自然资源贫乏、生产力水平和社会发育程度很低的偏远地区和少数民族地区，即一部分地区、一部分农村。贫困岛屿的逐步缩小一方面意味着扶贫的难度越来越大，另一方面也意味着贫困越来越集中在部分特殊的人群。其特殊性表现在贫困地区外部条件的改善对缓解其贫困状况的作用不显著。贫困人口的这种特殊性形成贫困的另一个类型：个体贫困。个体贫困的特征有以下三个：

(1) 素质缺陷。一些人认为，贫困的本质规定是人的素质缺陷。素质是一个很复杂的概念，包含诸如思想素质、道德素质、文化素质、身体素质还有政治素质、业务素质等内容。造成素质缺陷的因素主要有两个：一是"先天"的遗传缺陷，如性格缺陷、身体残疾、智力低下。二是"后天"的环境不利，受教育程度不足。没有受过教育或只受过小学教育，是贫困人口基本的个体特征。

(2) 个人奋斗精神不足。美国自由主义经济学家弗里德曼认为，个人应对自己的行动和后果负全部责任。自由的市场体制给予每个人平等的机会和自由选择的权利。如果贫困，责任只能在于个人的懒惰、不节俭、不努力工作和缺少创业精神，而不在于政府管理者。从自由经济的原则出发，弗里德曼对福利国家进行了批评，他认为容易得到的福利保障会削弱人们工作的动机，使个人竞争能力退化，阻碍经济进步。这和马尔萨斯反对英国济贫法的理由相似,为摆脱贫困,唯一的出路就是个人努力奋斗。①

(3) 问题家庭的影响。问题家庭表现为缺乏家庭理财能力、个人道德约束松弛、失业、酗酒、赌博、吸毒、儿童无人管教、父母离异、违法犯罪等与社会问题相关的方面。

在长期的扶贫工作中,我们一直追求并努力想要唤起的是贫困人口内在的脱贫意愿和努力。地理环境、分配制度、经济政策、计划干预只是影响贫困的一些重要的外部因素。在扶贫即将进入的新的历史阶段,我们仍然需要强调和激发贫困人口自身的努力意愿,而不能仅仅依靠外部支持、援助、救济、扶持。

四、阶层性贫困开始形成

所谓阶层性贫困,是指社会某一阶层人口较之其他阶层人口具有十分明显的高而稳定的贫困发生率。阶层性贫困产生于社会分工。

社会内部的分工是个人被相应地限制在特殊职业范围内的现象,是从相反的两个起点发展起来的。在家庭内部,由于性别和年龄的差异,也就是在纯生理的基础上产生了一种自然的分工。社会分工以生产资料分散在许多互不依赖的商品生产者中间为前提。一切发达的、以商品交换为媒介的分工的基础都是城乡的分离。资本家和工人的分离,随着工业化进程越来越明确。体力劳动和脑力劳动的分离,随着社会的日益富裕越来越明显。马克思认为,社会的全部经济史都可以概括为这种对立的运动。分工除了扩展到经济领域以外,又进一步扩展到社会的其他领域,从而为人的细分奠定了基础。由社会分工导致的人的细分最终形成了社会分层。

毛泽东在其著名的《中国社会各阶级的分析》中,将旧中国社会各阶级做了五种分类:①地主阶级和买办阶级。他们是国际资产阶级的附庸。②中产阶级。主要指民族资产阶级。③小资产阶级。如自耕农、手工业主、小知识阶层和学生界、中小学教员、小事务员、小律师、小商人等都属于这一类。④半无产阶级。包含绝大部分自耕农、贫农、小手工业者、店员、小贩等。⑤无产阶级。主要为铁路、矿山、海运、纺织、造船等五种产业工人。另外还有农村无产阶级和数量不小的游民无产阶级。现代工业无产阶级、都市苦力工人、农村无产阶级、游民无产者构成社会的贫困阶层。②

---

① 马尔萨斯:《人口原理》,商务印书馆,1951年。
② 毛泽东:《毛泽东选集(第一卷)》,人民出版社,1951年。

带有政治色彩的"阶级"在我国现阶段已经不复存在，但当我们对现阶段中国社会的分层进行分析时，毛泽东的著名论断仍有一定现实意义。剥削阶级已经消灭了，但老板、工薪阶层、白领、蓝领、下岗工人、民工、打工族等称谓的出现和频繁使用，表明了"阶层分化"的发展趋势。在这种大趋势下，阶层性贫困也开始出现。

我国现阶段的阶层性贫困具有收入低、工资不稳定、没有资产、没有劳动能力等特点，贫困人口除去流浪者、罪犯、乞丐等外，主要由农民、失业人员、无业人员、老人和贫困家庭子女等组成。关注这些人，应是阶层性贫困研究的重要课题。

论中国城市化进程中的贫困问题[*]

在社会经济发展过程中，尤其是市场经济条件下，贫困似乎已经成为一个难以避免的伴生现象。考察城市化进程，可以发现，贫困不仅是城市化进程中的"果"，在一定意义上更是推动城市化的"因"。

以社会学视角，城市化表现为城市发展的同时，城市生活方式、思想观念和文化模式向农村扩散导致城乡差异缩小的过程。以人口学视角，所谓城市化就是在社会总人口中，城市人口比重不断增加、农村人口比重不断减少的一个过程。考察社会历史发展的进程，一个开放的社会必然要经历一个较长期的农村人口不断涌向城市，从而促使城市发展的过程，在这个过程中城乡差异逐步缩小。事实上，这种差异的缩小是通过人来传递和体现的。

城市化是社会发展的必然趋势。工业化因其对城市发展提出客观要求并提供可能条件而成为导致城市化的直接原因。工业化、城市化和现代化是现代社会历史发展过程中的三个相互影响、相互作用的重要因素。中国改革开放以来，尽管城镇人口占总人口的比例已经从1978年的17.92%上升到2003年的40.53%，年平均增长3.32%，但国内生产总值中非农产业比重却从71.9%上升到84.6%，年平均增长0.65%。动态地看，我国城市化发展速度快于工业化发展速度；静态地看，我国城市化水平远远落后于工业化水平。城市化发展严重滞后于工业化发展所导致的社会不协调使我国的二元社会问题和二元经济问题长期交织在一起，演变为次二元社会和次二元经济问题，并加剧当前社会的贫困化趋势，使中国现阶段的贫困总体上呈现出四个特征：绝对贫困与相对贫困共存，农村贫困与城市贫困共存，区域贫困与个体贫困共存，阶层性贫困开始形成。

生产力中最活跃的因素——人的发展及其各种需要的变化推动着社会的进步和发展。其中分布在城市周围以及远离城市社会的大量的农村人口，因为其生存与发展需要的进一步满足而成为现代中国城市发展的主要推动力。没有农村就没有城市化，没有广泛存在的农村剩余劳动力就没有中国现阶段

---

[*] 原刊载于《经济体制改革》2004年第6期，此次整理有修订。

如此快速发展的城市化。农村、农民、农业问题的实质在一定意义上就是中国城市化进程中这种力量被挤压而需要得到释放、转化和实现的一种极端的表现。

一、农村贫困推动城市发展

无论对中国贫困人口或是对中国政府而言，从20世纪70年代末期开始在全国范围内开展的以解决农村贫困人口温饱问题为主要目标，以改变贫困地区经济文化落后状态为重点的大规模扶贫开发，都是一项在改革开放的进程中逐步明确和强化的重大战略决策。这一战略的实施使中国"尚未解决温饱的贫困人口"不仅在绝对数量上从1978年的2.5亿减少到现在的约2500万，占世界贫困人口比例从1/4下降到1/20，而且贫困人口的生产生活状况也得到了相当大程度的改善。世界银行行长沃尔芬森在全球扶贫大会闭幕式（2004，上海）上说："中国本身就是一个扩大减贫规模的典范。"

我国农村贫困人口的温饱标准是以农民年人均纯收入625元（2000年）来计算的。如果按世界银行人均一天消费1美元以下为绝对贫困标准，中国的赤贫人口1981年为6.34亿，2001年减少至2.12亿，20年间赤贫人口在总人口中所占的比例由63.8%下降到16.6%（世界银行，2004）。尽管我们可以强调中国农民都有一块承包地，都有住房而且不需要支付租金，但是中国农村至少有3000万绝对贫困人口和数量更大的相对贫困人口却是一个不争的事实。

除去少量的绝对贫困人口，当前农村贫困更多地表现为相对贫困。大量农村人口无法在农村实现就业，从而使农村居民家庭面临较大的生存和发展压力。这种压力在封闭的社会发展环境里是可以被抑制的，其后果之一就是农业边际劳动生产力递减甚至为负数；然而在开放的社会里，期望这种压力完全在农村得到释放和缓解是很困难的。

早期中国城乡差别化发展的道路选择以及投资重点的长期倾斜使农村发展严重滞后于整个社会经济发展，城乡居民收入的绝对差距从1978年的209.8元上升到2002年的5227.2元，扣除物价变动因素，城乡居民收入差距仍然以每年17%的速度增长，且有逐年扩大之势（如图1所示）。

同时，在农村人口增长、农业比较效益递减、土地资源约束以及技术替代等多因素作用下，大量农村劳动力向城市、向非农产业转移已成为不可逆转之势。农村剩余劳动力的大量存在为城市加快发展提供了条件。大量的资料表明，我国现有农村剩余劳动力在1.5亿人左右，按照农村每个劳动力负

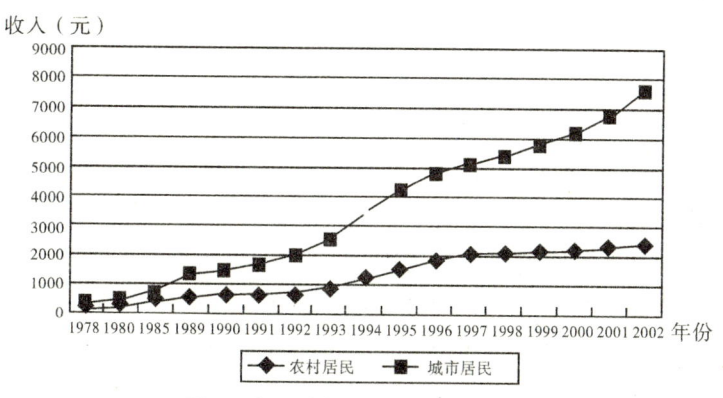

担1.5人（2002年）计算，估计短期内至少有2.25亿人不得不流动到城市。

图1 中国城乡居民收入差距比较

经典的关于劳动力转移的推拉理论以及刘易斯（Lewis，1953）二元经济条件下无限剩余劳动供给模型并不能完全解释中国农村劳动力流动实践。我国著名发展经济学家张培刚教授认为，劳动的移民，在大多数场合，只是饥馑或当地劳动力供给过多而产生的压力所引起的。

广泛意义上的农村剩余劳动力实质上就是农村的失业人口。但是由此产生的农村劳动力流动却不完全是农村的剩余劳动力的流动，这种结构上的错觉使中国农村劳动力的转移及其影响变得有些复杂。流向城市的劳动力事实上是农村中的精英。农村中具有较高文化素质的劳动力一般会率先进入流动队伍中。安徽省农调队对31个县327个村民小组的调查表明，外出劳动力中，初中以上文化程度者占58.4%，比全省农村初中以上劳动力所占比例高30%。比较推力和拉力，中国城市发展和工业发展对农村劳动力的吸引力远小于农村贫困对农村劳动力的推力，尤其是对于贫困地区的农村劳动力。在开放的社会条件下，贫困压迫下的农村劳动力的流动表现为更大的主动性，一种为求生计而萌发的主动性。

现阶段中国的城市化是被动的，并不完全是工业扩张所带动的。换言之，农村贫困在一定程度上推动了城市发展。在我国宏观经济结构调整和转型过程中，农业发展的不足从低端推动着二元社会的改变和调整。

二、城市发展反作用于农村贫困

马克思在《资本论》中曾精辟地论述：在原始积累的历史中，对正在形成的资本家阶级起过推动作用的一切变革，都是历史上划时代的事情；但是首要的因素是：大量的人突然被强制地同自己的生存资料分离，被当作不受法律保护的无产者抛向劳动市场。对农业生产者即农民的土地的剥夺，形成全部过程的基础。这种剥夺的历史在不同的国家带有不同的色彩，按不同的顺序、在不同的历史时代通过不同的阶段。

马克思早在一百多年前所论述的关于城市发展中农民失去土地等生产资料的历史性转变目前在中国各地也正以各种形式发生着。在一些地方，城市化似乎变得很容易和很迅速，农民转变为市民是转眼间即可发生的事情。四川省是一个农业大省，省内某县是省会成都市周边的一个以农业为主的县，在城市发展进程中，该县首先改县为区。中国在行政上所进行的有关城市化措施如县改市，改完以后，原来县里的人就成了城里的人。这种身份和称谓的转变在许多地方已经成为城市发展的一个标签。2004年4月20日，该区在全省率先实现无村建制，具体行动就是该区最后一个村——两河村的2300多名农民领到了"城镇居民户口簿"，转眼间这些还没有进城的农民就全部变成了市民。近年来，邻近乡镇的发展使得两河村很多农民失去耕地，变成了无地农民。为统筹城乡经济社会发展，该区为这2300多名失地农民发放"城镇居民户口簿"作为补偿，同时他们开始享受城里人才能享受的许多生活待遇，包括"下岗待业优惠"，即使这些农民因为失去耕作的土地已经很长时间没有工作。当然，如果两河村在变为两河居委会的过程中"具有城市特质在农村中增加的特点"，那么两河村农民申领"城镇居民户口簿"就只是一个标志性的具有统计意义的事情，而没有实质意义。但事实上，转变后的两河村还是那个两河村。

城市发展应该是一个由量变到质变的过程。这个过程至少应该包括三个方面的内容：一是人口数量在城市的集聚；二是城市景观在数量和质量上的发展；三是城市文化价值观的形成、渗透和发展。如果说人口集聚和景观建设是城市发展中必然要经历的外形扩张，那么城市的文化价值观就是城市发展的灵魂。在这三者之间失去联系的城市发展，比如仅仅依靠发放一个已经没有多少含金量的"城镇居民户口簿"来代表城市发展，那只能是一种数字上的城市化。从一定意义上讲，中国目前的城市化不是完全意义上的城市发展，"我们的城市不是一个纯粹的城市，而是一个行政区，一个共同体。在这个所谓的城市里面有两部分人口，一部分是居住在城市核心地带的城市人，一部分是周围四邻的农村人"。

在这种状态下的城市发展，难以形成对农村社会的积极渗透和正面影响，而是反作用于农村的贫困，在一定程度上加剧而不是缓解了农村贫困状况。

首先是城市工业发展所带来的产业转移和与之相关的落后技术转移、污染转移。在20世纪五六十年代，我国曾经经历"三线"工业向西部边远地区转移，在加强国防建设的同时也试图以"嵌入式发展战略"来带动农村发展。实践证明，这种发展道路的选择由于缺少工业发展与城市发展的内在有机联系而成本高，效益也不明显。现阶段的这种产业转移目的已经发生根本性转变，城市将一些产业和工厂转移到农村不是为着农村的发展，而是城市的各个方面建设所需要。应该承认，城市人口密度高，高污染产业的危害性大，转移很有必要。但是，农村人口，尤其是农村贫困人口不仅不可能在这样的工业化和城市化下分享发展的成果，反而要承受破坏性生产和资源的掠夺性开发所带来的贫困地区不可持续发展的结果。

人们没有理由拒绝城市化或者反城市化，在中国尤其如此。中国五千多年农业发展历史，使人们一方面怀旧地欣赏农村的田园风光，另一方面又依赖城市的各种方便和舒适。事实上，大多数人生活在乡村或小镇，但是人们心目中喜欢的还是大城市。在开放的社会下，在追逐利润最大化的市场经济框架内，城市的集聚和资源配置功能得到很好的发挥。各种类型的城市，尤其是大城市和城市圈像一个巨大的抽血机器吸着来自各个方面的资源和资本，原本贫穷的农村也抗不住这种巨大的吸力而源源不断地输出所拥有的资本和资源，政府投入农村扶持其经济发展的资金也不例外，一些城市开发区、经济技术开发区变着法地将农村稀缺的资本吸引到城市来。城市的进一步发展使资本和各种资源加速向城市集聚，使农村发展严重缺血。

农村高文化素质劳动力向城市流动使文化素质本来就低的农业劳动力整体素质进一步下降。农村高文化素质劳动力的严重流失影响农业科技的推广和应用，也极不利于农村产业结构的调整，最终导致农业生产的下滑甚至停滞。青壮劳动力流出农村及其家庭整体搬迁到城市使一部分农村出现衰落迹象，在一些贫困的村子里，能走的、有劳动能力的、有文化的人走出去了，儿童也随着父母走了，剩下的是没有劳动能力也走不动的老人。学校也没有了，有些村连村委会主任都选不出来。

在城市周边一些农民失去土地的同时，边远的农村因为青壮劳动力流出而缺乏劳动力，农业比较效益持续走低，农民种粮没有积极性，土地撂荒加速。农村自实行家庭联产承包责任制以来，土地经营管理的个体化已经深入人心，由于农业集约化生产的制度性变革没有及时跟上和土地流转过程中的非市场化操作，以及市场对于农业先进生产技术开发的冷淡，大面积的土地撂荒不仅已经影响到粮食安全，也影响到对工业的供给。单靠给予粮食补贴的激励和减免农业税的刺激短期内或许能缓解因"农业贫血"而加剧的农村贫困，然而"马太效应"已作用于中国二元社会：农村更落后，城市更现代。

三、现阶段城市发展中的城市贫困

城市贫困问题的最基本表现,就是在一定时期内由于各种原因,城市逐渐出现一部分人和一部分家庭的基本生活处于入不敷出的窘困状态,这些贫困者在短期内很难依靠自身力量摆脱贫困,导致生活难以维系。城市贫困问题如处置不当,易于激化一系列社会问题,严重者甚至引发政治问题,应该引起政府和社会的广泛关注。

中国的社会结构转型是一场以市场化经济体制改革为直接动力的全面而深刻的社会转型,它表现为一系列的制度变迁过程,同时又是一个社会资源重新配置、社会利益结构重新界定的过程。在计划经济体制下,政府决定着企业的生产经营和所有的社会资源分配,国家通过企业或单位向个人提供社会资源的分配和再分配,企业或单位对个人的收入、就业、养老与医疗等起着重要的支持作用。经济体制转轨发生后,企业的生产经营不再由政府而是由市场决定,原有的一元社会支持体系向多元社会支持体系结构转变。在市场经济条件下,政府和企业或单位对个人的经济和就业作用逐步减弱,个人和家庭收益受到市场、自身技能和素质、权威及各种社会资本等条件的制约和影响,而家庭住房、子女教育和医疗服务的市场化,使占就业人口大多数的劳动者阶层面临巨大的生活甚至生存压力。同时,社会资源的分配不公,如地区、行业之间的收入差距,经济机会不均等,使社会收入分化加剧。2002年城市居民中最低收入户年人均可支配收入2408.60元,不到城市居民平均收入水平的32%,仅是最高收入户年人均可支配收入的12.7%。除此之外,社会收入分化所带来的另一个问题是,最低收入家庭几乎入不敷出,而最高收入家庭消费之后的剩余仍足以按最低收入家庭的生活水平养活2个人!如果以家庭人均收入水平低于社会平均收入水平的50%作为相对贫困标准来测量中国城市的贫困状况,现阶段中国城市大约有20%的家庭处于相对贫困状态。如果包括那些已经在城市工作、生活而没有被统计为城市人口的大量的从农村转移到城市的家庭和个人,这个比例应该不低于30%(参见表1)。

表1 中国城市居民家庭基本情况(2002年)

	比重(%)	人均可支配收入(元)	人均消费性支出(元)
最低收入户	10	2408.60	2387.91
低收入户	10	3649.16	3259.59
中等偏下户	20	4931.96	4205.97

续表1

	比重（%）	人均可支配收入（元）	人均消费性支出（元）
中等收入户	20	6656.81	5452.94
中等偏上户	20	8869.51	6939.95
高收入户	10	11772.82	8919.94
最高收入户	10	18995.85	13040.69
平均收入		7702.80	6029.88

在21世纪未来的30年里，我国城市化水平将进一步提高，由此而带来的城市贫困人口的增加将是一个必然的趋势，并呈现如下特征。

（一）新生的城市贫困村将成规模化发展

城市贫困人口文化程度普遍偏低和农村转向城市的劳动力相对农村普遍偏高的现象在城市恰好形成对接：农村转向城市的劳动力基本上是初中文化程度，而初中以下文化程度者在城市的贫困发生率远高于其他人群。四川省城调队提供的资料显示：1999年四川省城镇贫困人口中大中专及以上文化程度者占比为2.3%，高中及中专文化程度者占比为11.22%，初中及以下文化程度者占比为86.48%。个人文化素质低在一定程度上影响劳动者的劳动技能和综合素质，使其很难适应现代社会发展的需要而成为城市产业低端的就业者甚至不能实现就业而陷入社会底层。城市发展与城市建设中的产业低端，如建筑施工、道路建设、环境清洁、饮食服务、家政服务、废品收购等充斥着来自农村的青壮劳动力。农村中的精英转移到城市后，大部分沦为城市中的弱势群体，传统文化和地域习惯的约束使他们难以很快融入城市文化和城市生活，他们因相似的价值体系而聚集形成城市的亚文化群体——城市中的贫困村，这样的城市贫困村几乎与城市发展的规模成正比：城市越大，城市贫困村落越多，也越具规模。

（二）流动中的绝对贫困队伍逐渐多元化、组织化

当乞丐演化为一种社会生存方式的时候，形式上表现为一无所有的这支流动队伍开始多元化，人们熟悉的老弱病残幼队伍里也有了身强力壮的年轻人，甚至一些具有较高文化水平、身怀一技之长的人。在社会价值交换过程中，两个不同群体的不同需要同时得以满足，一个群体是先富裕起来的、温饱解决了的城市人的慈善和布施，一个群体是赤贫和伪赤贫者的乞讨。我国社会非营利慈善事业发展缓慢，有组织的社会慈善供给和民间零星的布施不能满足赤贫和伪赤贫者的需要，在未来较长一段时期内，流动性贫困仍有绝对化发展趋势。同时，与慈善和布施组织化发展同步的是这种流动性贫困已

有组织化发展形态。

（三）后备的相对贫困队伍正在形成

城市每年新增劳动力与城市就业市场的供求关系失去平衡所产生的大量失业人口是城市相对贫困的后备军，主要是各级各类学校的毕业生。中国大学扩大招生规模以来，过去一些隐性的失业群体从大学这个通道出来，每年就有几十万的新生失业者。中国的教育从严格意义上讲还不是人力资本投资，当人们津津乐道于自己的学历和学识时，教育似乎变成了一种消费品，而这种消费品在现阶段对贫困家庭来说是不适宜享受的，贫困乡村中小学生辍学率居高不下是一个例证。即使将我们的教育看作是人力资本投资，因为许多毕业生不能顺利实现就业，这种投资也是不经济的：一是投资回收期过长；二是投资效益不明显。造成这种状况的原因，除了宏观的社会经济环境外，大、中学生普遍缺乏自主创业能力也是不能忽视的。

（四）老年人口贫困发生率越来越高

随着我国逐步进入老龄社会，将有越来越多达到退休年龄的老人因为储蓄准备不足和社会养老保障制度不健全而加入城市贫困者的行列。一部分老人因为所处时代的普遍低工资、高就业政策或者年轻时生育子女多，致使家庭负担过重，几乎没有存款准备应付医疗、住房、子女教育等制度性变革所带来的生活支出增加，即使有微薄的储蓄也难以在现有的生活水平下维持过去相对而言也许还体面的生活。加上退休后许多待遇和补贴的消失，大多数退休老人的生活水平明显降低。一些老人为摆脱窘困的生活不得不寻求再就业的机会。据统计，目前在我国一些经济发达地区，退休老人的再就业率接近50%，如上海市约为47.8%，浙江省约为41.2%。一项调查显示，目前我国城市老年人口退休后再就业的首要动机（34.04%）是经济需要。另外，对一些市镇退休后未再就业的老年人的调查表明，其中有六成是属于经济上有需要却没有找到再就业机会的人。而在一些社会保障制度不能覆盖的地方，老年人更容易因为劳动能力的逐步丧失和疾病的侵袭而遭遇贫困。

（五）男性比女性贫困发生率高

城市贫困人口群体中，比较显性的是男性人口的贫困发生率较女性人口的贫困发生率高，这与农村贫困更多发生在没有劳动力或者弱劳动力群体，如妇女、儿童身上有很大差异。出现这种情况可能有三种原因：一是妇女贫困的现时危害性不强，表现得比较隐蔽，以至于不常出现在城市贫困人口统计表中。实际上，这种情形下的妇女贫困，其潜在危害性在子女身上反映出来，并通过代际传递影响深远。二是在城市谋生的妇女对就业的预期比较现实，能够比较快地调整心态，同时也相对比较容易地进入服务行业，获得生存的手段和途径比男性似乎要多一些。三是在中国传统的以男性为主的社会和家庭里，男性的贫困更容易被社会关注和被家庭感受到。因此，城市贫困人口在性别上的差异与农村有显著的不同。

事实上，在中国城市化进程中，对绝大多数的以劳动为唯一谋生手段的劳动者阶层来说，没有工作就意味着没有收入，没有收入也就意味着贫困的降临。

新世纪凉山州彝族贫困地区扶贫问题研究[*]

一、凉山州彝族贫困地区概况

凉山州是全国最大的彝族聚居区，彝族人口占43.5%。2004年年底总人口450万，其中农民年人均纯收入不足625元的绝对贫困人口有54万，贫困发生率为12%，高于全国同期水平近10个百分点。全州辖17个县市，其中扶贫开发工作重点县有11个。2003年全州地区生产总值202.35亿元，人均生产总值不足4500元，农民年人均纯收入约1780元，大多数经济社会发展指标只有甚至不到全国同期水平的一半。如果以相对贫困标准来看，凉山州与全国相比整体处于落后贫困的状态。州府所在地西昌市的相对繁荣是一个例外。类似于发达地区的贫困是"插花型"贫困，彝族地区的富裕基本上属于"插花型"富裕。

由于历史沉淀下来的一系列与现代发展不相适应的生活习俗，加上自然禀赋的不足和社会发育进程缓慢，社会积累本身不足以实现社会跨越等原因，凉山州彝族贫困地区的基本状况深刻地表现在两个方面：一是贫困人口分布广泛，几乎在所有的乡村都可以很容易地感受到贫困人口的现实存在。二是贫困家庭摆脱贫困的难度极大。如果将温饱作为人的最简单的生存性目标，那么在实现温饱和稳定性温饱的进程中，彝族贫困家庭还需要付出许多努力。

二、国家扶贫工作重点县——喜德印象

喜德县始建于1953年，县城距繁华的西昌市只有几十公里。截至2004年年底全县有15万人口，彝族占85.3%。境内以中山为主，最高海拔4500米，最低海拔1600米。面积约2200平方公里，辖17个乡、7个镇、169个行政村。

---

[*] 原刊载于《社会科学研究》2006年第2期，此次整理有修订。

（一）总体印象

据资料①介绍，2004年全县地区生产总值达到50011万元，同比增长10.5%；人均生产总值约3330元，低于全州平均水平；一、二、三产业比例为30.7∶36.9∶32.4。在农业结构调整上，全县指导思想是以稳定粮食生产为主，努力增加农民收入。重点放在中低产田土改造，无公害优质荞麦基地建设，优质脱毒马铃薯基地培育，扩大优质水稻种植面积和推广优质海椒等几个方面。林业方面，在继续贯彻执行退耕还林计划、植树造林改善生态环境的同时，着力发展经济林木。畜牧业方面，主要是发展牛羊等草食畜，提高出栏率和商品率。水利建设也是一个重点发展方向，包括人畜饮水工程、水土保持工程以及农村能源建设工程等。喜德县工业目标是培育和壮大冶金、水电和建材三大支柱产业，期望将工业和农业产业化结合起来。第三产业发展重点是旅游业，2004年县里通过招商引资实现了旅游业"零的突破"。显然，喜德县是一个典型的以农业为主的县，工业化还没有完全起步。

（二）贫富印象

主要表现在：①贫困县的财政。县里的财源很少，2004年政府开始减免农业税，全县公共行政与事业支出基本上靠国家财政转移支付。资料②显示，2004年全县财政自我维持率约17%。县里几乎没有国有工业企业，目前正推进三家尚存的国有控股企业改制，即电力、自来水和民爆公司，其他的在前几年企业改制时都私有化了。②百姓眼中的富人。县里最富裕的人资产估计有100万元左右，主要是在县里开矿的老板，人数不多，有几个；比较富裕的，全部资产5万~6万元，主要集中在一些经商的群体中，全县有十几个。在乡村，家庭资产有2万元的很少，比较富有的主要是饲养的牛羊数目比较多。大多数人家里全部资产估计有5000~6000元，包括牛、羊、家具、劳动工具等所有值钱的东西。

（三）城乡差别

全县城镇人口占比约10%，基本处于农业社会的城乡差别在户口管理上有十分具体的体现：①参军服兵役，农村军属每年享受民政补贴200元，城镇军属每年享受民政补贴300元，理由是农村军人的承包地有30年不变的政策，农村军属可以继续从土地获得收益；②复员军人，农村去的直接回农村，

---

① 《关于喜德县2004年国民经济和社会发展计划执行情况及2005年计划草案的报告（内部资料）》，2005年1月。
② 《关于喜德县2004年度财政预算执行情况和2005年度财政预算草案的报告》，2005年1月。

城镇去的由县里统一安排到乡镇有关行政部门或者事业单位。近两年由于每年都有复员军人回家,安排工作的压力越来越大,县里对城镇复员军人的安排转为货币化,每人补助2万~3万元不等。尽管现在没有了前几年花费昂贵的买卖城镇户口的情况,但是农村人口向城镇转移仍然受到限制。贫困县城镇工商业不发达,本身也很难吸引农村人口流向城镇。在未来很长一段时期内,如果没有新的强劲的经济增长点,贫困地区的城市化进程将会很缓慢。

(四) 教育困窘

2004年全县财政支出最大部分是教育事业,占财政总支出的16.4%。[①] 过去贫困地区的教师工资是很难得到保证的。现在情况发生了改变,在社会呼吁和政府干预下,正式在编的教师通过工资卡可以按时足额领取工资。目前彝族贫困县的教育问题主要表现在两个方面:一是教师结构性不足,公办教师不能满足教育的需要,要靠县里自筹资金招聘代课教师。二是大中专毕业生无法充分就业。2004—2005年全县有1000多名大中专毕业生需要就业,自谋职业受限于经济的不发达。目前四川省公务员录取要求"逢进必考",尽管彝族贫困县有公务员岗位,但彝族贫困县大中专毕业生和其他大城市的大中专毕业生在"逢进必考"上明显处于劣势。县里寻求以自筹资金低工资招聘民办教师方式解决其中一部分人的就业问题,但这无异于杯水车薪,面对城镇新增劳动力更是显得无能为力。

三、彝族贫困乡村的扶贫实践及其挑战

喜德县1990年成为四川省扶持的贫困县,1993年成为国家扶持的贫困县,2001年成为国家扶贫开发工作重点县。"八七扶贫攻坚计划"结束时,喜德县扶贫建卡贫困户年人均纯收入达525元,年人均占有粮食912斤,基本实现"五八"标准并通过扶贫验收,全县农村贫困人口由1992年的5.2万减少到2000年的1.6万[②],贫困发生率由1992年的49%下降到2000年的15%。

21世纪扶贫工作开始时,重新调查全县贫困人口情况的结果显示,农民年人均纯收入625元以下的绝对贫困人口有44815人,农民年收入在625~

---

① 《关于喜德县2004年度财政预算执行情况和2005年度财政预算草案的报告》,2005年1月。

② 阿于古格:《从喜德县的情况谈扶贫开发中的问题和对策》,《凉山民族研究》2004年。

1000元间的贫困人口有41615人，合计86430人①。新世纪全县农村贫困人口是"八七扶贫攻坚计划"时的1.6倍，扶贫任务加重了66%。

在2001—2005年的扶贫开发工作期间，全县投入各类扶贫资金总计约4466.4万元，帮助9876人越过625元的绝对贫困线，帮助14475人越过1000元的低收入标准。相关贫困村的基础设施建设、医疗条件、教育设施等也得到不同程度的改善（见表1）。

表1　2001—2005年喜德县扶贫投入与扶贫效果一览表

扶贫项目	资金性质	资金投入（万元）	用　途	受益群体
移民扶贫	以工代赈无偿资金	781.9	修路，建蓄水池、输电线路，住房改造，微型水电站，提灌	35个贫困村村均2234元
新村建设	无偿资金	1417.0	调整土地，建设住房，修建学校、卫生医疗点、村道和入户路，修建蓄水池、饮水管道，架设输电线路，购买变压器	1057户，2025人户均1.34万元，人均1500~4000元
"三房"改造	无偿资金	192.5	新修住房，改造旧房：开窗、安亮瓦、做脊，修厕所、畜圈，硬化院坝和室内地面	770户，20370平方米户均0.25万元，每平方米95元
教育扶贫	无偿资金	751.0	改造教室、宿舍，寄宿学生补助，捐赠物资	47所中小学校5900名学生
卫生扶贫	无偿资金	90.0	改造卫生院，补充医疗设施	8个卫生院
工程项目	无偿资金	484.0	水、电、路、桥	71个小项目
产业发展	信贷扶贫资金	100.0	脱毒马铃薯培育推广黑山羊圈养补助	4个村，47户200户
基层政权建设	无偿资金	541.0	办公设施	2个村，19个乡
社会帮扶	无偿资金	112.0	住房改造、学校维修、支部活动室建设、移民	3个村，275户
总计		4469.4		

本文重点分析彝族贫困村在以下几个方面的扶贫实践及其挑战。

---

① 喜德县扶贫开发两资办：《喜德县扶贫开发工作情况汇报》2005年6月13日。

（一）从整村推进到持续地整乡推进

21世纪前十年中国扶贫开发工作的重点可以概括为三个方面：以整村推进扶贫规划为切入点，改善贫困地区的基本生产生活条件；以劳动力培训和转移为切入点，提高贫困农户的综合素质；以发展扶贫龙头企业为切入点，带动贫困地区调整产业结构，增加贫困农户的经济收入。[①] 在贯彻执行中央扶贫计划的过程中，凉山州彝族贫困地区创造性地将"整村推进"发展为持续地"整乡推进"。

一是整乡推进。作为一种重要扶贫方式，"整村推进"是要将不同渠道的扶贫资源整合到贫困村，瞄准贫困人口，提升扶贫投入效果。这一政策设计的假设是在贫困地区大面积贫困得到缓解的情况下，解决"插花型"贫困村问题要集中全部力量。喜德县贺波洛乡是一个彝族聚居乡，全乡大多数的村分布在海拔2300米以上的二半山和高山上，大多数村民挣扎在温饱线上，而且收入结构单一。这样的少数民族贫困村仍然具有20世纪贫困村的特点，"整村推进"的政策设计在这里就遇到了挑战。贺波洛乡不是一味地将扶贫工作重心下沉到贫困村，而是针对少数民族贫困村人口少、基础条件差的实际情况，集中各种资源，以乡为主战场，整体推进各个村的扶贫工作，取得明显成效。

二是持续推进。贺波洛乡尔吉村是一个典型的贫困村，从2002年纳入"整村推进"计划以来，连续四年不断地投入各种无偿扶贫资金，开展新村建设、"三房"改造、移民工程等扶贫项目，现在全村不仅水、电、路通了，住房实现瓦房化，30%的农户还有了电视，村里修建了全乡最好的村小，村医疗站也建了起来。

（二）关注解决温饱后的住房问题

在20世纪90年代，凉山彝族自治州结合温饱工程掀起轰轰烈烈的"形象扶贫"[②]，从三个方面向延续了几千年的陈旧生活方式宣战：一是改变贫困农户不讲卫生的生活习惯，搬走门前粪堆，修建厕所，实行人畜分居，修好背水路，建好院坝等；二是改变传统居住习惯，改造危旧房屋，开窗通风和铺设亮瓦采光；三是改变落后观念，树立新的生产、消费和积累意识。

尽管"形象扶贫"容易让人产生歧义，但在此期间，凉山州政府还是倾力组织各种投入，帮助32.8万户贫困农户实现了人畜分居。进入21世纪，这个具有实质内容的"形象问题"进一步凸显，表现为三类"房不挡风雨"：

---

① 刘坚：《如何看待当前扶贫形势》，《人民日报》2004年10月20日。
② 马开明：《变革与超越：凉山形象扶贫》，四川民族出版社，2002年。

一是塑料薄膜盖土的草房，在执行退耕还林政策之后，农户替代木材做屋顶的材料被迫选择地膜覆盖庄稼之后不能溶解于土的塑料薄膜；二是风吹雨打多年已经破烂不堪的瓦板房；三是风化严重、四处漏风的石板房。

农村住房修建和改造看似个体问题，实质上是一个社会公平问题。凉山州彝族贫困地区的"三房"改造对此提出了自己的解决方案。则古觉村是一个海拔在2800米以上的高山村，全村有230多户，农民年人均纯收入不足600元。2004年县委、县政府决定在该村实施住房改造，选择了其中愿意改造旧房，愿意自己动手干，愿意自己出一定的资金，愿意签订住房改造合同，愿意接受扶贫资金的140多户作为第一批"三房"改造项目户，政府为每户提供"一万匹瓦、一吨半水泥、一车沙子、一道铁门、一扇钢窗、一些屋脊用瓷砖"，以及折合3000元的扶贫资金补贴。在政府的组织和推动下，经过半年多的努力，则古觉村的这些村民终于住上了有一扇小窗户和透亮瓦顶的宽敞房屋。

（三）贫困乡村在新世纪面临的挑战

阿吼村实际距离县城只有20公里左右，住在村头的阿胡嘎嘎一家三口人算是全村经济状况最好的一户人家。如果风调雨顺，全家一年大概可以收获8000斤土豆、200斤荞麦、1000斤玉米。喜德县15万人口中，像阿胡嘎嘎家一样粮食基本可以自给自足的农户约占80%，还有20%的农户一年缺粮至少2~3个月。

2004年，阿胡嘎嘎自己投资投劳修了新房子，花了7000元，不仅用去全家6年的积蓄，还向亲戚借了2000元。县信用社从2002年开始发放小额农贷，但是由于多种原因，乡镇信用社与村民少有交道。阿胡嘎嘎说："信用社不借，我们也还不起。"在阿吼村这样的贫困村，贫困农户的信贷需求与农村信用社的信贷供给之间的矛盾长期而普遍存在。

阿胡嘎嘎本人不会识读汉语，已经成家的三个儿女也没有上过学。村里大多数人的状况都是这样的，村务公开在村里由"公示"创造性地改为村务"公读"。全县近年来实施的各级各类教育项目众多，有国家的两基攻坚项目、省里的十年教育扶贫计划项目、凉山州的百乡教育扶贫项目、县里直接扶持村小的百村教育扶贫项目等。尽管如此，贫困乡村普及九年义务教育仍然十分困难。这里实际上涉及的不仅是国家和贫困农户对于教育的投入问题，更深层次的是教育对于贫困人口的意义。对于边远落后地区那些徘徊在温饱线上的贫困人口而言，教育应该更多地着力于生计的训练。

调查发现，这么多年来，阿吼村几乎没有获得过政府给予的专项扶持。村里不通电，前几年，村支部书记联合6户人修起了一个微型水电站。微型水电站的管理完全民间化，自愿组合的几户村民共同出劳动力，每家人管理一个星期，工作包括维护、修理、线路检查等。除前期投入的购买设备的费用均摊，其他费用的处理也反映民间解决问题的有效性，即根据微型水电站距离各家的远近，线路费用自筹，平常发生的维修费用均摊。一个微型水电站发电量2千瓦，总投入5000~6000元，可以基本解决入网的几户人家的夜晚照明问题。因为前期投入少，技术简单，村里一些农户纷纷效仿。现在全村已自发修起十来个类似的微型水电站。目前主要问题是电力不足，很难长期运转。

资料显示，喜德县169个村，像阿吼村这样尚未纳入扶贫计划的贫困村有94个。换言之，像喜德县这样的少数民族贫困县，几乎没有不需要帮助和扶持的贫困村。

四、对少数民族贫困地区扶贫开发的政策建议

总结凉山州彝族贫困村的贫困状况和扶贫实践，有以下几个问题是有效推进新世纪少数民族扶贫开发工作需要回答和解决的。

（一）贫困人口为什么越扶越多？

"年年扶贫年年贫"，这在贫困地区似乎成了一个怪圈，外界因此对扶贫也颇有微词。以喜德县为例，进入21世纪后，绝对贫困人口不但没有减少，反而比20世纪末期增加了近2倍。从1986年以来，统计显示的贫困人口数量逐年都在减少，但2003年出现了"全国贫困人口反弹，增加80万人"的公开报道。[①]

事实上，中国绝对贫困标准从20世纪80年代以来都没有做过调整，因此，贫困人口数量的增加与贫困标准是没有关系的。而与此有关的其他因素至少有三个：①贫困人口的社会经济以及自然环境恶化；②扶贫投入没有产生预期的效果；③贫困人口统计不准确。

中国连续20多年保持经济高增长，宏观的社会经济环境改善是有目共睹的，2003年全国贫困人口反弹的原因被认为是自然灾害。[②] 中国到底有多少贫困人口？现有贫困人口是静态的统计，动态的贫困情况有没有，如返贫人口和新生贫困群体？另外，现阶段我国的扶贫目标是两个：一是解决绝对贫困人口的温饱问题（2000年纯收入低于625元者）；二是扶持低收入人口的发展（2000年纯收入在625~1000元之间者）。21世纪前五年的扶贫实践表

---

① 刘坚：《中国去年贫困人口增加80万人》，《人民日报》2004年7月17日。
② 吴晨光、周密：《中国贫困人口反弹的背后》，《南方周末》2004年7月29日。

明，少数民族地区实际上缺少解决绝对贫困人口温饱问题的具体措施。以凉山州彝族贫困地区为例，新村建设扶贫工程针对贫困村，主要内容包括"五改三建"和一些基础设施建设，在具体操作上是先垫付后支付，村里的绝对贫困人口因为没有钱垫付"五改三建"费用或没有足够的配套资金而失去参与新村建设机会，并因此不能受益于财政扶贫资金；信贷扶贫资金不用于绝对贫困人口的种植养殖业项目。

因此，建议新世纪少数民族地区的扶贫应进一步明确扶贫目标和准确界定贫困群体。

（二）如何激发扶贫开发工作中的自主性和积极性？

自国家"八七扶贫攻坚计划"完成以来，基层从事扶贫工作的同志普遍在思想上、在工作状态上陷入低谷。出现这种现象的原因表面上看似是主动性和积极性缺乏，根源却在于指导21世纪扶贫开发工作的"扶贫纲要"过于原则，缺乏明确的实施细则。扶贫十年规划已经实施五年，建议相关部门抓紧时机进行战略性调整并制定具有较强操作性的实施方案。

进入21世纪，扶贫工作重心从县下沉到村，全国因此确定的15万个贫困村，可以覆盖约70%的贫困人口。从一定意义上讲，国家扶贫政策的调整有利于"瞄准贫困人口，提高扶贫资金的瞄准率"，但是新世纪扶贫政策在设计上有绝对化倾向，表现在两个方面：一是政策假设上述贫困村及贫困人口具有相似的贫困原因和贫困程度；二是扶贫措施"一刀切"，即全国性的"一体两翼"扶贫指导。这在实际工作中已经暴露出明显的缺陷，体现在：无视贫困村规模大小上的差异，无视贫困人口贫困程度上的差异，无视贫困原因上的差异，无视不同区域贫困村的差异……由此出现了一个比较极端的案例：某省会城市郊县的贫困村不知道怎样花掉20万元扶贫资金，最后干脆用来修补沟坎。而在凉山州的许多贫困村，还有许多彝族同胞过着"食不果腹、衣不蔽体、房不挡风雨"的困苦生活，却没有扶贫资金的帮助。

建议在全国"一体两翼"的扶贫大方略下制定有分类的指导方案，允许地方，尤其是少数民族地区可以有针对性的、因地制宜的方式推进贫困村的扶贫工作。

（三）整合扶贫资源的机制创新在哪里？

扶贫资金管理体制上的矛盾是一个"历史问题"，长期得不到解决。集中表现在两个方面：一是始于20世纪80年代的扶贫贴息贷款设计已经不适应实际需要。在国家扶贫信贷资金投入的设计中，试图通过适量的财政补贴撬动金融投入，但从实践来看，贫困地区和贫困人口很难从这个设计中受益。

应该有新的金融工具替代它，来配合财政扶贫资金的投入。风行全球的孟加拉国乡村银行模式以及在中国许多贫困地区尝试的社区联保小额信贷可以是一个选择。二是财政扶贫资金管理部门太多，这个现象在民族地区尤其突出，如新增财政扶贫资金由扶贫办管理，支援不发达地区发展资金由民委管理，以工代赈资金由计委管理，科技扶贫资金由财政部管理……这不仅导致项目在贫困村重叠，也出现了管理上的相互扯皮并直接影响扶贫投入的效果。既然都是无偿用于扶贫的财政资金，就应该有一个统一规划，并形成扶贫合力，而不是现在这种多头管理、分散投入的方式。

建议少数民族地区以"整体推进"的管理主体整合扶贫资源，使扶贫资源最直接有效地靠近扶贫目标。

(四) 绝对性贫困与扶贫标准的刚性是一回事吗？

贫困分为绝对贫困和相对贫困。绝对贫困是以生理对食品的基本需要为出发点，但是任何关于基本食物预算的概念都包含着爱好和习俗问题。现有的农村扶贫标准不能解决农村贫困人口的温饱乃至生存问题。我国扶贫标准一直沿用20世纪80年代中期满足基本生存需要的"一揽子商品清单"，这些年只是根据物价进行同步调整。2003年农民年人均纯收入637元的标准是不能适应贫困人口的生活状况和社会经济发展水平的。在凉山州彝族地区，即使在农民年人均纯收入700元的标准下，农户每年也有2~3个月是缺粮的。

建议我国与世界银行倡议的国际贫困标准"平均每天1美元（PPP）"接轨，以中国现在的经济发展水平完全有这个能力。适度调整贫困标准，使其既能切实反映贫困人口的生存状态，也能确保实现联合国千年发展目标。

(五) 贫困的长期性和扶贫工作的职能化与专业化需求相适应吗？

国家扶贫机构在成立之初，界定扶贫是一项短期的任务，因此组织安排和制度安排都具有很强的临时性和应急性。二十多年来，一些地方的扶贫办成了安置办，人员老化、知识老化、思想固化等问题丛生，不能面对新世纪扶贫工作的挑战，甚至阻碍了扶贫工作的深入推进和有效开展。

贫困属于历史的、社会的、经济的范畴，尤其像中国这样一个处于社会主义初级阶段的国家，城乡贫困问题的存在绝对不是一个短期的现象，也不是一朝一夕就能解决的。因此，在科学发展观的前提下，在创造和谐社会的目标追求下，扶贫应该有科学的指导思想，有系统性的政策安排，有专业化的工作队伍，有职能化的组织指导，有规范化的执行。唯有如此，缓解中国贫困状况才是可期待的。

关于下一阶段扶贫工作的建议[*]

自20世纪80年代中期以来，在党中央、国务院的直接领导和社会各界的支持帮助下，经过贫困地区广大干部群众的艰苦努力，国家重点扶持贫困县和省（区）扶持贫困县的农业生产基本条件得到明显改善，贫困地区经济实力不断壮大，农民收入大幅度提高，全国贫困地区农村贫困人口的绝对贫困状况得到极大缓解。到1997年年底，中国农村贫困人口已减少到5000万，贫困发生率下降到5.86%，中国贫困人口占世界人口的比例由1978年的1/4下降到1/20。

中国的扶贫成效世界瞩目。然而，当我们站在世纪之交的关口回顾扶贫历程，则很难回避扶贫工作中一些长期存在的问题和始终没有解决的矛盾。

扶贫最主要的问题有三个：一是扶贫没有针对全部贫困人口；二是扶贫资金没有全部用于扶贫；三是扶贫资金管理体制不协调所导致的责权利关系不清。

问题一：扶贫没有针对全部贫困人口

对贫困人口的认定这十年来经历了两次变更。第一次认定贫困人口是1987年，标准就是"二六标准"（年人均200元纯收入、600斤粮食，1980年不变价），根据这个标准，中国首次建立了农村贫困人口登记表，筛选出农村贫困户，并建卡造册。第二次认定贫困人口是1993年，是按照"五八标准"（年人均500元纯收入、800斤粮食，1990年不变价），在1987年的基础上进行了一些局部的调整和补充。1993年认定贫困人口的标准一直沿用至今。但是，贫困人口认定是否覆盖全部贫困人口或者农村的全部贫困人口？从全国来看，国务院扶贫开发办公室的估计是：国家级贫困县对全国农村贫困人口的覆盖率应该达到80%。国家统计局估计大约有三分之一的农村贫困人口生活在贫困县的范围之外。而国外的某些研究则认为贫困县对贫困人口的覆

---

[*] 原刊载于《财经科学》1999年第2期，此次整理有修订。

盖率只有50%（Risikin，1996）。不论哪种说法，事实是扶贫没有针对全部贫困人口。目前政府和社会的扶贫努力主要集中在国定和省定贫困县，因此即使不包括因丧失劳动能力而处于贫困状态的那部分贫困人口，也仍然存在忽略一部分贫困人口的危险。

除此之外，还存在的一个危险就是所认定的贫困人口当中包含了一些非贫困人口。据估计，至少有10%的非贫困人口名正言顺地被当作贫困人口而接受扶持。

问题二：扶贫资金没有全部用于扶贫

扶贫资金有多少没有用于扶贫？有调查表明，大约有40%的扶贫资金没有用于扶贫；而有学者估算扶贫资金的漏出量超过50%甚至更高。这绝不是危言耸听，1996年四川省扶贫攻坚典型调查表明，在过去的十年，只有不到10%的贫困人口直接使用过扶贫贷款。

当然，不可否认扶贫资金中的以工代赈资金和部分发展资金因其主要投向基础设施和农田基本建设，可能会对贫困农户产生间接的有利影响。但是大部分的财政扶贫资金因为贫困县的财政紧张而用于维持行政事业开支和人员工资，对农村贫困人口而言，财政扶贫资金的漏出率更高。而信贷扶贫资金使用至少有三个问题，这三个问题在全国也是有共性的：一是扶贫贷款到达贫困农户的比率低；二是扶贫贷款回收率低；三是扶贫贷款的使用效率差。

问题三：扶贫资金管理体制不协调所导致的责权利关系不清

基本表现就是承担扶贫责任和扶贫义务的部门没有管理扶贫资金的权力，而拥有扶贫资金管理权力的部门不承担扶贫责任和扶贫义务。于是，在扶贫资金的管理过程中由于强调平均分配和部门利益而忽视市场经济条件下市场本身的主体地位，忽视扶贫对象——广大贫困人口充分参与反贫困活动，再加上扶贫资金本身投资不足、资金结构不合理、资金到位不及时和贫困地区干部缺乏市场经济知识与投资经验等因素，扶贫的目标受益者几乎没有机会从参与度很低的扶贫活动中获益。这些问题具体表现为：①对扶贫资金是否投向贫困农户或者与贫困农户密切相关的项目，很少有人真正关心，更谈不上监督；②扶贫资金能否收回来，很少有人具体承担责任；③扶贫资金有没有效益，很少有部门用具体指标去测评。

如何解决这些问题？我们建议：

(一) 明确扶贫任务就是改善全部低收入人口的社会经济状况

什么是贫困？如何界定贫困人口？这是一个看似简单却复杂的问题。贫困有绝对贫困和相对贫困之分。绝对贫困也叫生存贫困，简单地讲是指收入难以维持最低生活水准的状况。中国的贫困特征被形象地描述为"食不果腹，衣不蔽体，房不挡风雨"。将这种定性的绝对贫困标准量化，在不同阶段又表现为不同的贫困线：1981 年，农村年人均收入 50 元以下；1984 年，农村年人均收入 120 元以下，年人均自产口粮 200 公斤以下；1986 年，年人均纯收入 150 元以下（农区）、200 元以下（少数民族地区）、300 元以下（革命老区）；1990 年，农村年人均纯收入 300 元以下；1994 年，农村年人均纯收入 500 元以下。

中国贫困线的不断调整和变化，反映了贫困不仅是一种经济现象，也是一种社会现象。换言之，贫困实际上是与社会中其他人相比经济状况最差的那部分人的生活水平。随着社会经济的发展，贫困标准也在相应提高。由于贫困的绝对标准不断变化，在一个不断发展变化的社会，仅限于不变的空间范围（贫困县）内确定贫困人口，必然会出现不公平和遗漏。因此，应该考虑按照相对收入来看待贫困。在任何社会、任何时间，贫困人口都是低收入人口。扶贫，理所当然地应该以这部分低收入人口为扶持对象。要改善这些人的社会经济状况，需要确定可行的分界线，把最需要帮助和扶持的贫困人口都找出来，以体现人类平等和共同富裕的目标。国际上通行的做法是将中等收入（社会平均收入水平）的一半作为贫困临界线，这条临界线随着全社会实际生活水平的变化而浮动。处于临界线以下的家庭或个人即为扶贫对象，扶贫工作的任务就是改善这部分低收入人口的社会经济状况。由此确定的贫困规模大小取决于低于临界水平的低收入人口是以家庭为单位计算还是按单个人口计算。以中国的实际情况来看，由于城乡普遍推行家庭计划生育，家庭规模变化不大，因而以家庭为计算单位较为适宜。

(二) 扶贫工作的重心应彻底下沉到低收入人口最集中的社区

从 1984 年 9 月中共中央、国务院发布《关于帮助贫困地区尽快改变面貌的通知》开始，到 1996 年 10 月中共中央、国务院作出《关于尽快解决农村贫困人口温饱问题的决定》止，我国的扶贫工作始终是针对贫困地区和这些地区的贫困人口，也就是国家决定扶持的贫困县及其建卡贫困人口。十余年间，在国家的大力扶持和贫困地区广大干部群众的共同努力下，贫困地区的面貌和贫困人口的温饱问题都得到相当程度的改善，不仅贫困发生率大大下降，贫困面也迅速缩小，贫困人口相对集中地分布在各方面条件都比较艰苦的区域。调查表明，这些贫困区域基本上处于贫困县的边远乡村。为保证国家各种扶贫资源不发生泄漏、转移和挪用，客观上要求扶贫工作的组织重心从贫困县下沉到贫困村。

为保证扶贫针对全部贫困人口，扶贫工作重心不仅是下沉到现有贫困县的贫困村，还应下沉到非贫困地区的贫困村和一些城乡接合地区的贫困人口集中的社区。据不完全统计，这些贫困社区的贫困人口约占现有贫困人口的二分之一。由于历史的原因和各地区经济特别是财力限制，这部分贫困人口长期以来一直未得到社会充分关注，他们的生活状况在未恶化到民政救济线之前基本上无人问津。事实上，这些社区贫困人口的社会经济状况与一些贫困县人口的社会经济状况相比也好不到哪里去，甚至更差。如果忽视这部分贫困人口的贫困状况，中国的扶贫只能算是一种区域性扶贫，而区域性扶贫已不能适应社会主义初级阶段区域贫困与个体贫困共存这一现实。

扶贫工作重心下沉到低收入人口集中的社区能够从根本上解决扶贫未针对全部贫困人口的问题，可以充分发挥国家扶贫资源最大限度覆盖所有贫困群体的扶贫效益，更直接地保证党和政府的扶贫初衷不走样。

（三）扶贫投资直接瞄准低收入人口

长期以来，我国扶贫实行的是一种区域经济增长带动战略。其指导思想是：通过贫困地区区域经济增长带动区内贫困人口脱贫。在这一思想指导下，扶贫投资对象的主体被确定为贫困县，扶贫的一切活动也都是围绕贫困县来开展，衡量扶贫成效也是以贫困县人均纯收入的增加为指标。

影响贫困县人均纯收入水平增加的因素有两个：贫困县人口总数和贫困县经济总量。在贫困人口没有较大迁出迁入或人口特殊增量缩量的情况下，影响人均收入水平的就主要是县域经济总量的增长，而不是贫困人口的越过温饱线人数。贫困县越过温饱线人数对人均纯收入水平增长的影响依赖于贫困县人口经济结构状况。如果贫困县贫困发生率（贫困人口占总人口的比例）比较高，比如50%或更高，那么贫困人口的收入增长会对整个贫困县的经济总量做出一些贡献；如果贫困发生率比较低，由于贫困人口收入水平本身就低，贫困人口的收入增长对贫困县人均收入水平就不会产生什么影响。

在这种情况下，作为扶贫投资主体的贫困县自觉或不自觉地采取使总量增长的扶贫投资策略和行为。毋庸讳言，通过总体经济增长而产生的涓滴效应在20世纪80年代的扶贫工作中发挥了积极的作用，使农村贫困人口大幅度减少（当然，其中土地承包制度的作用也不可低估）。但是，进入90年代，随着贫困发生率迅速下降到10%以下，这种总体经济增长所产生的涓滴效应越来越弱，对贫困农户的辐射作用大大降低，扶贫投资策略固有的缺陷也带来了一系列的后果：扶贫投资重工轻农、重大轻小，扶贫资金被挪用，扶贫目标出现偏差等。

所以，国家"八七扶贫攻坚计划"明确提出要把扶贫攻坚的主战场转移到贫困村、贫困户，强调扶贫资金到村到户。但是，要使扶贫取得更好的效果，必须进一步明确扶贫投资对象，根本策略就是直接瞄准低收入人口。四川省在1996年中央扶贫工作会议后，及时总结扶贫经验，调整扶贫投资战略，采取"扶贫资金必须85%到村到户、85%必须用于种植养殖业"的措施，扶贫工作取得突破性进展，仅1997年以来全省就有32个贫困县解决了贫困人口的温饱问题。

（四）充分运用小额信贷这种有效的扶贫工作方式

小额信贷就是按市场化原则向低收入者提供的信贷服务。现在全球推广并运用小额信贷进行扶贫的有四十多个国家和地区，包括发展中国家如孟加拉国、印度、肯尼亚、加纳等，也包括发达国家如美国、德国等。

小额信贷的核心是整贷零还。它在充分考虑低收入人口的信贷需求特点和在正规金融市场中处于边缘地位的境况这两个前提下，以不需抵押担保的方式迅速启动扶贫，满足贫困户发展小生产的资金需求，从根本上解决了以往扶贫资金到不了贫困户、贷款到位迟、贷款到位不足等问题。

小额信贷的基本原则是只向低收入者提供贷款。贷款对象十分明确，确保了小额信贷的扶贫资金100%到达贫困人口。整贷零还的小额度短期贷款不仅客观上适应了贫困户的生产能力和心理承受能力，而且要求贫困户必须以市场为导向，自主选择适宜的生产项目，达到了自觉与引导的统一、扶贫投资主体——贫困人口在扶贫资金使用上责权利的一致、扶贫机会均等与市场效率的完美结合。

小额信贷通过连续贷款、互助连保的办法充分开发贫困人口劳动力资源和社区组织资源，并提供相适应的技术服务，使扶贫贷款的投资效益达到1∶1.5，甚至1∶2，且以近100%的回收率回收扶贫资金。我国从1994年开始引入小额信贷扶贫方式以来，现在已有400多个试点贫困县，覆盖贫困户超过50万户，发展速度很快。但目前仍有一些基本问题亟待规范和明确。

1. 法人的主体地位

现在运作小额信贷扶贫的机构，部分是在民政部门注册的社会团体组织，即贫困乡村经济发展促进会或扶贫合作社，它们基本上有明确的法人资格，但还有一部分小额信贷运作机构没有明确的法人主体。小额信贷扶贫到底应由谁来承担，有三种选择：①由农业银行直接管理小额信贷扶贫，农业银行延展业务范围、改革信贷管理体制，向低收入人口提供不需抵押担保的小额度贷款；②由扶贫办直接管理小额信贷扶贫，无须另建机构、另聘人员，只需扶贫办转换职能；③扶贫办依托农村（城市）信用合作社，在改良信用社的管理体制之后，引入小额信贷扶贫机制，使其业务专项服务于城乡低收入人口。

2. 小额信贷扶贫的持续性

在社会主义初级阶段，解决低收入人口的贫困问题无疑是一个长期的任务。小额信贷是扶贫的一种有效方式，若要使这种扶贫方式长期开展下去，应该考虑小额信贷运作机构的持续性问题，即按市场原则向贫困人口提供信贷服务的合法化和合理化。解决合法化问题有两点要规范：①小额信贷扶贫必须坚持只向贫困人口提供贷款和有关技术服务；②不允许背离金融法规吸收民间存款。解决合理化的实质问题是小额信贷运作机构的自负盈亏，达到自负盈亏有四点要明确：①国家以无息或低息注入小额信贷扶贫资本金；②按市场化原则经营扶贫资金，即按市场利率向低收入人口发放扶贫贷款；③小额信贷工作人员劳动效率至少达到每位工作人员向 200～300 户贫困户提供 25 万元左右的贷款，并确保 95% 以上的贷款回收率；④建立小额信贷风险金，规避和防范管理风险和灾害风险，将贫困人口的经济损失降至最低。

（五）统一扶贫资金管理的责权利，转换扶贫办职能

1. 统一扶贫资金管理的责权利

扶贫管理体制上的矛盾长期以来一直处于被回避状态。中央成立农业发展银行，试图使扶贫资金真正用于贯彻扶贫政策，但由于扶贫责任与之分离，扶贫资金管理上的老大难问题仍然无法解决；中央决定"四到省"，实际上是将扶贫资金管理责权利分离的矛盾下放到省；农业发展银行将扶贫资金管理业务划转农业银行，扶贫责任更是与之远离。在扶贫攻坚的历史时期，在全面迈向 21 世纪的新的历史阶段，扶贫管理体制上的矛盾能否解决，直接关系到中国向全世界作出的 2000 年解决中国绝对贫困人口问题的承诺能否实现。解决扶贫资金管理体制矛盾的有效途径就是统一扶贫资金管理的责权利，使承担扶贫责任和扶贫义务的县有管理扶贫资金的权力，而具有扶贫资金管理权力的县必须承担扶贫责任和扶贫义务。

2. 统筹扶贫资源管理

在当前政府财力有限的情况下，必须集中各种扶贫资源以形成直接扶持帮助贫困人口的合力。

3. 转换扶贫办职能

从 1986 年国家开始大规模实施扶贫计划以来，扶贫办作为国家扶贫政策的贯彻执行机构和具体办事机构始终扮演着扶贫协调人的角色。为了广大贫

困地区和贫困人口的利益，扶贫办必须有效协调各个扶贫资金掌管部门：协调管理财政扶贫资金的财政部门；协调管理信贷扶贫资金的银行；协调管理以工代赈资金的以工代赈办；协调管理民族开发扶贫资金的民族管理委员会……可是，扶贫办用什么去协调？面对日益复杂的贫困状况和愈益困难的攻坚形势，扶贫办已陷入不转换职能便只有退出扶贫领域之境地。然而作为国家扶贫政策的贯彻执行机构和办事机构，作为广大贫困人口的利益代表者，扶贫办又没有理由退出。扶贫办只有转变观念、转换职能、转变工作作风，才能有效执行国家扶贫政策，完成国家扶贫任务，真正成为广大贫困人口利益的代表者。

转换扶贫办职能的出发点和终结点就是将扶贫工作的责权利统一起来，转扶贫协调人的角色为扶贫的具体组织者和实施者，并通过全权代理扶贫资金来实现职能转换。

4. 建立扶贫监督机制

扶贫从总体上讲是一种政府行为，这种政府行为的集中表现就是扶贫投资。为保证国家扶贫资金真正用于扶贫，达到扶贫效果，在扶贫办转换职能、直接全权管理扶贫资金的过程中，必须建立扶贫监督机制，通过立法杜绝扶贫工作中的贪污腐败行为。

中编
扶贫陷阱

小额信贷扶贫到户的实践和可行性[*]

中国大规模的扶贫是从 1986 年开始的，十余年的扶贫实践经历了从救济式扶贫向开发式扶贫的战略转变。伴随着这种转变，在政府大量的资金、物资投入下，中国农村人口的贫困问题得到极大缓解。然而相较中国扶贫目标（在 2000 年消除农村绝对贫困现象），仍然存在时间短、任务重（6500 万居住在深山区、石山区、荒漠区、干旱半干旱地区、水库淹没区、少数民族等地区的农村贫困人口）的问题。因此，继国家"八七"扶贫攻坚计划之后，中央于 1996 年召开扶贫工作会议，在加大扶贫投入的同时，要求扶贫工作的对象必须转移到贫困村、贫困户，如何扶贫到户便成为现阶段扶贫工作的核心。本文拟就联合国开发计划署（UNDP）援助仪陇县扶贫项目的实践探讨小额信贷扶贫到户的可行性。

一、仪陇扶贫项目简介

（一）项目背景

仪陇扶贫与持续农业发展项目是受联合国开发计划署援助而实施的项目，目的是开创一种持续的、综合的、可推广的、低投入的和参与式的扶贫模式。项目包含三个方面的内容：组织建设、资金运行和技术支持。这个项目的监测和技术支持设在四川省扶贫开发办公室，四川省扶贫开发办公室除了提供项目所需技术支持外，还提供配套的扶贫资金。

（二）项目实施

项目自 1995 年 6 月开始启动，设计的运行时间是两年半。本文拟从三个方面分析仪陇项目的实施情况。

1. 组织建设

项目的实施主体是仪陇县，除了县项目办公室以外，1996 年 3 月仪陇县成立了仪陇县乡村发展协会，目的是保证决策和操作的独立性。协会设立时

---

[*] 原刊载于《软科学》1997 年第 3 期，此次整理有修订。

分信贷资金部、人员组织部和技术服务部，试图把项目包含的三部分内容通过协会的三个工作部统一协调起来。项目办公室的工作人员也是协会的成员。

围绕这个协会的还有十多个社区工作人员，他们由另外的项目支付报酬，为实施仪陇项目所需要的社区调查、项目宣传、农户发动提供帮助，目前其工作内容已经延伸到信贷资金的运行，工作属于仪陇项目，但是工作成本不计入该项目。就仪陇项目本身而言，社区工作人员的劳动投入是无偿的。

在贫困农户这一层面的组织建设包括：农民小组的建立（由5个来自没有亲戚关系，愿意互相帮助的不同家庭的贫困农户组成），贫困农户中心组的建立（由6~8个贫困农户小组组成）。一般是以村为基本单位组建贫困农户中心组，目前已发展有10多个中心组，500余个贫困农户。

组织建设示意图如图1所示：

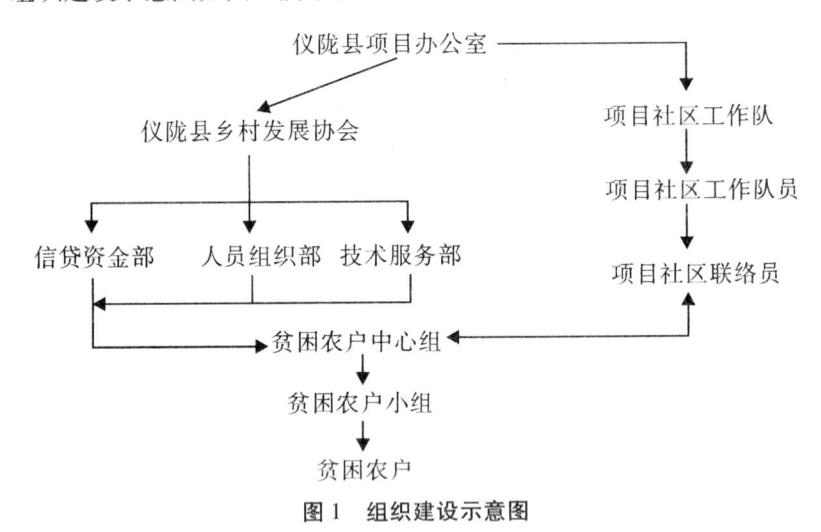

图1 组织建设示意图

从项目设计来讲，组织建设是为小额信贷资金运行服务的，尤其是社区工作组织和技术服务组织，其服务功能尤其明显。尽管小额信贷资金运行的受体是贫困农户，但是在县一级仍然需要一个资金的承担者，仪陇县乡村发展协会便扮演了这个角色。而仪陇县项目办公室既是项目的实施机构，又是乡村发展协会的主体，同时还作为资金承担者的管理者。因此，在仪陇项目的实际运行中，项目办的角色是多重的，既要作为资金运行的主体，操作项目的核心——小额信贷资金在贫困农户中的运作，还要作为项目实施机构，协调组织建设中的各个方面，而由于项目本身的综合性强，涉及的方面复杂，因此对项目实施机构负责人的要求就相当高，其任何一方面的不足都会使项目的实施面临障碍。从仪陇项目前期的运行来看，组织建设基本上是有效的。

2. 资金运行

仪陇项目的资金运行侧重项目设计中用于贫困农户的小额信贷资金，而用于贫困农户的小额信贷资金运行主要是"借、还"两个方面。

从"借"来看小额信贷资金的运行，如图2所示：

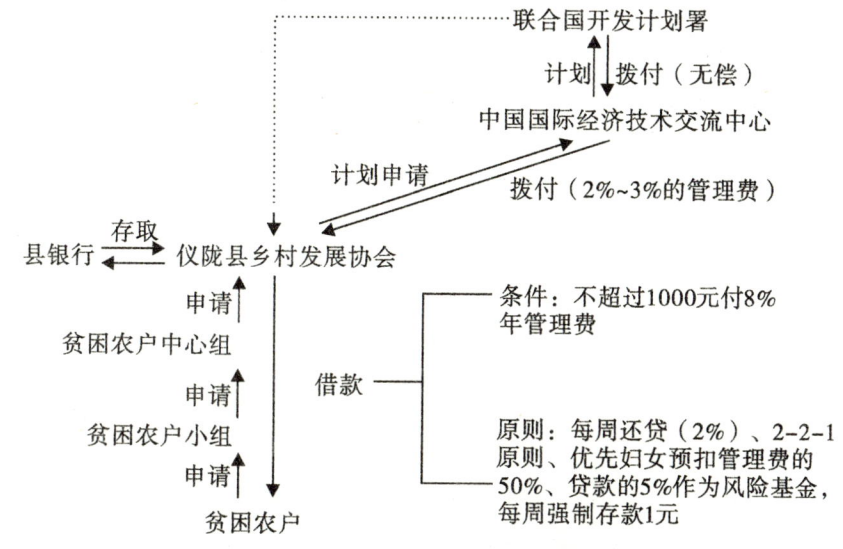

图2 小额信贷资金借款运行示意图

借款基本条件中的不超过1000元是指贷款农户第一年最多只能借款1000元，在还款情况良好的情况下，第二年可借款1500元，年借款增加50%，即500元，年借款总额最多不超过3000元。年缴8%的管理费是指贷款额的8%。比如借款1000元，应付管理费80元。

借款基本原则：

（1）每周还贷：一个年度共52周，从借款的第三周开始还款，每周还2%，第52周结清全部费用。

（2）2-2-1原则：5人一组，第一次借给其中的2人，观察2周后，如果还款情况好，再借给另外2人，小组长最后获得借款。

（3）妇女优先：妇女是贫困人口中最脆弱的人群，然而她们普遍具有勤俭持家、吃苦耐劳、守信誉的美德。

（4）预扣管理费的50%：管理费的50%在开始借款时一次性扣除，例如，借款1000元，借款时即扣除管理费40元，实际获得借款960元。每周还本20元，第52周还本20元和结清管理费40元，累计还本付息1080元。

(5) 贷款的 5% 作为风险基金：借款时扣除贷款额的 5% 作为小组和中心组的风险基金，用于小组成员在遇到自己难于解决的困难时偿还借款。

(6) 每周强制存款 1 元：目的是让小组成员养成积蓄的习惯，存款按银行活期计息，属存款人所有。

从"还"来看资金运行（如图 3 所示）：

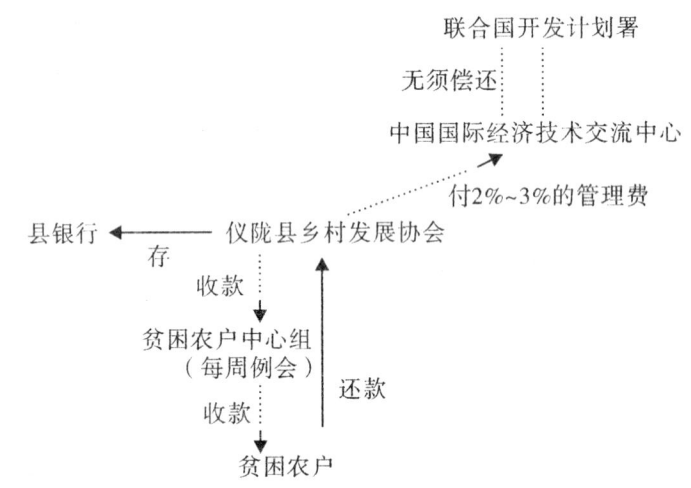

```
                            联合国开发计划署
                              无须偿还
                         中国国际经济技术交流中心
                                ↑
                        付 2%~3% 的管理费
  县银行 ←—存—— 仪陇县乡村发展协会
                     ↑
                    收款
                     │
                贫困农户中心组
                 （每周例会）     还款
                     │
                    收款
                     ↓
                  贫困农户
```

图 3　小额信贷资金还款运行示意图

在小额信贷资金的"借、还"过程中，贫困农户中心组的每周例会成为一个关键，从一定意义上讲，它已成为整个项目的操作平台。贫困农户小组会被忽略了，资金的借、还集中体现在了贫困农户中心组会，组织运作体现在贫困农户中心组会，技术服务也体现在贫困农户中心组会。贫困农户中心组每周例会有点像我们常见的现场办公，即小额信贷扶贫机构到现场面对面给贫困农户发放贷款，通过周到的服务来获得这部分市场，同时还达到扶贫的目的。

如何选择资金运行的对象，也就是贷款对象？这是小额信贷扶贫项目的一个难点。就仪陇项目而言，贷款对象的确定是依据社区工作人员在社区调查时作出的判断。选择标准是，建卡贫困农户中具有以下现象之一者，可优先使用小额扶贫贷款：①缺粮 1~2 月者；②在本村其他农户通电情况下尚未通电者；③家庭成员中有学龄儿童因经济困难无力上学者；④房屋破旧、狭小、缺少生活必需品者。

民政救济对象不宜使用小额信贷扶贫资金。

从国内其他小额信贷试点县和国际上小额信贷的运行来看，小额信贷的目标群体有：①最贫困人口；②中低收入阶层；③贫困妇女。

3. 技术支持

就贫困地区实际而言，贫困户缺乏的首先是资金，其次是技术。仪陇项目的技术支持来自几个方面：国际顾问、国内专家（包括来自北京的、省内的和县上的）。从技术支持领域来看，有农村发展、金融、社区工作、乡镇企业、项目管理、农业技术等，无疑为仪陇项目提供技术服务的可供利用的资源是十分丰富的。

对仪陇项目实施的技术支持包括两个方面：一是对实施机构的技术支持，如咨询、培训等；二是对项目区贫困户的技术支持，如实用技术培训等。（如图4所示）

从仪陇项目运行来讲，面对农户的技术支持在县内基本上可以找到可供利用的资源。对项目实施机构的技术支持（包括整个县内可供利用的技术资源）尚需外部提供，而外部（包括国内外）技术资源的选择与利用是由多方面因素决定的。贫困农户对小额信贷资金的需求是强烈的，可是当项目提供的技术服务无偿而且有效时，由于借款收益的不可预见性或者说借款的预期收益不如技术服务效益直观可见，农户对资金的需求就成为真正意义上的"小额"，并成为获得免费技术服务的"门票"。在仪陇项目的实施中，由于技术服务无偿提供给参加小额信贷的贫困农户小组成员，外围的贫困农户要想获得技术支持就必须参加小组，以技术需求带动资金需求。仪陇项目的技术支持费用来自项目，不计入小额信贷资金的运行成本。与组织建设中的社区工作一样，技术支持对项目中的小额信贷资金运行而言是无偿的，但对维持小额信贷资金的有效运行却不是无足轻重的。贫困农户在有偿资金和无偿技术之间的选择便可说明这一点。

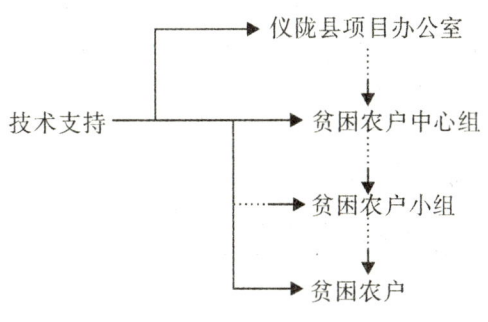

图4 技术支持示意图

二、小额信贷扶贫到户的可行性

从仪陇项目的试点可以得出结论：小额信贷扶贫到户在技术上是可行的。要推广仪陇模式，必须考虑以下几个方面的可行性。

（一）小额信贷扶贫到户的市场可行性

小额信贷扶贫到户的市场可行性要研究的是：①贫困农户对小额信贷扶贫资金的需求是否能成为有效需求；②小额信贷扶贫资金的供给是否能满足

需求。

目前在贫困地区向农户（包括贫困农户）提供小额信贷资金的金融或非金融组织有农村合作基金会、农村信用社、民间借贷、政府扶贫资金基层管理部门（含农行营业所）。这些机构的贷款投向和年利率见表1：

表1 信贷机构的贷款投向和年利率

借贷机构	贷款投向	年利率（%）	贷给贫困户
农村合作基金会	大型生产资料购置	16.8~25	几乎无
农村信用社	工商业贷款	16.8~22	几乎无
民间借贷	急需贷款	25~100	小额
农行营业所	农产品收购	16.8~20	几乎无
扶贫资金基层管理部门	种养业	2.88~3	极少

在这些借贷机构中，能与小额信贷扶贫在贷款对象上形成竞争的有民间借贷和国家扶贫资金。

民间借贷能为贫困农户提供贷款来源，但是由于利率太高，贫困农户一旦经营有闪失，便如雪上加霜。因此，贫困农户对民间借贷十分小心，除非万不得已，一般不借。如果国家扶贫资金管理"1000元以下扶贫贷款用于种养业，贫困户不需抵押担保"的优惠政策得以顺利实施，从扶贫的角度来说，仪陇小额信贷扶贫模式便无推广的必要。因为仪陇小额信贷扶贫资金的利率明显高于政府扶贫资金的利率，尽管服务到农户，但不能凭此占有贫困农户这一市场。如果扶贫资金管理的这一优惠政策不能顺利实施，仪陇小额信贷扶贫将通过其完善的服务使贫困农户对小额信贷资金的需求成为有效需求。

贫困农户需要小额信贷扶贫资金从事微型项目，但是如何保证小额信贷扶贫有可供的充足的资金来源？仪陇项目注重并依靠的是国际无偿援助资金，对国家扶贫信贷资金的融入基本属无效操作；当贷款农户规模扩大，市场需求将因外援资金的有限供给而受到抑制，从而抑制项目的持续发展。从四川省的情况来看，将国家扶贫信贷资金融入小额信贷扶贫资金，除了要求实际操作万无一失外，也仰赖于全国其他省区小额信贷试点的成功。开辟资金的来源也可以利用存款，国际上不乏其例，像印度的SR-WA银行在运行小额信贷扶贫时，存贷比达2.8:1。但目前首选的还是努力获得国家政策上的支持，只有这样，小额信贷扶贫方才既有政策保证，又有资金保证。

（二）小额信贷扶贫到户的组织可行性

四川省委、省政府对在全省贫困地区扩大小额信贷扶贫的试点十分重视，这对小额信贷扶贫到户提供了组织上的先导；而省、地、县三级扶贫开发系统的领导在认识上能否达成一致，是组织可行性的先决条件；接下来才是如何建立可行的组织运作体系。

仪陇项目在设计时考虑项目组织单位独立于政府，成为非政府的民间社团组织。事实上，这种独立是相对的，从县到乡、到村，项目对政府所需要的是支持而不是干预，这只有在项目目标与政府目标一致时才可能做到。因此，小额信贷扶贫到户组织的非政府性基本上是可行的。四川省小额信贷扶贫到户的组织机构可做如图5所示的设计：

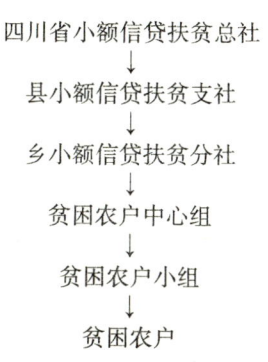

四川省小额信贷扶贫总社
↓
县小额信贷扶贫支社
↓
乡小额信贷扶贫分社
↓
贫困农户中心组
↓
贫困农户小组
↓
贫困农户

图5　四川省小额信贷扶贫到户的组织机构示意图

组织可行性不仅是组织机构设计的可行性，还有一个十分关键的问题，就是能否招聘到合适的负责人和管理人员。不合适的负责人不能有效操作设计可行的组织体系，不合适的管理人员不能有效执行各项活动。

（三）小额信贷扶贫到户的财务可行性

从成本和效益的角度来看，小额信贷扶贫到户的财务可行性考虑的是项目本身能否自主和持续发展，这是国内许多小额信贷扶贫项目的最关键之处，也是国际上考察小额信贷项目成功与否所关注的最重要的方面。简单地讲，当收入大于等于支出时，项目在财务上才能自立。

小额信贷扶贫到户项目涉及的收入来源只有管理费，管理费的多少受三个因素影响：①管理费率；②贷款规模；③贷款回收率。管理费率也就是贷款利息，利息的高低，一受国家宏观金融政策的影响，二受国家扶贫政策的影响。在这两个因素影响下，要维持项目组织的持续发展应做何选择？必须以满足贫困农户从事微型生产项目的需要为原则，以扶贫到户为宗旨。管理费率一旦确定，贷款规模越大，收入就越多，以县为核算单位、维持自负盈亏的理论贷款规模是1500~3000户。提供小额信贷扶贫到户服务的金融机构，因为其完善周到的服务，贷款回收率通常都高于其他金融机构，但是要维持项目财务上的可持续性，贷款回收率不能低于95%。

　　小额信贷的操作成本比大额信贷的操作成本高。涉及的成本主要有：①人员经费；②办公经费；③资金占用费（向其他金融机构或组织的借款利息，贫困农户的存款利息）；④基本建设费；⑤其他开支，如坏账、呆账等；⑥不可预见费。因此，控制开支、扩大贷款规模、保证贷款回收率就成为小额信贷扶贫到户财务可行性的三个主要影响因素。

平昌县 GB 式小额信贷扶贫试点[*]

平昌县位于四川省北部，是一个很普通的省定贫困县，地上没有什么特产，地下没有什么矿藏。进入 20 世纪 90 年代中期，平昌县全县还有约 16.7 万人没有解决温饱问题，1996 年解决温饱问题的贫困人口仅 2.41 万，另外还有 2700 多人返贫，而四川省扶贫攻坚计划要求平昌县在 1998 年全部解决贫困人口的温饱问题。

依照以往扶贫投入成效推算，1997 年平昌县完成扶贫攻坚任务需扶贫贷款 4282 万元，1998 年需 3484 万元。事实上，达到这个投入是不可能的。而"扶贫贷款以各种方式用于贫困户"这个假设也是站不住脚的，因为四川省一项典型调查表明，扶贫资金到户率不到 30%。

当前国际上流行、国内先期小范围试点的小额信贷扶贫方式证明了小额信贷扶贫方法至少可以达到：①扶贫贷款到户率最高；②扶贫贷款回收率最高。运用小额信贷扶贫最成功的就是创造此方法并在此基础上发展起来的孟加拉国乡村银行（Grameen Bank，GB）。"乡村银行"的核心就是变"整贷整还"为"整贷零还"。基本操作原则如下：①只向贫困人口提供贷款；②向贫困人口提供短期小额度贷款；③重点向妇女提供贷款；④提供连续贷款；⑤建立农民互助组织。因此，平昌县引入了这种小额信贷扶贫方式。

一、实 施

尽管如此，小额信贷对于平昌县来讲仍然是陌生的，于是平昌县开始了"摸着石头过河"的第一步。

（一）1996 年的初试

1. 筹集小额信贷运作资金

平昌县扶贫办在既没有外援，又没有内助的情况下，抵押了县扶贫办全体职工的住房，从县农业银行贷款 8 万元（月息 2.4‰）。靠抵押或者其他可

---

[*] 原刊载于《财经科学》1998 年第 4 期，此次整理有修订。

行的方式获得低息贷款,这是小额信贷运作必不可少的。同时,扶贫办还动用了约10万元扶贫基金作为开办费。

2. 选择试点区

平昌县选择了该区的贫困乡——马鞍乡作为试点区。这一选择的优势在于减少了协调区—乡—村各级行政的难度,便于工作的开展。

3. 宣传发动和组织农户

宣传信贷政策,组织符合条件的农户参与贷款项目。

4. 贷款的发放和回收

平昌县马鞍乡两个村在贷款的发放和回收上进行了不同的试点。

(1) 黄梁村。1996年7月13日开始发放贷款,规则是:从第三个月(9月13日)开始还款,每月还贷款总额的10%,一年还清,贷款利息为月息3‰。得到贷款时先交50%,余下的50%在最后还款时结清,借款数额由扶贫办和担任中心主任、小组长的村干部确定。1996年7月13日,黄梁村组建的两个中心共发放贷款27000元,最高贷款1300元,最低贷款100元。扣除一个最高贷款(建小酒厂),平均每人贷款282元。到1997年7月13日,贷款回收率达99%。

(2) 桂花村。1996年9月9日开始发放贷款,规则是:从第三旬(每十日为一旬,第三旬大致从10月9日开始)开始还款,每旬还贷款总额的3%,一年还清,贷款利息为月息6‰;不分先后顺序一次性发放;借款数额在1000元的限额下自愿确定,由扶贫办和中心主任、小组长认可。每人交纳贷款总额的5%作为中心互助基金和小组互助基金(各2.5%)。1996年9月9日,桂花村组建的一个中心共发放贷款14000元,最高贷款800元,最低贷款200元,平均每人贷款467元。到1997年9月5日,贷款回收率达100%。中心基金和小组基金全额退还农户。

(二) 1997年的规范运作

正当平昌县小额信贷试验进行到中期时,1997年1月四川省开始在全省较大规模地试点和推广小额信贷扶贫,并于同年3月在平昌县召开全省项目启动和现场培训班,对全县的扶贫工作起到了一定的推动作用。

1. 建立管理机构

1997年4月,平昌县正式成立了在县民政局注册的社团组织——扶贫经济发展协会。协会理事长由县长担任,分管扶贫工作的副县长、扶贫办主任、农发行行长、财政局局长等4人为副理事长。1997年5月,该协会在笔山区成立了四川省第一个小额信贷扶贫基层营业所,向社会公开招聘社区工作人员。

2. 建立运作制度

小额信贷扶贫的组织机构有两个方面：一是小额信贷的管理机构；一是客户的组织，也就是贫困农户的组织。

3. 完善运作程序

（1）县扶贫经济发展协会对乡、村、社干部和社区工作人员进行业务培训；

（2）县扶贫经济发展协会选择试点区；

（3）社区工作人员在即将开展小额信贷扶贫工作的乡村进行宣传发动；

（4）社区工作人员对试点乡村和农户进行基本情况调查，找出适合的贷款农户；

（5）县扶贫经济发展协会审查批准协会会员的入会申请；

（6）社区工作人员帮助贫困农户组建中心，学习小额信贷规章制度；

（7）农户自主进行项目选择，并经由中心向县扶贫经济发展协会提出借款申请，同时明确还款来源；

（8）县扶贫经济发展协会审查农户的项目和借款申请、还款来源；

（9）社区工作人员出席中心会，在中心主任的协助下面对面发放借款给农户；

（10）制定借款规则。第一次借款最高限额1000元。中心的农户不分先后一次性得到借款；执行管理费率8%，发放借款时先交4%，余下的4%在最后一次还款时结清。第三旬开始还款，每旬归还贷款总额的3%。

4. 相关财务管理

小额信贷目前在国内还没有现成的财务制度和管理程序可模仿或者借鉴。从理论上讲，小额信贷是一种准金融活动，可以参照银行的财务管理。但是有四点是十分现实的：

（1）小额信贷运作机构的独立性。尽管平昌县成立了相应的机构，但实际由扶贫办管理，扶贫办主任是法人代表，可他并没有辞去平昌县扶贫办主任这个国家公务员的职位。这表明扶贫办的财务管理和小额信贷的财务管理在事实上未能分开，尤其是在一些费用的开支方面。

（2）社团组织从事商业行为的合法性。1997年4月，平昌县在笔山区建起了全省第一家基层小额信贷营业所，县农业发展银行、县财政局在扶贫资金和财政资金方面给予了一定的支持，营业所得以正常运作。

（3）小额信贷机构工作人员的业务能力。扶贫机构招聘的社区工作人员基本上没有银行工作经验，在这种情况下要借鉴银行的财务管理就不是一件容易的事。

（4）小额信贷资本金的属性。1997年，平昌县小额信贷资本金主要来源于三个渠道：一是四年期的扶贫抵押贷款，共8万元；二是年初四川省扶贫办和省农业发展银行联合下达的50万元扶贫贴息贷款；三是县里向省贫困乡村经济发展促进会申请的128万元小额信贷专项扶贫资金，还有正在争取当中的县财政周转金30万元，限周转使用三年。因此，尽管平昌县小额信贷资本金看起来比较多，但是从属性上讲，没有一分钱是自有的。

5. 黄梁村、桂花村的实施情况追踪

（1）黄梁村的小额信贷已经停止。1996年在该村试点的时候，实行的是低息贷款，92户农户不完全是符合条件的贫困农户，且有少数农户认为所获贷款是救济款，因而理所当然地可以不还。对于1997年小额信贷拟执行的8%的年管理费率，该村一些干部和农户不能接受，所以平昌县扶贫经济发展协会暂停了黄梁村的小额信贷。

（2）桂花村的小额信贷开始扩展。目前该中心已有45户农户，中心主任经成员同意继任，部分小组的组长在小组成员间轮换。桂花村村民逐步接受了小额信贷的规章制度和管理模式。

二、评　价

不论是在1996年还是在1997年，平昌县小额信贷扶贫都体现出明显的效益。

（一）小额信贷初现扶贫效益

从小额信贷扶贫项目的实施情况来看，发展药园、果园等经济林188.5亩，修小蚕共育室6个，办家庭孵抱房3个，购生猪1437头、牛79头、羊108只、鸡鸭17462只、兔960只、鱼苗6.3万尾，新购舂米、磨面、粉碎、抽水、脱粒、缝纫、修补等各类机器38台套，办小砖厂、农具厂、小酒厂等15个，转移劳动力962人。

通过一年的实践，扶贫协会会员家庭经济收入普遍增长，有118户贫困农户越过温饱线并奠定了稳定增收的基础。借款回收率达到98%。一份抽样调查的结果显示：以前项目区贫困农户中只有8%使用过扶贫资金，而现在小额信贷扶贫资金100%到达项目区贫困农户。其中96%的人使用小额信贷扶贫资金后收入增加了，平均每月增加153元。女性成员中，有94%的人收入增加了，平均每月增加142元；男性成员中，有97%的人收入增加了，平均每月增加159元。而且有81%的使用过小额信贷扶贫资金的贫困农户表示要继续使用小额信贷扶贫资金。

从平昌县扶贫贷款方式的比较来看，小额信贷开始发挥越来越重要的作用：1996年平昌县小额信贷扶贫资金仅占全县扶贫资金的0.63%，覆盖项目区农户的比例为35%；1997年增加了10倍，占比达6.61%，覆盖项目区农户的比例也增加到43%。尽管扶贫贷款的还贷率有所上升，但仍然只有41%，而小额信贷扶贫资金的还款率高达98%。据经验估计，小额信贷由于其特有的组织和管理体制，还款率最后将稳定在95%以上，这是其他任何扶贫贷款方式都难以达到的。

(二) 小额信贷社会效益潜力巨大

1. 重树扶贫的声誉

扶贫在老百姓看来是一件积德的善事。中国从1986年开始大规模扶贫时，老百姓把它看作是中国共产党的一大德政工程。可是当寄希望于通过经济发展来缓解农村贫困问题时，却由于西部贫困地区缓慢的经济发展和扶贫管理中资源的种种泄漏，贫困农户的受益未能达到预期，因而出现扶贫资金既到不了户，又收不回来的尴尬局面。在各方面都呼吁"扶真贫，真扶贫"的时候，小额信贷顺势而入，以全方位服务于贫困农民为导向重树扶贫的声誉。

2. 增强贫困农民之间团结互助的精神，促进贫困乡村精神文明建设

中心基金和小组基金把会员的共同利益联结在一起，这样约束了每个成员的行为，增强了相互监督、相互帮助、团结协作的精神。

3. 开发农村剩余劳动力资源

农村家庭联产承包责任制最大限度地解放了农村生产力，农业劳动生产率大大提高，与此同时，农村剩余劳动力也从隐性转化为显性。在城市化和工业化进程不能完全消化这些剩余劳动力时，他们又流回农村这片广阔的天地，使农业边际劳动生产率为零或者负数。在贫困地区由于人口压力的加大，这种状况更甚。小额信贷扶贫方式采取"整贷零还"的方式，在减轻贫困农户还款压力的情况下，有效地促进了农户开动脑筋、开足马力不断地寻找每一个合法的挣钱机会。

4. 改善基层干部和群众的联系

长期以来，基层干群关系紧张，但在小额信贷扶贫项目区，由于乡村干部的主动配合与积极参与，情况发生了改变，干群关系明显改善。

三、总　结

（一）平昌县小额信贷扶贫组织管理方式与 GB 式小额信贷的不同之处

1. 没有实行 2-2-1 的制度

GB 式小额信贷在发放贷款时，要求实行 2-2-1 的制度，也就是在第一周，贷款先借给小组内的其中两名成员，观察两周，如果这两名成员一切记录良好，在第三周时借给小组内的另两名成员，再继续观察这四名成员两周，如果一切记录良好，在第六周时借给小组内的最后一名成员，至此小组成员全部得到贷款。从第一个成员得到贷款到最后一个成员得到贷款总计间隔五周 35 天，其目的是通过小组成员遵守纪律达到互助连保。平昌县实施小额信贷扶贫时，没有实行 2-2-1 的制度，而是在发放贷款时一次性满足所有成员的贷款要求。从其运行来看，还不能确定平昌县的贫困农户在接受小额信贷扶贫方式时天然的就具有互助连保特质。为什么呢？一是时间尚短，是否有副作用不能妄下结论；二是小额信贷扶贫毕竟是一种新事物，上上下下都还有兴趣和热情来维护它。

2. 小组基金和中心基金的管理发生变异

GB 式小额信贷的小组基金和中心基金自成员交纳贷款总额的 5% 以后就一直积累下去，用于小组和中心的一些集体事业。基金的管理从严格意义上讲是不鼓励小组或中心成员退组的，其标志就是当成员退组时不退还基金。而平昌县的情况则不同，当一年期满，无论是否有成员退出，小组基金和中心基金都会如数退还给本人。实际上，这种方法长期下去并不能积累基金，基金的互助是一种短期行为，仅仅在农户作为成员的一年内起作用。

3. 贷款户的选择没有严格要求

性别无差异，倾向相对贫困者。GB 式小额信贷的目标对象是贫困人口，尤其是贫困的妇女。平昌县小额信贷扶贫的目标群体总体上指向贫困农户，但在性别上没有特别强调。在这种比较开放的情况下，参加小额信贷扶贫协会的主要是 30~45 岁的人，其中妇女约占 70%。30 岁以下的人大多外出打工，对小额信贷没有兴趣；45 岁以上的人思想观念比较保守，不愿意借债；而 30~45 岁的人，其家庭一般来讲由妇女当家，在有机会获得贷款时，谁出面作为借款人只是一种形式。这种做法的有效性如何，一个关键的检验指标就是每旬中心会的到会率。平昌县从 1997 年 4 月以来，各中心的到会率最高时达100%，最低时为70%。

4. 中心主任、小组组长的无酬劳动和选聘社区工作人员的问题

GB式小额信贷的成员组织里有一个不计报酬的基层管理群体，这就是成员们自己选出来的小组组长和中心主任。不计报酬的作用有三：一是保证始终以民主的方式选举小组组长和中心主任；二是培养为大家服务的精神；三是增加透明度，避免腐败。平昌县小额信贷扶贫采取了这种方式，但是不彻底。他们打算在适当的时候以适当的方式对小组组长和中心主任的无酬劳动予以补偿，或者通过在组织能力强的中心主任当中选聘社区工作人员的方式对中心主任的工作给予承认。这样做是否会鼓励协会会员争当中心主任或者小组组长呢？如果产生这个结果，导向显然是错了。

（二）关于认识问题

小额信贷扶贫资金100%到贫困农户，这一点不容置疑。如果仅仅是强调扶贫资金到户，相信其他方式也能办到。小额信贷扶贫的独到之处在于扶贫资金具有近100%的回收率。在这个"近100%的回收率"背后有两个因素：一是贫困农户自选项目的效益保证；二是小额信贷组织管理方式的约束。小额信贷扶贫方式是否具有可推广性和可持续发展的能力，也就在于这两点。关于小额信贷扶贫组织管理方式的约束力前面已经讨论了，这里就只谈贫困农户自选项目的效益保证。

1. 尊重农户

长期以来扶贫工作都习惯于从上到下的工作方式，不管是经济实体承贷承还，还是项目覆盖农户，其潜在的假设就是贫困农户没有还款的意识和还款的能力，因此需要找一个贫困户的经纪人来代理贫困户的借贷事宜。然而事实是，当发达地区盛行负债经营的新观念时，贫困地区一贯的理念还是穷死不借钱，因为人们怕还不起钱。当老百姓明白扶贫不再是救济时，当有扶贫贷款可借时，他们是那么的小心翼翼，因为他们清楚"欠债还钱，天经地义"。

2. 服务农户

小额信贷借款农户的贷款使用主要在养殖业上，而还款却主要来源于家庭的多种经营活动，比如卖菜，饲养小家禽及销售禽蛋、粮食；利用农闲打短工，或做点小买卖；增添医疗设备，扩大医药门市。农户家庭多种经营的收益如何由农户对社区需求的把握来决定，而农户借款项目的收益如何则更多地取决于相关的种植、养殖业技术，如果社区需求的了解靠自己能够解决的话，那么实用技术的推广和培训服务只能由相关机构向贫困农户提供。

3. 平昌县小额信贷财务上的可持续性

从 1997 年 4 月到 11 月底,平昌县小额信贷组织有正式工作人员 7 人。现有小额信贷借款农户 902 人,发放贷款资金 64.7 万元。目前,全部收入 2.8 万元,其中管理费收入 2 万余元,存款收入约 8000 元。运作成本约 3.5 万元,宣传材料支出、交通费及其他接待费用进入扶贫办日常支出,未列入小额信贷运作成本中。资金成本包括:8 万元的贴息贷款付息约 2400 元,50 万元的扶贫贷款付息约 9600 元,小计约 1.2 万元。操作成本加资金成本合计 4.7 万元。

所以,从现有情况来看,平昌县小额信贷扶贫要达到财务上的可持续性还需要加大规模,提高劳动生产率,降低单位运行成本。

小额信贷扶贫的实践和思考[*]

在1996年小额信贷国际研讨会（北京）上，与会专家、学者、第一线的实际操作人员、政府官员基本一致认为，"小额信贷"就是"为低收入者提供的金融服务，包括小额贷款和小额存款"。在这个解释里面，小额信贷的扶贫对象并没有以某一个具体的收入标准来界定（比如中国农村绝对贫困线：农民年人均纯收入以1990年不变价计低于500元者），而是界定为"低收入者"这个相对的概念，从而为各地或各国实践留下了结合本地或本国实际的余地。

中国最早开始小额信贷扶贫研究和实践是1993年由中国社会科学院农村发展研究所在福特基金会的资助下进行的。1995年在联合国开发计划署的资助以及世界银行的贷款帮助下，中国小额信贷扶贫的研究和实践范围进一步扩大，到1996年已有约10个省、20余个县在进行规模不等的小额信贷扶贫试点工作。这些研究和试点有三个共同的特点：①小额信贷扶贫的资本金和运作费主要来源于国际机构的援助或者贷款；②小额信贷扶贫运作的主体全部在县这个层次；③基本上没有融入国内扶贫的政府机构和有关资金。

一、衡量小额信贷扶贫成功的标准

衡量小额信贷扶贫成功与否，至少有三个指标。

（一）扶贫到户

中国自20世纪80年代中期开始大规模扶贫以来，随着扶贫方式从救济型转为开发型，扶贫战略通过一系列的政策设计也发生了变化，体现的是一种通过全面的经济增长从而对贫困人口产生涓滴效应的扶贫思想。具体操作上，就是由政府提供补贴，使贷款到达贫困户。但是实践证明，政府补贴不仅难以到达贫困户，而且整个扶贫贷款的偿还率低。

---

[*] 原刊载于《财经科学》1998年第1期，此次整理有修订。

小额信贷使资金100%到贫困户，而且使项目和效益也到贫困户，这是小额信贷扶贫的首要目标。换句话说，这是衡量小额信贷扶贫是否成功的第一个指标。

（二）扶贫机构自身的持续发展

所谓持续发展指的是在时间、空间和代际三维上的发展。扶贫机构自身的持续发展是基于缓解贫困这一问题的历史需要，当代中国面临的贫困问题主要是绝对贫困问题，也就是我们世世代代所追求的"温饱"目标。综观世界各国经济的发展历程，伴随农村绝对贫困问题的解决，农村的相对过剩人口便会自发地涌入城市，会同城市的失业人口构成城市的绝对贫困人口，与此同时，农村的相对贫困和城市的相对贫困却是始终存在着。贫困的这种发展趋势要求扶贫机构具有持续解决这个问题的能力。另外，如果贫困农户知道小额信贷扶贫不能持续，贷款偿还率必然会走低，这是对小额信贷的致命打击。因此，从一开始就要让小额信贷具有持续性。就此而言，小额信贷扶贫机构和贫困农户的关系是鱼和水的关系。

衡量小额信贷扶贫机构自身能否持续发展有两点：是否满足贫困农户解决温饱问题、脱贫和发展的需要；机构是否盈利。

（三）财务上自立

财务上自立有两个方面的含义：机构的相对独立；收益补偿成本。

小额信贷扶贫机构的相对独立是保证信贷资金有效筹集和运用的基本条件。在这个条件下，使收益补偿成本，保证下面这个等式的平衡：

$$年发放贷款总额 \times 贷款利率 = (资金成本 + 其他操作成本 + 坏账 + 失窃) \times (1 + 年通货膨胀率)$$

影响收益的主要因素是年发放贷款总额和贷款利率。由于小额信贷本身所具有的扶贫性质和任务，贷款利率不能太高，因此获取收益更主要的是通过扩大贷款规模，巧合的是小额信贷扶贫在帮助最大量贫困人口的总目标上和需要大量贷款农户以实现财务上收支平衡的经济目标上有天然的一致，这无疑为扩大贷款规模提供了十分有利的条件。

构成成本的主要内容是：资金成本，操作成本，坏账，失窃。通货膨胀是所有经济活动都必须承受的成本，对于贷款项目而言，通货膨胀一般都计算在放贷的利率中。小额信贷的成本必须要尽可能的低，刚开始也许政府会给予一些补贴，但是到最后所有的成本和费用都必须由借款人通过利息来支付。

因此，小额信贷通过满负荷工作努力扩大经济规模的同时，最大限度地降低成本，使收益补偿成本成为小额信贷财务自立的唯一出路。什么时候收入至少等于总的支出,什么时候就达到财务自立。完成这个过程,一般需要几年的时间。

二、保证扶贫成功的几个基本原则

这几个基本原则是根据孟加拉国乡村银行近二十年的实践和中国贫困地区的实际需要总结出来的,包括以下五个方面。

(一)只向贫困人口贷款

小额信贷试图弥补农村金融和农村经济发展中的缺陷,服务于而且只服务于农村中的贫困人口,这是其他金融机构都不愿涉足的领域。那么如何才能向贫困人口贷款?首先是根据一些具体的标准识别贫困农户;其次要排除非贫困者。

(二)提供小额度短期贷款

贫困地区的贫困农户大部分文化程度低,经济基础薄弱,缺乏经营管理经验,与市场没有太多的接触。在这种情况下,贫困农户适宜从事的就是投资少、风险小、容易操作、收效快的小型项目,因此,为他们提供的信贷服务也应该具有额度小、期限短的特点。从我国贫困地区贫困农户的实际出发,小额信贷的贷款期限不超过一年,第一次贷款额度不超过1000元。

同时,为降低还款风险,减轻贫困农户一次性还款的压力,小额信贷还采取了分期偿还贷款的方法。孟加拉国乡村银行采取的是每周还贷,即一个借款年度共52周,假设借款总额为1000元,在第一周的某一天借得这笔款,在扣除应付利息的50%以后,第三周开始偿还贷款,每周偿还贷款总额的2%,直到第52周全部还清贷款,同时支付余下的50%的利息。

(三)重点向妇女提供贷款

重点向妇女提供贷款原则的制定和运用是基于三个方面的考虑:①贫困地区妇女是贫困群体中最脆弱和最容易受到伤害的部分。②作为母亲的妇女,对于家庭的作用是不可替代的,她往往是家里最后一个解决温饱问题的人,因此扶助一个母亲就等于扶助一个家庭。③长期的"男主外,女主内"思想造就了妇女似乎天生具有的美德:勤俭、顾家、不乱花钱,很少外出,专心家庭生产活动。这十分适应小额信贷所要求的组织管理纪律。

(四)提供连续的贷款服务

这种连续的贷款服务只提供给那些遵守小额信贷纪律、按时还款、互助组织成员的贫困农户,即第一年可以贷款1000元,第二年可以贷款1500元,每三年可以贷款2000元,每年在原有基础上增加50%,最高可以贷款3000元,直到贫困农户摆脱贫困,建立起自我管理和自我发展的能力。

（五）帮助贫困农户建立互助组

小组和中心是贫困农户自己的组织,必须由贫困农户自己管理。这个组织不仅是关系小额信贷扶贫成功的基石,更是贫困农户相互帮助、共御风险的有机体。

三、小额信贷扶贫的思考

（一）客观认识小额信贷扶贫的地位和作用

"小额信贷是为低收入者提供的金融服务",小额信贷扶贫的对象是农户,贫困是一个不太单纯的范畴,既有区域性的贫困,也有分散的千家万户的个体性贫困。对于那些仅仅是缺少生产资金的贫困农户来讲,也许小额信贷能起一定作用；而对那些不仅仅是缺少生产资金的贫困农户来讲,也许小额信贷只是一种尝试。

（二）小额信贷基本原则和各地实践相结合时灵活度的掌握

小额信贷的几个基本原则是经过许多国家和地区实践而逐渐总结出来的,应该说有一定的适应性,如何将这些基本原则和本地实际相结合,这里有一个灵活度的问题。

小额信贷扶贫的第一个原则,即只向穷人发放贷款,这个原则至少在2000年绝对贫困缓解以前没有灵活性。违背这个原则就违背了小额信贷扶贫的根本宗旨。

小额信贷扶贫的第二个原则,即提供小额度短期贷款。现在一些县小额信贷扶贫项目第一年的贷款额度为1000元,这和农业发展银行1997年1000元以下扶贫贷款不需抵押担保的政策是一致的。在1000元以下的灵活性以贫困农户的需要为准。

小额信贷扶贫的第三个原则,即重点向妇女贷款。现在已有一些县在这个问题上突破较大,不仅重点弱化,而且重点转移。

小额信贷扶贫的第四个原则,即连续贷款。违背这一原则,最大的担心是每一个农户或贫困农户在得到贷款并通过努力获得一定收益以后,第二年不愿再继续申请扶贫贷款。如何处理？只能当作这类贫困农户已远离了贫困。

小额信贷扶贫的第五个原则,即建立互助组织。如果要采取小额信贷定期还款的方法，那么互助组织就是小额信贷扶贫的基础，不能动摇。

（三）小额信贷与"公司+农户"等模式结合时，唯一关键的是市场

"公司+农户"是20世纪80年代末90年代初总结出来的一种适合当时扶贫发展趋势的扶贫模式。近年来，这种模式又逐渐为农业产业化发展所用。但是，"公司+农户"这个模式在计划经济向市场经济转轨时期，不管其是否适用于扶贫，都存在一个误区：忽略了市场。或者说，把市场交给公司，对"农户"来讲，只要靠上了一个公司，就好像"傍上了一个大款"，而农户如果不采取多种经营，那么一旦公司的产品卖不出去，遭受损失的就不仅仅是公司了。

低收入人口的信贷需求与供给分析[*]

低收入人口的信贷需求长期以来一直被忽视。事实上，低收入人口有信贷需求；低收入人口能够支付商业利率。小额信贷自1993年在中国开始试点以来，其迅猛发展的势头已引起越来越多的国内外机构与组织的高度重视，现在参与或从事小额信贷业务活动的不仅有金融机构，还有非金融机构。在市场经济条件下，作为一种广受消费者（低收入人口）欢迎的金融服务，其发展前景如何，根本上还是取决于其供求状况，表现在三个方面：一是小额信贷作为正规金融市场扩展的可行性；二是小额信贷的技术适应性；三是小额信贷的可持续发展。

一、小额信贷作为正规金融市场扩展的可行性

（一）小额信贷的目标市场

小额信贷缘于一部分有贷款需求的低收入人群无法从正规金融机构获得贷款。这些正规的国家（或商业性）金融机构通常不向没有抵押担保能力和信用记录的个人提供贷款。从经济意义上讲，这样做的理由是充足的：向没有抵押担保能力和信用记录的个人提供贷款风险大、单位贷款成本高，而贷款人所支付的利息无法弥补可能出现的贷款损失，因此这些金融机构宁愿放弃这部分市场。

但是，有需求就会有供给。低收入人群长期存在的信贷需求在现阶段引致了金融市场的细分，并创造了小额信贷这样一种不要求抵押担保的金融产品。这种不需要抵押担保的金融产品恰恰适应低收入人群无抵押担保能力的特点，是一种专为低收入人群设计的包括一系列非金融服务内容的金融产品。

但是，我国各地的小额信贷实践反映出，机构在营销这种产品时存在两个倾向：①为了提高贷款的还款率和机构的营利性，过于强调向有生产经营

---

[*] 原刊载于《财经科学》2000年第5期，此次整理有修订。

能力和具有一定还款能力的低收入人群提供贷款服务，而拒绝向严格意义上的低收入人群提供贷款；②过分强调小额信贷的扶贫功能，而排斥其他迫切需要贷款支持的城乡低收入人群。这些做法是机械的。

（二）低收入人群的贷款需求能够形成有效需求

1. 低收入人群的贷款需求强烈

构成这部分市场主体的低收入人群，其贷款需求十分强烈，小额信贷的市场潜力十分巨大。只要把小额信贷扶贫的目标市场定位于低收入人群，小额信贷作为正规金融市场扩展就具有可行性。

与此同时，几乎所有的小额信贷项目都规定了个人贷款的上限，多数项目也采取贷款额逐渐增加的方式，在项目初期为低收入人群提供小额短期贷款，然后根据贷款户的还款记录逐渐增加贷款的数量和贷款品种。平均贷款规模与一个地区的发展水平有密切关系。国际小额信贷经验表明：在较贫穷国家，小额信贷往往服务于较广泛的人口；而在较富裕国家，小额信贷则倾向于为相对较少的部分人口提供服务。这个经验对于设计小额信贷发展战略、发展模式和管理费用都有很大影响。因此，一般的结论是：在较贫困的国家，不需要过分考虑瞄准问题，而应着眼于建立有效的信贷系统，为更多的低收入人群服务；在较富裕的国家，小额信贷则需要开发特殊的机构，为真正的贫困人口提供服务。

2. 低收入人群能够支付不需要补贴的利率

国际上的小额信贷基本上按商业化原则进入目标市场，它既没有贴息贷款对"资本"这种特殊商品价格的扭曲，也没有计划经济条件下扶贫贷款分配和管理上的种种弊端，而是根据贫困人口的生产需要，按市场利率提供不需要抵押担保的小额度短期贷款。在一定意义上讲，这便是由市场决定的金融资源的合理配置。

现在，我国各地开展的小额信贷在利率确定方法上存在比较大的差异，归纳起来有以下几种：一是根据项目资金来源的不同利率取加权平均数作为基准利率，这些项目为农户提供的贷款利率一般不超过4%，另外向贷款农户增收2%的管理费，因此名义利率为6%；二是全部使用扶贫专项贴息贷款，贷款农户支付的利率为2.88%，政府为项目机构发放的每笔贷款提供适当补贴；三是资本金由国际援助机构的赠款构成，执行利率略高于市场利率，一般在7%~10%；四是使用财政扶贫资金作为资本金，执行6%~8%的利率。尽管小额信贷的利率在全国并不一致，但从各地的发展来看，还没有出现农户因为8%或6%的利率而拒绝贷款的现象。

因此，小额信贷能否作为正规金融市场的扩展，问题的关键是：我国的金融机构是否愿意开发小额信贷服务或者允许建立新的组织专门从事小额信贷服务，以满足低收入人口的信贷需求。

二、小额信贷的技术适应性

小额信贷作为一种金融工具，其技术创新表现在：整贷零还和不需要抵押担保。以这两点为核心的小额信贷在各国的实践中比较成功的是孟加拉国乡村银行和印度尼西亚人民银行的村信贷系统等。但是，小额信贷引入中国，必然出现和中国国情相适应的问题，除了前面论及的市场问题，第二重要的就是小额信贷的技术适应性。

（一）"整贷零还"的适应性

"整贷零还"理解起来很简单，即一次性贷款分数次偿还。其出发点是减轻贷款者的还款压力，同时减少机构的贷款风险。

1. "整贷零还"对机构的利弊

"整贷零还"对机构来讲，利在于可以最大限度地减少贷款损失，弊在于增加工作量，从而增大成本开支。

经验表明，几乎没有一个小额信贷贷款户在贷款初期就出现还款困难或者赖账的情况，还款问题一般都发生在中后期，因此通常不会发生全部贷款损失。目前国内一个小额信贷基层信贷工作人员的基本工作量是250~300个客户、20万元~30万元的贷款规模。按一般商业银行的工作程序，处理20万元~30万元的贷款业务，即使加上贷前审查、审批、办手续、回收等，正常情况下平均累计工作时间不会超过24小时。但对于在穷乡僻壤开展小额信贷的工作人员来说，完成基本工作量每天要工作10个小时，步行30~40公里放款收款、组织会员学习，月最低工作时间是250小时。相对于其他商业银行，小额信贷的操作成本毫无疑问是比较高的，但小额信贷的贷款利率不能擅自提高，这限制了小额信贷收入的扩大，工作人员报酬与其劳动付出出现较大差距，基层工作队伍难以长期稳定。这就是"整贷零还"对机构而言较难克服的矛盾，即工作量有下限和利息有上限的冲突。

这个冲突在我国小额信贷项目中的表现就是变相增加工作量，目前发现的具体形式就是通过"垒大户"来扩大贷款规模。小额信贷初次贷款规模的上限是1000元，多次贷款且有良好还款记录的贷款最高限是3000元，可是"垒大户"采取两种方法来突破这个上限：一是直接向贷款户提供3000元、5000元的贷款；二是一人冒数人之名组成一个空头小组，获得较大额度的贷款。这种调整的结果可能会增加还款风险。

2. "整贷零还"对贷款农户的利弊

"整贷零还"对贷款农户来讲，利在于还款的现实压力分散，弊在于还款的心理压力和外在成本增加。

孟加拉国乡村银行的"整贷零还"要求贷款户每周还款一次，即在贷款周期一年的前提下，贷款户每一笔借款应该在以后的 52 周内等额或不等额还清。这种贷款、还款方式对于贷款农户来讲，减轻了一次性还款的现实压力。

"整贷零还"这种还款方式有一个基本的假设：穷人的时间是不经济的。因此，把他们调动起来跑路还款，使机构的运作成本外化。但是，在中国低收入人口居住的广大贫困地区，尤其是山区，不仅道路交通条件恶劣，而且居民居住很分散。据调查，一些农户往返参加一次小额信贷中心会议仅在途的时间就要 2 个小时、行程 30 余公里。在农忙时节，这种还款的心理压力无形中增加了农户的还款成本。

鉴于这种不适应，一些小额信贷项目便调整还款期，把每周还款调整为每旬还款、每半月还款、每月还款。还款周期的调整在一定程度上缓解了贫困户的还款压力，但一些项目的还款率仍然未能提高，重要原因之一是弱化了信贷纪律和再贷款条件，即小额信贷传递的组织保证。

因此，针对"整贷零还"在中国的适应性需要适当调整的有两点：一是初次贷款规模；二是还款频次或还款周期。至于还款周期和贷款农户收入来源的相适应问题，如果小额信贷仅仅是面向农村低收入人口，应该给予考虑，因为贫困农户除了种植、养殖业外，几乎没有其他收入来源。

（二）"不需要抵押担保"的适应性

1. "不需要抵押担保"对机构的利弊

"不需要抵押担保"对机构来讲，利在于可以扩大用户规模，弊在于贷款风险增加。

传统意义上的银行贷款业务是以抵押担保或信用方式向企业或个人提供贷款。小额信贷以"不需要抵押担保"成为一种反传统的特殊的金融服务。但是，与无抵押担保相伴生的是贷款风险的存在，任何一个金融机构都明白其中的道理。因此，小额信贷为减少蕴藏于其中的巨大风险，创造了独具特色的小额信贷传递机制，核心是"互助联保"，本质是社会压力，辅助的具弥补功能的是建立小组、中心基金和强制储蓄制度。

但是由于一些机构对这一套传递机制未给予高度重视，出现了以下问题：①小组、中心名存实亡，互助联保功能丧失，小额信贷贷款农户之间的相互联系远不如社区内成员之间的关系紧密。②一些小额信贷项目虽然收取了小组、中心基金，但是并没有很好地管理和利用这笔基金。收取的小组、中心基金，一旦贷款农户的账务结清，就要全数退还。这种操作在很大程度上只是将其作为基本不起作用的抵押金，因为小组、中心基金的收取比例只是贷款额的5%。事实上，基金应该不断积累并滚动发展用于会员的集体事业，但由于管理机构对此理解上的差异，基金的功能没有得到很好的发挥。③一些小额信贷项目为了简化管理自动放弃强制储蓄，这无疑又放弃了弥补"无抵押担保"必然存在贷款风险的机会。由于管理机构对贷款风险的忽视和对"无抵押担保"相配套的小额信贷特殊传递机制的轻视，最直接的后果在许多项目上已经发生，即贷款拖欠率增加，管理机构对此十分被动。

2．"不需要抵押担保"对贷款者的利弊

"不需要抵押担保"对贷款者来讲，如果不附加其他条件，完全是只有利没有弊。

从一定意义上讲，正是这一点体现了小额信贷扶贫的性质。但是，天下没有免费的午餐，获得"不需要抵押担保"的小额贷款的附加条件就是互助联保，定期出席中心会议，按比例积累小组、中心基金，定期储蓄存款。

但是"不需要抵押担保"及其附加条件在具体的实践中却遇到两个问题：①纪律与自由的冲突。小额信贷"不需要抵押担保"的确考虑到了贫困人口没有资产的实情，但前提是贫困人口愿意为"不需要抵押担保"付出他们一定的自由，接受小额信贷的一套纪律约束。可是当小额信贷的纪律过度约束了他们的自由，使贫困人口感觉"不划算"时，"不需要抵押担保"便失去了它原本的意义。典型的表现就是中心和中心会议名存实亡，绝大多数的小额信贷项目报告称中心会议开不起来。除了发放贷款，基层工作人员的收款工作已经从中心会议走向了各个小组，甚至千家万户。②合作与竞争的障碍。小额信贷的"不需要抵押担保"除了需要纪律来减少可能出现的还款风险外，也寄希望于贫困人口之间的合作与互助。可仅有互助合作内容的"田园牧歌式"社会哪怕在贫困地区也渐渐为竞争所取代。事实上，小额信贷扶贫的本质是要调动贫困人口的生产积极性，推动他们参与市场经济活动，启蒙他们的商品经济意识，在互助合作的同时参与市场竞争。

从国内一些小额信贷实践分析，只要管理机构坚持信贷条件和信贷纪律，贷款农户基本上能够很好地配合执行这一系列政策。也就是说，"无抵押担保"及其配套措施在贷款农户这个层面是可以使用的。

纪律和合作是小额信贷所极力推崇和强调的精神，小额信贷机构本身首先应该树立这种理念，然后才能教育广大的贷款农户培养和维护这种精神，否则小额信贷的长期发展将失去支柱。

三、小额信贷的可持续发展

（一）小额信贷可持续发展的意义

小额信贷持续发展就是小额信贷机构能够持续地满足大量低收入人口的信贷需求。越来越多的人已经认识到小额信贷可能给贫困人口进入信贷市场和金融服务带来创新，但是不能完全了解小额信贷创新所面对的各种风险，因此小额信贷前景如何，小额信贷机构能否成功地控制风险渡过种种难关便成为目前最重要的问题。

小额信贷持续发展至关重要，它与建立贷款机构和借款者之间的长期信贷关系密切相关。国际上小额信贷的发展经验表明，小额信贷一般要经历四个发展阶段：第一阶段，项目操作成本主要是由补贴支付（如软贷款、财政资金、捐赠等）。由于贷款还款率不高及通货膨胀的影响，项目资本金急剧减少，需要外来资金的不断注入。第二阶段，资金来源的价格接近市场价格，贷款利息收入可以补偿资金成本及一部分操作费用，其余的仍需补贴。第三阶段，补贴大量减少。第四阶段，小额信贷机构用商业利率吸收存款，其利率收入足以弥补操作成本、贷款损失及通货膨胀的影响。

小额信贷是直接面对低收入人口的一项金融服务，是国民经济活动中的一种。对经济发展的影响表现在改善低收入人口的收入状况从而提高整体经济发展水平。宏观经济对小额信贷的影响主要表现在通货膨胀对资本金价值的影响以及通货紧缩对贫困家庭生产产品的市场转化两个方面。

（二）中国小额信贷持续发展的主要难点

1. 项目启动后的资金供给

任何小额信贷开展都依赖于机构拥有的可以放贷的资金，项目的大小取决于所筹集的资金量，这些资金可以来源于国际机构，也可以来源于政府。充足的资金保障是小额信贷项目得以开展的基础。如果借款者得知小额信贷机构的资金没有保证或者没有后续来源，那么他们就很有可能不归还借款，从而导致项目失败并破产。

我国小额信贷项目在国际组织援助资金、政府自己筹集财政资金、向农业银行申请扶贫贴息贷款或金融机构自己筹措资金等方式下运作。但是，大多数小额信贷在项目启动1~3年后即出现了资金供给严重不足的问题。

以四川省贫困乡村经济发展促进会为例，这个省级的小额信贷机构所能调度的小额信贷资金总额约2600万元，加上所辖12个试点县的运作资金，不到5000万元，项目区总人口745.18万，贫困人口约37.26万，以小额信贷初次贷款规模上限1000元计算，最多只能满足5万低收入人口的初次贷款需求。该项目从1997年发展到现在，资金供给不足的问题开始从一个县蔓延到两个县、三个县，最后几乎蔓延到所有试点县。

需求大于供给，对于任何一个理性的商业机构来讲是最好的发展机遇。在国内一片需求不足、要千方百计启动内需的呼声中，小额信贷却有些"时运不济"。面对贫困农户的贷款需求远远大于小额信贷机构所能供给的资本金，抑制需求、收缩规模是任何一个发展中的小额信贷机构都不愿做的选择，而现在国内的一些小额信贷项目在刚刚启动后就要面临资金短缺而夭折的危险。

我国小额信贷持续发展第一个要解决的问题就是资本金的来源和持续供给。如果是金融机构操作小额信贷，这不会成为严重问题。如果是建立新的非金融机构操作小额信贷，就要大力筹资并动员储蓄。

2. 项目发展过程中机构的规范管理

小额信贷机构的规范管理有三方面内容：一是建立有效的运作机构；二是建立和完善各种规章制度，包括选拔有能力的领导人，招聘和培训专职工作人员，建立和完善管理制度、资金传递过程中的监督和审计、有力的担保形式，防止和化解风险的措施，等等；三是在资金（包括信贷资金和操作经费）有保障的情况下，能够有效地运作资金，保证信贷活动正常进行。这些看起来很容易，许多小额信贷机构在实际工作中却没能顺利地进行规范管理。比如，在我国现行的干部管理体制下，如何把有能力的领导人稳定在小额信贷项目上就是一个难题。又如，资金传递过程中由于监督和审计不力，一些项目出现了"上清下不清"的现象。农村合作基金会当时也出现过类似问题。再如，防止和化解风险的机制现在还没完全建立起来。

3. 小额信贷的财务平衡

小额信贷的财务平衡应该考虑两个层面。

（1）贷款户的财务平衡计划。贫困户的财务平衡是小额信贷的出发点。小额信贷不仅要使信贷资金到达贫困家庭，更期望贫困家庭能够逐渐改善家庭的收支状况。贷款户财务平衡的重要影响因素有两个：一是微观的，如贷款户生产经营能力和贷款项目选择；二是宏观的，如宏观经济环境、自然条件、适用技术推广和服务等对贷款户生产经营项目的影响。当然，利率对贷款户的财务平衡也会产生影响，但影响不大。

对我国小额信贷试验结果的分析表明，对贷款户财务平衡影响最直接的因素是市场，即贷款户使用小额贷款生产出来的产品能否合理转化为现金收入。一般地，贷款农户的项目选择比较单一，并且在一定区域内比较集中。贫困地区的市场容量由于整个人群收入水平不高，对贷款农户生产项目的效益影响很大。一个比较典型的例子就是"养猪"项目。小额信贷贷款户中，至少有60%的贷款农户将小额贷款用于"养猪"项目，可是在1998年、1999年，生猪价格深受市场疲软影响，"养猪"项目无钱可赚。

市场的发育和建立依赖于整个经济的增长与发展，在短期内绝非小额信贷本身所能为。对农村低收入人口影响最直接的是农产品市场价格升降和各种非农业收入渠道的增减。

（2）机构的财务平衡。一个基本事实是：提供小额贷款给大多数人比提供大额贷款给少数人的操作成本高。因此，在小额信贷天生具有扶贫功能的同时，也带来了达到财务上自负盈亏的种种困难。

目前，分析小额信贷机构财务状况的主要工具是财务比率。财务比率可以对机构的营利性（持续性）、机构的效率和贷款的质量三个主要方面的内容进行分析评价。

计算财务比率所需要的信息主要来自财务报表：损益表、资产负债表和贷款业务报告。表1以四川省贫困乡村经济发展促进会1998年财务报表为例分析小额信贷机构财务状况和持续发展的可行性。

表1 四川省贫困乡村经济发展促进会1998年财务报表

指　　标	执行结果	简要分析
1. 操作上的自负盈亏	0.88	比率低于1表明机构的收入不能弥补成本。损益表显示营业亏损。
2. 财务效率	2.17%	机构的资金成本比较高。
3. 管理效率	14.82%	此值接近一般机构理想值。
4. 经营效率	17%	此值接近一般机构理想值。
5. 每个基层工作人员净未偿还贷款余额	8.6万元	内部差距较大。
6. 基层工作人员现有贷款客户数	280户	接近基本工作量，最多不超过400。
7. 每个中心的平均客户	31.78	接近理想值。
8. 风险贷款比率	无记录	应立即采取措施，加强贷款的风险管理。
9. 贷款损失准备金	1.45%	在一般金融机构1%~3%范围内。
10. 贷款损失	3.07%	上期未收回的贷款大于贷款损失准备，本期贷款管理存在风险。

表1显示了四川省贫困乡村经济发展促进会在小额信贷方面的管理业绩。但机构能否持续发展仅仅据此还难有定论。一是时间短，项目仅开展了3年；二是资本金的利率补贴没有考虑；三是12个试点贫困县的资产负债比高达96.8%，所有者权益仅3.19%；四是小额信贷资本金没有保障，目前多数小额信贷项目依靠的是扶贫贴息贷款，而扶贫贴息贷款的使用多数只有3年时间，到2000年所有机构的扶贫贷款均应如数归还农业银行；五是政府对机构的大量补贴掩盖了项目真实的财务状况。小额信贷的持续发展最终建立在机构自负盈亏基础上，现在国内的小额信贷项目尚未有这方面成功事例的报告。个别项目看起来有些利润，实际上是在政府大量补贴基础上形成的。因此，全面评价小额信贷的持续发展还需要时间。

小额信贷视角下合会的运行机制*

一、引 言

在孟加拉国乡村银行建立者、2006年诺贝尔和平奖获得者穆罕默德·尤纳斯（Muhammad Yunus）教授看来，20世纪70年代以前"小额信贷"一词是不存在的，而现在它已经成为萦绕在发展领域实践者耳边的一个术语。当人们用"小额信贷"来指农业信贷、乡村信贷、合作社信贷、消费信贷，或者从储蓄机构获得的贷款，从贷款协会得到的贷款，从信贷联盟得到的贷款，以及从高利贷那儿得到的贷款等时，没有人会对此感到吃惊。为有效识别不同小额信贷的影响，在讨论和研究时达成清楚的结论，形成正确的政策，或者设计适当的制度和方法，尤纳斯教授根据他在亚洲以及全球小额信贷的经验，建议将小额信贷进行如下的分类：①传统的非正式小额信贷，如高利贷、当铺、亲戚朋友之间的借贷、非正规市场的消费借贷等；②基于传统的非正式社会组织的小额信贷，如 ROSCA（Rotating Savings and Credit Association，轮转储蓄与信贷协会）等；③常规的或者专业银行的行业性贷款，如农业贷款、畜牧业贷款、渔业贷款、手工纺织业贷款等；④专业银行的乡村贷款；⑤信用社的小额信贷，如信用社、贷款协会、储蓄所、信贷协会、储蓄银行等；⑥消费者小额信贷；⑦银行和非政府组织合作的小额信贷；⑧格拉米模式（乡村银行模式）的小额信贷或者格拉米（乡村银行）小额信贷（国内通称为 GB 式小额信贷）；⑨其他类型的 NGO（非政府组织）小额信贷；⑩其他类型的 NGO 无抵押的小额信贷。[1]

尽管这个分类并不是完全没有相互重合之处，但这至少对于目前相对

---

* 原刊载于《中共福建省委党校学报》2007年第2期，作者包括研究生李小雨、肖娟，此次整理有修订。

[1] Muhammad Yunus：" What is Microcredit？" www.grameen.com, November, 2005.

比较混乱的小额信贷理论和实务是一个快刀斩乱麻的快速识别方式。在这个分类建议下，合会这种民间金融组织当属"基于传统的非正式社会组织的小额信贷"①。因此，本文在这个视角下，研究合会运行与发展的微观机理，并通过其与乡村银行模式小额信贷的比较，寻找小额信贷本土化的途径。

二、合会的社会形态

合会是我国民间流传很久的一种非正式的合作金融组织。有研究认为合会最初起源于古代印度佛教寺院对信众的一种循环借贷，因其本利生生不息，故称为"无尽钱"。② 也有研究认为合会实际起源于中国唐宋时期的庙会活动，距今已有上千年的历史。③

合会因地域、民族、时代的不同而呈现出相当丰富的内容和形式。在我国有"标会""摇会""互助会""帮会""轮会""楼梯会"等不同称谓。印度称为"夺标制"（Kuttu-chittl）；日本称为"无尽讲"；韩国称为"契"；英国称为"Rotating Savings and Credit Association"，即"ROSCA"（轮转储蓄与信贷协会）。ROSCA从本质上反映合会其实是协会内部成员之间的一种共同储蓄活动，也是成员之间的一种轮番提供信贷的活动。④

在中国，合会具有旺盛的生命力。民国时期，合会流行于中国农村。新中国成立后，由于加强了对私营经济的社会主义改造，合会一度销声匿迹；改革开放以来，随着民营经济发展及对信贷需求的增加，在正式金融供给相对缺失情况下，民间合会又开始兴盛。

合会的组织形式复杂而多样。一般地，按照合会发起的目的不同分为储蓄类、保险类、慈善类和借贷类，按参加人数的多少分为三星会、五虎会、六合会、七贤会、八仙会、九子会、十贤会等。按给付会款的标的分为货币和实物两种，前一类合会为金融会，如钱会、银会；后一类合会为股会，如谷会、麦会、米会。金融合会是常见的形式。按照得会的方法，在中国流传较广的金融会主要有轮会、摇会、标会。

---

① Muhammad Yunus：''What is Microcredit？'' www.grameen.com，November，2005.
② 杜量：《台湾之合会储蓄》，《台湾银行期刊》1969年第1期。
③ 王宗培：《中国之合会》，中国合作学社，1935年。
④ 冯兴元：《宁波民间合会解密》，《经济》2004年第5期。

(1) 轮会。得会的顺序由会脚预先认定，然后按座次轮收。这种会式最古老，流行较广，安徽徽州、浙江杭嘉湖的"新安会"，苏北的"至公会"，以及流行各地的"七贤会""七子会"等均属于轮会。轮会内人数不多，通常有六七人至十余人。会期大多数为一年，短的约半年。轮会的优点是会员可以选择会次，急需资金或善于经营的人可以占先前的会次，而乐于储蓄或手中有闲钱的人可以稍后得会。会脚定期缴纳的会金按得会先后前伸后缩，得会越早，缴纳会金越多；得会越晚，缴纳会金越少。居中位次通常比较吃亏，因此认定会次经常发生困难。

(2) 摇会。用抓阄、掷骰子等方法决定得会次序的会式。该会式流行最广，如浙西的"碰洋会""五总会"和江西的"四总会"等属于此类。摇会又分缩金会和堆积会两类。缩金会人数从 7 人到 20 人不等，会期从两个月到半年，会额固定，会金逐期减少。堆积会人数较多，会期亦因之较短，通常一月一会，会金固定，会额逐期增加，会首还本不付息，得会者逐期付出利息。

(3) 标会。首期会款归会首，以后各期由各会脚投标，标数最大者得标。标会会数与会额无定数，会期通常每月举行，利息为贴现式。根据标金交纳方式的不同，又可分为内标式和外标式两种。内标式指得标的会脚应负担起会时约定的会金，未得标的会脚则负担起会时约定的会金扣除当次中标的标金。外标式指得标的会脚除负担起会时约定的会金外，还应加付自己得标时的利息，未得标的会脚则负担起会时约定的会金。这种标会实际上属于浮动利息，另外还有一种无息互助标会，不过比较少见。

从社会形态上，传统合会发端于民间，其组织形式和组织过程都具有内生性。组织内以合约形式相互约束，组织外根据自身需要呈现不同的形式，总体上是弱结构的。这与现代中国民间 GB 式小额信贷组织的外生性与强结构性有本质区别。现代中国民间 GB 式小额信贷组织基本上都是在外部技术援助和资金推动下形成的，虽然内部金融需求存在，但不是主导因素，这使得民间 GB 式小额信贷组织的外生性特征显著。各地 GB 式小额信贷的组织架构，尤其西部乡村一级的组织架构基本模仿孟加拉国乡村银行，尽管一些地方结合中国实际进行了改良，但仍然没有脱离"管理机构+会员组织（小组或中心）"的基本框架。

三、合会的运行机制

（一）合会的运作步骤

虽然合会的种类很多，但其运作程序基本按以下步骤进行[①]：①邀会，即筹备组织合会。由于某种原因需要现款或实物，会首邀集亲友、邻里、熟人等若干人充当会脚，向他们陈述成立合会的原因和希望筹集的款数，征求其同意入会。②圆会或齐会，即召开合会成立大会。以确定合会的协议，主要包括人数、会息（也就是利息）、会期[②]、会金[③]、会额[④]、入会者的责任。用会规者多为轮会或摇会中的缩金会，其他会式用者较少。③转会，自期会后每隔一定时间转会一次，会首向会脚收取会金。④得会，会首将转会收得的会金总额交给以一定方式得会的会脚。⑤满会，即终会。经过若干次的集会，只剩下最后一人没有得会，在满会时该会脚得会，合会至此结束。

（二）合会的运作原理

在合会中，最基本的联系体表现为会首—会款—会员。需用款人作为发起人聚集若干人参加，约定每隔一定时期（如一个月、一个季度、半年、一年等）举会一次，每人每期拿出约定数额的会金，全部当期会款（包括之前得会成员支付的利息）轮流交给未得会的成员使用。也有由会首邀请数人为会总，再由会总各自负责邀集会脚数人。会首取得首期会款，其后

---

① GB式小额信贷的运行程序和合会有很强的相似性，基本也是按几个步骤进行：①发动农户，寻找需要贷款的核心成员，由其组建小组，核心成员通常会成为小组组长；②几个相邻的小组形成中心，选举具有一定权威的成员担任中心主任；③培训成员接受外部制定的各项规章制度，这一点与合会的内部性有差异；④申请贷款，获得贷款，早期的GB式小额信贷按照2-2-1方式轮流获得贷款，改造后的GB式小额信贷小组成员、甚至中心全体成员都可以一次获得贷款，没有"轮流"的性质了；⑤偿还贷款。早期GB式小额信贷的小组、中心是不解散的，存续时间最长的小组中心在孟加拉国有近二十年的历史，基本形成稳定的民间组织；在中国，改造后的GB式小额信贷的小组中心成员偿还贷款后，解散与否由成员是否继续贷款决定，与合会满会后成员可以解散的松散性相似。

② 集会的日期及次数相当于GB式小额信贷中心会的开会时间，实质就是还款和储蓄的时间，同时还包括还款次数。

③ 合会成员每期应缴之款，相当于储蓄。

④ 会首、会脚收会时所得总数款，相当于GB式小额信贷组织里每个还款周期信贷成员实收款项，包括应收贷款、小组基金、强制储蓄和贷款成员实际得到的贷款额等几个部分。

各期会款由会员依约定的方式依次取得,直到全体会员均得到一次合会款时合会即告结束,所以合会并不是一个永久性的组织。合会集借贷于一体,兼具储蓄投资获利的好处和急需提款使用的便利。[①] 头几期使用会金的会员一般是资金的借入者,他们付出的会款比收到的会款多,相当于付出了一笔贷款利息,付出数含有还本付息之意,实质为整借零还;而后几期使用会金的会员则为资金借出者,他们收到的会款比付出的会款多,相当于得到了一笔储蓄利息收入,所得含有本利并收之意,实质为零存整取。

(三)合会的运行利率

民间合会融资的月利息一般是8厘到2分不等。合会属于一种民间借贷,利率随行就市,总体上比商业银行高一些[②],一般会息低、会期短、会款规模小的安全性好、互助性也强。不同类型的合会利率也有起伏,一般互助性合会的利率较低,经营性合会的利率较高。标会利率由会脚竞标决定,带有一定自主性质。利率高、会款规模大的合会风险也高,并有可能演化成金融诈骗组织。合会基于信用基础,一般不需要抵押和担保。合会的机制设计比较特殊,它形成于彼此较为熟悉的人群内部,本质上不是一种匿名而普适的信贷制度,而是基于事先存在的社会关系形成"内部人"金融,因此大大缓解了信息不对称。而牢固的社会关系和个人对信誉的珍惜则对参与者形成了较为有效的约束,这样参与者个人之间的信任、监督和惩罚就成为规避风险、维持运转的良好工具,使得合会比其他民间金融方式能更好地避免大规模风险的发生。合会不仅是一种信用关系,会脚之间还有对资金的用途进行评议的权利,风险低于两人之间的直接借贷。一般来说,标会所得的资金多用于初期的创业活动及企业成长发展时期的短期资金融通。对于单笔金额较大的标会,有时资金需求者还要介绍他的生意计划,众会脚会对他的计划及个人信用和能力进行讨论、评估,如果风险过大,会提出改进建议或者拒绝给予资金支持。

---

① 中国GB式小额信贷只有贷款功能,没有储蓄功能,设计强制储蓄的组织数量极其有限,只具有象征性,没有实质意义。合会的优势是内部融资功能齐全,是较GB式小额信贷为更完善的民间金融组织。从这个意义上讲,中国GB式小额信贷只是一个贷款组织。

② 大多数中国GB式小额信贷的月利率在5~7厘。目前发现的运行时间较长的GB式小额信贷组织最高月利率为1分,而且比较稳定。

四、合会的演变与异化

(一) 互助性合会

早期的合会是一种小规模互助性的中短期借贷组织,以消费合作为主,会款多用于婚丧、建造房屋等非生产性项目,只有少数用于经商、买地买牛等生产性项目。参会者主要是乡邻和亲友,具有明显的血缘性和地缘性。由于互助性合会参会者相互熟悉信任,还有非正式制裁机制约束,所以逆向选择和道德风险较少发生。会款利率较低,兼具互助性和非营利性。早期合会的主要功能是借贷,对于贫困农户而言,储蓄并非真正意义上的节余储蓄,而是为了应付将来某种突发事件和碍于会首情面而进行的半强制性储蓄。①

(二) 从互助性合会演化到经营性合会

合会虽起源于"亲友济急"的合作互助,但合会机制中的"营谋生息"却拓展了合会的市场,且日益成为入会的主流。"生息"是合会制度的功能之一,先次序得会以更早地获得资金与后次序得会以更多地取得会息成为入会者的决策博弈。

改革开放以来推行的市场经济体制加速了互助性合会向经营性合会转变的进程。促进这种演化的因素有以下几个方面:①逐利需求取代互助需求。早期以乡邻和亲友间相互信任为轴心的合会基础被动摇。②消费性融资功能被生产性融资功能替代。个体民营经济迅速发展形成对生产性资金的强烈需求,但正规金融机构不能满足其资金需要。合会资金的生产性用途比例增大以及储蓄获利功能增强。③大量融资需求和社会成员的流动性使经营性合会规模不断扩大。合会组织范围跨越了传统的地缘关系,形成跨地区、跨省的金融组织。传统的社会联系变得脆弱,成员间道德约束力越来越差,互助性合会的社会信用基础进一步瓦解。合会也从早先的封闭合会变成半开放性合会,经营性合会潜在风险增加。④随着经济快速发展,不少地区开始形成民间资本市场。合会作为一种营利性民间资金融通形式,为成员提供进入民间资本市场的平台。前期得会者可以将得到的会款用于民间金融市场投机,后期会员所获利润也大大高于将本金存入银行或信用社得到的利息。这种投机的动机和行为也加速了互助性合会向经营性合会演化的进程。

---

① GB式小额信贷的储蓄有两种:自愿储蓄和强制储蓄。GB式小额信贷的强制储蓄和合会的强制储蓄基本差不多,都有培养贫困农户通过储蓄防范未来风险意识的考虑;不同的是,GB式小额信贷鼓励穷人积累资金和逐步扩大生产,最终摆脱贫困。

（三）经营性合会向诈骗性合会的蜕变

目前盛行的合会以标会居多，标金从20世纪上半叶的几元至几十元发展到现在的几千元至几万元；聚会时间由原来的月会变成了半月会、周会、日日会甚至一天开几次会。这使得标会的资金规模在短期内大量聚集，[①] 并逐渐集中到少数大的标会中，标息也日益抬高，会员只有出高标息才能标得会款（类似于高息揽存）。伴随大多数人参加合会就为获得高利息的趋势，许多合会逐渐脱离原来以实体经济为主的发展轨迹，蜕变为纯粹的金融投机组织。而且由于道德意义上的约束减少甚至几乎不存在，一旦逃会带来的收益远远大于成本[②]，就会有人铤而走险。

经营性合会的会首，其行为动机完全异化为组会谋利，入会者往往也迷信"会"本身能生利。会首为组会谋利，常常盲目扩大合会的数量，并以不断扩大合会数量的方法来维持合会的运转。会首为维持合会的运转，便以相当高的利率为诱饵，进行投机诈骗活动。

诈骗性合会最典型的形式是"抬会"。抬会的组织结构呈"金字塔"状。在塔尖的是大会首，下面依次是中会主、小会主，会脚在底层。抬会的资金从会脚处汇聚到小会主、中会主处，最后集聚到塔尖的大会首手中。发放时则由上而下，层层盘剥，落入会脚处。抬会本身无法增值，而利率的上升又无法在生产领域找到信贷市场，因此只能玩数字游戏。从机制设计来看，无论是会首还是会员，为了维系合会的运行，唯一的办法就是以会养会，以新会员抬旧会员，以会员抬会首，因此，永不穷竭的新会员的存在及其诚信履行合会的义务就成为抬会存续的必要条件。在初期，由于要求得会的会员数量较少，自上而下不会发生支付危机。但长期来看，一方面由于绝大部分资金是在塔内周转，无法实现增值，加上大小职业会首的挥霍更是使资金减少；另一方面，塔基向上的利息要求却在不断增加，如此发展下去，必然导致自上而下的支付困难。起初还可以通过大会首间的互相调剂暂时缓解，但当"会"在一定区域内达到极限时，支付危机再也无法解决，最终导致"炸会"。如1986年温州乐清的"抬会"风波[③]，这场民间抬会参加人数达30万

[①] 李庚寅、曾林阳：《民间金融组织——合会的变迁及其思考》，《经济问题探索》2005年第2期。

[②] 这些成本如丧失社会信誉，被驱逐出社会圈子等。在商品社会初期，人们对金钱的追逐往往大于对道德名誉的珍惜。

[③] 王含丹：《一种传统民间资金借贷形式：民间合会》，《合作经济与科技》2006年第7期。

人之多，会款发生额达8亿元人民币。"炸会"的灾难性后果是：63人自杀，200余人潜逃，近千人被非法关押，数万家庭负债累累、倾家荡产。

（四）合会异化的主要特征

合会从互助性合会演化为经营性合会，到异化为诈骗性合会不是一朝一夕完成的。发展变化过程中有以下一些趋势和特征：①合会依赖的社会关系网络发生异化。传统合会的运行依赖于成员之间的相互信任和社会排斥等。现代合会规模扩大，参加人数难以控制，一个人可能参与多个会，一些外人也通过各种关系进入合会，超越了熟人社会边界，原先社会互动所依赖的信号机制失灵，信息不对称程度增加。②参加合会的目的发生异化。从资金互助发展到小部分人员利用合会的会款去套取资金，引起支付危机和资金链的断裂。③还款机制异化。传统合会中，无论会员所得会款是用于生产还是消费，都是主要依赖正常收入归还本息。现代合会规模发展过大，利率超过一定程度，正常用途的使用者不再有能力通过正常收入还款，于是参会者更多依赖以赌博投机或者"以会养会"的方式补偿会款。④出现越来越多的越轨行为和逆向选择行为。一些合会资金流入赌场，一些会首或会员在获得大量会钱或出现支付危机之后逃之夭夭。一些人明显缺乏支付能力，却通过参加多个标会从中套取资金或者利差。⑤合会的作用发生异化。传统合会的互助性质在一定程度上抵制高利贷对金融的侵蚀。但后来的演化不但没有抑制高利贷，在某些地区反而助长了高利贷的盛行。合会会款成为高利贷资金的重要来源之一，会首或将会款高利放贷于人，或拉拢放高利贷者为会员。

五、合会未来发展上的瓶颈

合会未来发展上的制约主要来自四个方面：一是道德约束；二是制度约束；三是管理约束；四是技术约束。

（一）道德约束

从历史上看，合会的道德风险一直存在。合会属于民间金融组织，具有自由借贷性质，合会对会首和会员的约束体现为一种信用主张或者道德动员。合会的运行完全依靠成员自律和成员间的信用维系。合会本身没有控制道德风险的有效机制。合会内部借贷双方的交易行为难以用法规规范，金融监管部门很难对此加以有效的监管。建立在道德主张上的合会一旦遭遇较强的外部诱因刺激就会变得非常脆弱，原本理性的会首和会脚们就可能要博弈经济收益与道德成本并借合会信用形式进行牟利。

（二）制度约束

我国法律法规大多视民间地下金融为非法，严禁合会、钱庄之类的民间金融组织从事经营活动，严禁民间集资、借贷等融资行为，但绝大多数从正规银行贷不到款的民营企业都从民间融资，卷入其中的农民更是不计其数。非法吸收公众存款与合法的民间借贷之间的界限在制度上没有做限定，这使带有诈骗性质的合会得以衍生。这种制度供给不足制约合会的发展还表现在政府干预的连带作用。有研究认为，1986年温州乐清"抬会"风波之所以造成严重的社会问题，其直接原因既不是合会运转不善，也不是有会主卷款潜逃，而是政府采取强制措施取缔"抬会"，使得会员对会主的信任顷刻瓦解。[①]

（三）管理约束

合会的产生与发展过于依赖会首的个体信用和能力。有些会首文化水平低，缺乏经营管理知识和能力，只是根据本能的金融意识，设计或加入各种金融游戏，根本无法也没有能力支撑庞大的金融运作。一些会首组会时就带有恶意诈骗的意图，如会首以不法占有为目的，同时或先后招募多个合会，取得首期合会会金后即恶性倒会；或者会首冒用未得标会员之名，标得合会会金后卷款潜逃；或者会首或会员将取得的合会会金用于挥霍，致无力返还会款；或者会首逃匿，包括会首不履行召集标会的义务而逃匿，会首收齐会款后不交付给得标会员即逃匿等。这些都增加了合会管理上的风险。另外，会首或会员遭遇财务困难无法支付会款也制约了合会的进一步发展。

（四）技术约束

合会技术设计上的约束体现在几个方面：①各类合会一般都是会首先得会，可以说是凭空发财。虽然会首承担了合会几乎所有运作的责任和风险，但会首能力有限、责任过重，是合会治理机制上的明显缺陷。②组织的非持续性。合会一般在全体会员都得到一次会款后即宣告结束，它本身不是一个永久性的组织。如果需要筹款，会首召集合会需要一定时间。对会脚来说，得款之日不一定是用款最急之时；而最需用款时，却又不一定能得会。③经营性合会利率过高，会脚如果负担不起，很可能倒会，引起资金链的断裂。④合会资金来源受限于经济实力最弱的人，且往往成为合会规模的制约边界，不能满足发展中的中小企业对大额资金的需求。⑤合会内成员的经济状况大

[①] 陈旭鸣：《民间合会与民营中小企业融资——以福建省晋江市为个案分析》，《中共福建省委党校学报》2005年第12期。

体相当。贫穷的人组成的合会，其会款很少，主要应付生活急需，用于生产目的往往不足。另外，必须要有一定的经济实力才可能被接纳入会，这样越穷的人参会越难，比较富裕的人参会更容易。这也是高利贷者成为合会会员的一个原因。

六、合会对于 GB 式小额信贷的意义

合会是一种储贷双方风险共担的小额信贷，其旺盛的生命力反映了民间对小额储蓄和小额贷款的长期需要。如果可以吸收和借鉴合会运行机制中的合理部分，完善和设计相应正规金融产品或金融组织形式来满足不同社会群体的需求，则不仅可以拓展正规金融体系，实现金融深化，还能够通过改造和替代合会等民间金融组织减轻其固有的风险和弊端，消解可能引发的社会冲突。

笔者不能肯定产生于 20 世纪 70 年代的孟加拉国并风行全球的 GB 式小额信贷与在亚洲乃至其他国家和地区一样盛行的合会没有一丝关系，但是以民间金融组织及其所依赖的社会经济环境来看，在中国东南沿海和其他经济较为发达地区盛行的合会与在中国西部农村流行的 GB 式小额信贷在许多方面既有个性，也有共性。

（一）合会与 GB 式小额信贷的差异

（1）GB 式小额信贷组织比合会规范。合会发起与存续过于依赖会首的个人魅力和能力，组织成员之间的联系比较松散。GB 式小额信贷有专门的组织机构，尽管大多数 GB 式小额信贷也有家长制管理风格，但组织的规范体现在两个方面：一是有相对稳定的组织架构，如以小组和中心为骨架的成员组织和以总会（行、社）、分会（行、社）等为运行主体的管理组织；二是有一整套成文的管理规章和制度。

（2）GB 式小额信贷组织成员同质性高于合会。合会成员可以是熟人、朋友或者是亲戚，跨地区的外人也可以通过其他途径加入合会，而 GB 式小额信贷通过"互助联保"小组机制使成员集中在相邻而没有亲戚关系的熟人社区。

（3）资金动员和服务对象不同。合会的资金来源有限，一般以组织内成员的闲置资金和牟利性资金为主，吸收的多是具有一定偿付能力的个体经营者和低收入者，为了控制风险和保证收益，合会一般排斥负债能力较差的赤贫者，经营性合会对成员的经济性要求更高。从这个意义上讲，合会的民间性是很强的。GB 式小额信贷的资金来源，以外部援助为启动和发端，发展中扩大融资渠道，包括小额信贷组织的经营盈余和自有资本、国际多边和双边

合作机构的捐赠资金或软贷款、企业信托、国家财政资金补贴和成员少量储蓄等。GB 式小额信贷认为穷人也是有偿付能力的，而且以低收入群体为主要服务对象。

（4）形式与载体的存续差异。作为一种传统的民间金融组织形式，合会的历史悠久，但是具体的某个合会不是永久的，其成员只有一次得会的机会，一旦满会即宣告结束。GB 式小额信贷以持续性为目标，为有良好信贷记录者提供连续贷款。成功的 GB 式小额信贷组织能发展成为正规的金融机构。

（5）利率确定机制的差异。合会利率的弹性较大，如标会，所有合会会员平等地享有标取合会会金的权利，出标高者可以收取本期合会会金，借款所要支付的利息率的高低由本人自主决定，能否成交由相互博弈决定。GB 式小额信贷对不同信贷产品规定不同利率，成员只能接受或者拒绝贷款利率，没有通过商量实现某一利率的余地。

（6）风险控制机制的差异。合会更多地依靠成员之间的信任与社会网络关系来控制可能发生的风险。GB 式小额信贷的风险控制除与合会一样利用社会网络关系形成的社会压力来控制信用风险外，还设计了小组基金和中心基金以抵御可能发生的风险。

（7）经济化意愿的差异。虽然在名义上合会和 GB 式小额信贷都是贷款成员的自我组织，但实际上合会的自主性更强甚至是绝对的。GB 式小额信贷成员的经济化意愿总体上不如合会，大多数 GB 式小额信贷成员以社区低收入群体为主，他们是在外部动员下实现贷款行为，而合会成员是自己主动创造融资环境和组织资源满足贷款需求。

（8）社会化程度的差异。GB 式小额信贷成员的社会化程度也不如合会成员。大多数 GB 式小额信贷组织在边远的农村地区开展金融活动，这些地方不仅贫穷落后，而且相对比较封闭，社会成员的眼界和社会化程度都有局限。尤其贷款人组织，是需要借助外部力量的持续推动和动员培训才能组建，也许正因为如此，一旦完成民间社会成员的动员，GB 式小额信贷组织的稳定性又强于合会。

（二）合会与 GB 式小额信贷的相似之处

（1）GB 式小额信贷与合会具有相近的灵活性与草根性，手续简便，运行效率较高。

（2）GB 式小额信贷与合会都不需要提供担保抵押，并为大量的弱小经济组织和弱势群体提供方便及时的金融服务。

（3）GB 式小额信贷与合会依靠"内部人"的监督机制，利用社会压力和社会排斥缓解成员间信用信息的不对称，降低了组织的信息成本和监督成本。

（4）GB式小额信贷与合会的还款方式均为整贷零还，有利于减轻借贷人的还款压力。

（5）GB式小额信贷与合会的信贷产品都是小额度、短期，周转速度快。

（6）GB式小额信贷与合会利率都接近市场化利率水平，但又有别于高利贷。

（7）GB式小额信贷与合会的组织治理基本沿袭传统社会组织的管理机制，现代化程度低，还有演变异化的可能。

（三）合会对于GB式小额信贷组织的意义

合会对于GB式小额信贷组织的意义应该说已经体现在小额信贷的具体运行设计中，本文特别强调的是发展中的GB式小额信贷组织如何借鉴合会的经验教训完善治理结构。

（1）合会的草根性或者民间性。合会会首一般是当地较有声望的人，来自并贴近民间社会成员，在民间具有较强的号召力。GB式小额信贷组织应该借鉴这种草根性，尤其中国GB式小额信贷组织的运作设计应更多强调自下而上的组织形式，发挥民间关键人在小额信贷会员组织中的积极作用，强化小组和中心的功能，真正实现GB式小额信贷组织的民间性。

（2）合会金融服务的内部性和有效性。合会为会员提供储蓄和贷款两方面的便利服务，储蓄的获利性吸引了闲散资金，贷款的便利性满足了投资者的需求，储蓄和贷款的轮转增强了资金的流动性。目前GB式小额信贷组织的金融服务仅限于小额度贷款，不能满足成员的储蓄需求，这既限制了内部融资的可能，也阻滞了社区资金的内部流动性。GB式小额信贷应在强化民间成员组织，即完善成员小组和中心建设的同时，积极促进内部资金的流动，减少西部地区资金外流和增加内部服务功能。

（3）合会异化的危害性。作为一种传统的民间金融组织，合会旺盛的生命力已经表明其存在的意义和价值，但是合会的异化及其对自身和社会的危害是值得发展中的GB式小额信贷组织借鉴的。无论是孟加拉国乡村银行的小额信贷模式，还是中国GB式小额信贷，其产生和发展的目的都是弥补正规金融不能（或者说不愿）抵达低收入群体的金融空缺和政府扶持低收入群体无效之后的金融尝试；是市场失灵和政府失灵同时出现之后来自民间的一种金融自助互助活动，本质上和合会一样。GB式小额信贷与政府行政推动的"补贴性"扶贫贷款及商业银行市场运作的营利性小额信贷有天壤之别，其向政府扶贫贷款方向靠拢或者向商业化发展都可能导致异化，最终失去存在的意义。

农村小额信贷利率及其需求弹性[*]

一、引 言

在中国西部农村，民间金融活动十分活跃，信贷发生频繁。根据笔者在西部农村的调查[①]，78.7%的农户有过借贷行为。其中，与小额信贷项目或机构发生过借贷关系的有85.2%，与亲戚朋友发生过借贷关系的有60%，而与农村信用社发生过借贷关系的有43.2%。可以看出，小额信贷项目或组织在农村民间金融中的作用日益显现。本文将以西部地区小额信贷为重点，分析利率对农村民间金融需求的影响。

关于小额信贷的理论和实践，长期以来比较一致的看法是：小额信贷的需求缺乏弹性，尤其穷人的贷款需求由于中国农村金融制度上的缺陷长期没有得到有效满足，因而低收入群体对小额贷款的利率不敏感。于是，小额信贷项目或机构通过执行较高的利率来弥补较高的交易成本并实现机构盈利。

自20世纪90年代小额信贷被引入中国，并在一些地区广泛试验和推广以来，以商业化为主导方向的小额信贷项目或机构就一直在这个"需求无弹性"的假定下，将主要精力用于与国家利率上限控制的博弈，试图在体制上获得一定的合法生存和发展的空间，基本上忽视小额信贷市场均衡力量对小额信贷行业发展的实际影响。

由于缺乏长期的观察和定量研究，小额信贷项目或机构的利率及其弹性问题一直没有被注意。目前，国内小额信贷项目或机构的利率主要有三

---

[*] 原刊载于《中国农村经济》2007年第6期，此次整理有修订。项目基金：国家社会科学基金项目"农村民间金融组织的社会学研究"（项目编号：05BSH032）。笔者于2006年4~8月在四川、贵州、广西、宁夏、甘肃和新疆等地的12个县进行了"农村民间金融影响评价"问卷调查。本文中有关数据主要来源于此次调查结果。

[①] 资料来源：山西晋源泰小额信贷公司董事长韩士恭2006年3月在北京"亚洲小额信贷论坛"上的发言，载《小额信贷扶贫》2006年第3期。

个特征：①一些以扶贫为导向的小额信贷项目或机构执行 3%~4%的利率，例如，西部一些省（区）农村信用社开展的小额信贷产业化扶贫项目和妇联系统针对下岗妇女再就业的小额信贷项目采用这样的利率。②一些以商业化为目的的小额信贷项目或机构执行高于现行大多数商业银行的贷款利率，例如，中国人民银行小额信贷试点项目——山西平遥县小额信贷项目执行 18%~19%的利率。③国内大多数外援性小额信贷项目或机构的利率在 6%~9%之间波动。

二、小额信贷的名义利率和实际利率

名义利率指银行挂牌标明的利率，是实际利率的对称。客户从银行贷款，银行按公布的利率标准向客户收取利息。这时，利息与本金的比率就是名义利率。小额信贷的名义利率是机构发放贷款时按约定的合同文本向借款人收取的利率。本文引言中提到的小额信贷项目或机构执行的利率均表现为名义利率。

理论上讲，实际利率是名义利率减去通货膨胀率之后的利率。它反映利率的实际水平，它的变化受物价上涨因素的影响。在有通货膨胀的情况下，实际利率比名义利率低。本文所指小额信贷的实际利率与此有一定差异。小额信贷与传统金融的本质区别体现在许多方面，其中，还款方式对利率的影响就是一个方面。在传统金融的实际利率计算中只考虑了通货膨胀，而没有重视还款方式对利率的影响。小额信贷实际利率也称为有效利率（effective interest rate），是根据整贷零还原则测算借款人在一定时间内实际使用贷款的成本。

小额信贷的名义利率和实际利率受还款方式的影响而呈现较大差异。国际上几乎所有小额信贷项目或机构都实行整贷零还的还款安排，国内大多数 GB 模式[①]小额信贷项目实行整贷零还，还款周期不同，有每周还款、每旬还款、每半月还款、每月还款、每季度还款等。还款周期越短、还款频次越高，名义利率和实际利率的差距越大。

目前，国内小额信贷利率的支付方式有两种：①首次付全部利息的 50%，最后一次还款时付余下的 50%；②将应付利息平均分摊到每次应还款中。本文计算模型显示，在小额度贷款的条件下，两种利率支付方式对实际利率的影响可以忽略。

---

① 孟加拉国乡村银行（Grameen Bank）模式的小额信贷。

通过下面的计算模型，可以发现不同还款方式下名义利率和实际利率的差异。

假设一：某小额信贷项目或机构提供贷款的名义年利率为7%。设贷款1000元，可使用12个月。合同要求从贷款第三个月开始每月还款，本金每月等额偿还，利息分2次支付，共还款10次。实际利率计算模型见表1。

表1 实际利率计算模型一

还款次数	应付利息（元）	应还本金（元）	贷款余额（元）
0	35.00	0	1000.00
0	0	0	1000.00
1	0	100.00	900.00
2	0	100.00	800.00
3	0	100.00	700.00
4	0	100.00	600.00
5	0	100.00	500.00
6	0	100.00	400.00
7	0	100.00	300.00
8	0	100.00	200.00
9	0	100.00	100.00
10	35.00	100.00	0.00
实付总额（元）	70.00	—	6500.00
平均贷款余额（元）	—	—	541.67
实际利率（%）[①]	—	—	12.92
最佳周转[②]	—	1.85	—

注：[①]小额信贷中的实际利率指的是实际支付的利息与平均贷款余额之比，也就是小额信贷行业统称的有效利率。[②]最佳周转是从机构的资金流动性上考虑的一个指标，即机构的资金在一个贷款周期内周转的最佳次数。小额信贷机构的资金发放和回收具有不断循环的特征，只有当机构不断地将回收的资金发放出去，做到完全的循环和流动，才有可能实现在农户看来的实际利率。也就是说，只有当机构的资金在贷款周期内实现最佳的周转次数，才能实现从名义利率到实际利率的转化。

假设二：某小额信贷项目或机构提供贷款的名义年利率为7%。设贷款1000元，可使用6个月。合同要求从贷款第三个月开始每月还款，本金每月等额偿还，利息分2次支付，共还款4次。实际利率计算模型见表2。

表2　实际利率计算模型二

还款次数	应付利息（元）	应还本金（元）	贷款余额（元）
0	35.00	0.00	1000.00
0	0	0.00	1000.00
1	0	250.00	750.00
2	0	250.00	500.00
3	0	250.00	250.00
4	35.00	250.00	0.00
实付总额（元）	70.00	—	3500.00
平均贷款余额（元）	—	—	583.33
实际利率（%）[1]	—	—	12.00
最佳周转[2]	—	1.71	—

注：[1]同表1。[2]同表1。

计算模型显示，在假设一，即还款周期为12个月、每月还款的情况下，小额信贷的名义利率为7%，而实际利率达到12.92%，实际利率比名义利率高5.92个百分点，是名义利率的1.85倍。在假设二，即还款周期为6个月、每月还款的情况下，小额信贷的名义利率为7%，而实际利率达到12%，实际利率比名义利率高5个百分点，是实际利率的1.71倍。如果完全模仿孟加拉国乡村银行周还款方式计算，在名义利率7%、还款周期一年的情况下，实际利率将达到13.74%，是名义利率的1.96倍。

小额信贷的实际利率，从计算上看是机构实际获得的利率，或者说是借款人实际支付的贷款成本，但是，实际利率能否转化为机构的实际收入、增加供给者剩余，则要取决于资金的流动性和市场需求。如果机构资金流动性较强、周转快，资产负债表显示机构存款适度，市场显示客户贷款需求充足，机构就可以实现实际利率；否则，整贷零还的方式将带来负外部性，表现为：①减少借款人使用资金的有效时间；②增加借款人的利率负担；③增加机构的交易成本。这种因机构经营管理低效率和市场需求有限导致的整贷零还的负外部性，在国内许多小额信贷项目和机构里是现实存在的。或许这也正是传统金融指责小额信贷增加借款人负担，不愿染指小额信贷的主要原因。

三、民间小额信贷利率确定过程

中国金融机构法定贷款利率[①]经历了多次调整，通过这些调整可以发现：①贷款利率从1997年以来逐年下降，一直到2004年（见表3）；②金融机构贷款利率的浮动比例逐年增加；③农村信用社获得法定贷款利率的浮动空间高于其他金融机构，农村贷款利率的市场性趋强，利率有弹性；④贷款利率由上而下统一制定，金融机构是利率的接受者，但是贷款利率的制定权限有靠近经营主体的趋势；⑤利率作为国家调整宏观经济的一种杠杆，直接作用于社会经济发展，它不完全是贷款需求与供给均衡的结果，这种制度安排下的利率总体上是刚性的。

表3 金融机构法定短期贷款利率（年利率） 单位：%

贷款期限	1997年10月23日	1998年3月25日	1998年7月1日	1998年12月7日	1999年6月10日	2002年2月21日	2004年10月29日
6个月	7.65	7.02	6.57	6.12	5.58	5.04	5.22
12个月	8.64	7.92	6.93	9.39	5.85	5.31	5.58

资料来源：国家统计局《中国统计年鉴2004》，中国统计出版社，2005年。

笔者根据多年来对小额信贷的监测和观察，发现中国西部地区民间小额信贷项目或机构的利率确定大同小异，表现出以下特点：

第一，小额信贷利率的制定者不是中央银行，是经营管理主体，具体为项目主管单位，也就是民间小额信贷项目或机构的出资人或出资人代理。不同出资人出于不同的目的和考虑确定不同的小额信贷利率。部分机构制定利率是出于经济理性，利率是市场均衡的结果。部分机构考虑社会福利，制定的小额信贷利率低于国家金融机构的法定利率。

第二，民间小额信贷项目执行机构只是贷款利率的接受者，国内民间小额信贷尽管组建了行业性组织（中国小额信贷发展促进会），但是还没有行业标准来统一规范贷款利率等指标，基本上还是由行业内主管组织根据各自服务对象的具体情况确定贷款利率。民间的借款人更是利率的接受者，但他们

[①] 1997年1月—1998年3月，金融机构贷款利率在法定贷款利率基础上可上浮10%，下浮10%。农村信用社贷款利率最高可上浮40%，下浮10%。从1998年11月起，金融机构对小企业贷款利率在法定贷款利率基础上可上浮20%，农村信用社贷款利率最高可上浮50%，下浮10%。从1999年9月起，金融机构对中小企业贷款利率可在法定贷款利率基础上上浮30%，下浮10%。

可以选择贷款或者不贷款。

第三，大多数小额信贷项目或机构的初期贷款利率是参照国家金融机构的法定贷款利率来制定的。但是，在运行起来之后，民间小额信贷机构的贷款利率处在国家宏观利率调控之外。大多数小额信贷项目或机构的贷款利率十年来保持不变。而一旦国家法定贷款利率上调，部分民间小额信贷机构也紧跟上调其贷款利率。

四、影响民间小额信贷利率选择的理论分析

从理论上讲，贷款利率的确定应该考虑以下因素：①利率的补偿功能，即贷款利息必须弥补经营成本，并获得一定的收益。②利率的过滤功能。适宜的利率起着某种过滤和分流的功能。③利率的投资回报功能。关于民间小额信贷的利率，国内相关理论研究认为，影响小额信贷利率的主要因素包括经营成本、机会成本、风险溢价、拖欠率、贷款规模、通货膨胀率以及各种补贴和收入等。[1] 因此，合理的贷款利率应该能补偿管理费用、资金成本、与通货膨胀有关的资金损失以及贷款损失，同时考虑资金来源成本、贷款管理成本、农民承受能力和农村资金市场需求状况。[2]

基于满足低收入群体信贷需求和小额信贷项目或机构自身可持续发展的目的，国内理论研究倾向小额信贷执行高利率，反对低利率。

一些研究[3]认为，小额信贷项目或机构执行低利率的信贷政策，其副作用明显，表现为：

（1）低利率会造成资金流失和偏离目标群体。低利率往往使贷款难以到达真正的贫困者手里，并加大人为识别贫困农户的成本，且不能有效地杜绝寻租行为。

（2）在低利率的情况下，借贷者和放贷者都认为小额信贷是一种"白送"的礼品，淡化还款意识；借贷者可以不按期归还甚至根本不归还，从而造成低还贷率。

---

[1] 张改清、陈凯：《中国小额信贷的利率探析》，《商业研究》2003年第16期。
[2] 杨家才：《农户小额信用贷款实证研究》，《金融研究》2003年第3期。
[3] 颜志杰：《农户小额贷款的利率选择》，《现代金融》2006年第2期；周宇：《小额信贷业务的偏差与规范》，《乡镇经济》2006年第1期；陈浪南、谢清河：《我国小额信贷研究》，《农业经济问题》2002年第3期；丁洲锋、孙习祥、聂鸣：《小额信贷支农探讨》，《宏观经济研究》2006年第1期。

(3) 低利率不能对信贷资金的提供者产生激励,即使采用商业信贷利率也不能产生有效的激励。

(4) 小额信贷项目或机构作为理性人,必然要进行成本收益分析。低利率难以弥补小额信贷所需成本,如果小额信贷的收入不能覆盖成本,那么它本身也就不能生存。在没有补贴的前提下,低利率使得小额信贷机构无法实现可持续发展。

(5) 低利率不可避免地出现信贷配给不足,不能获得信贷满足的低收入群体恰恰是小额信贷最迫切的需求者,从而形成较大的供需缺口。

因此,许多专家学者纷纷表达意见,认为小额信贷应该选择高利率。主要观点包括:

(1) 供应和需求两方面的分析。从供应方面看,因为每一笔小额贷款仅仅几千元,只是银行一般贷款业务的大约1%,而操作成本却相差无几。同时,小额信贷的坏账率比较高,不良贷款率常在3%左右。所以,高成本决定了高利率。从需求方面看,农户借款从事生产,不必为自己支付工资,所以资金的回报率非常高。[1]

(2) 单从需求方面的分析。借款人首先考虑的不是利率问题,而是能不能借贷的问题。由于贷款数额小,利率稍高一些,他们是完全可以承受的。[2]

(3) 市场规模方面的分析。中国农村对小额信贷的需求很大。以试点地区所揭示出来的趋势看,经若干年后户均贷款达到5000元左右,那么,一个成熟的中国小额信贷市场规模的极限就可能达到3500亿~5000亿元。如此大规模的贷款市场要求经营机构有较强的资金组织能力和有一定的付息能力,这只有通过较高的贷款利率才能做到。[3]

(4) 高利率的好处。其一,高利率能使小额贷款真正到达村民特别是贫困农户手中;其二,高利率能使借贷者产生精心经营的压力和动力;其三,高利率有助于解决违约问题,使借贷者有效克服"等、靠、要"思想;其四,高利率能覆盖小额信贷的运作成本。[4]

---

[1] 茅于轼:《兴办小额贷款的几点经验》,《农村金融研究》2006年第2期。
[2] 喻国华:《谈农户小额信贷》,《经营与管理》2005年第7期。
[3] 汤敏:《从国外经验看我国当前农村信用社小额信贷的发展问题》,《中国审计》2003年第8期。
[4] 赵俊臣:《生物多样性保护示范项目小额信贷的探索》,见杜晓山主编《中国小额信贷十年》,社会科学文献出版社,2005年。

五、民间小额信贷需求利率弹性的实证分析

从理论上讲，小额信贷的高利率只是有利于小额信贷项目或机构自身获得更多的收益；而在实践层面上看来，它却可能成为小额信贷项目或机构一厢情愿的行为。这是因为，在理性小农的假设下，借款人一开始就明白他们所支付的小额信贷实际利率远高于名义利率。贷款利率的高低对于借款人也是有意义的，这个意义以小额信贷的需求利率弹性表现出来，并直接影响市场规模。

本文以笔者观察到的四川某县 2005—2006 年小额信贷市场需求变化为例实证分析民间小额信贷的需求利率弹性。在供给没有约束的条件下，该县小额信贷项目月发放贷款额变化及其三月平滑处理结果如图 1 所示。

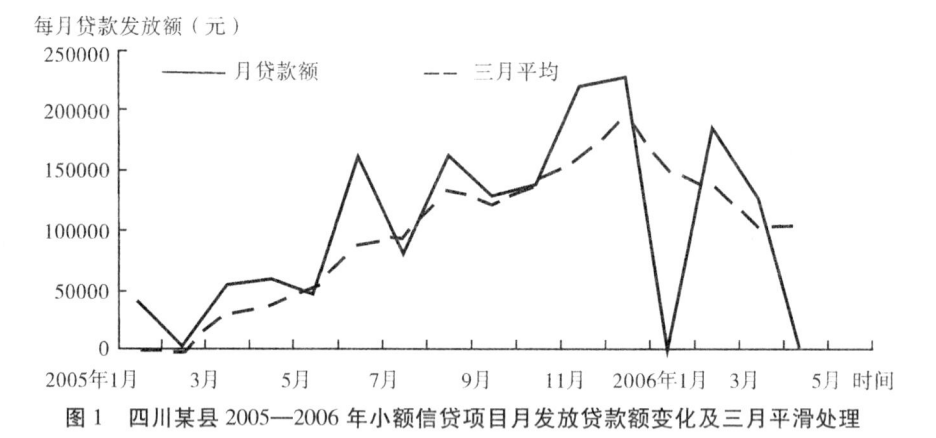

图 1　四川某县 2005—2006 年小额信贷项目月发放贷款额变化及三月平滑处理

民间小额信贷市场主要在农村，农村生活方式和生产方式作为自变量影响小额信贷市场波动。长期观察发现，影响农村民间小额信贷市场波动的因素在需求方面表现为季节性波动，例如在春节前后、秋收前后。事实上，这种波动与农户的现金流密切相关。为剔除季节变化对需求量的影响，进而较为准确地分析小额信贷需求利率弹性，本文采用三月移动平均法平滑处理了原月发放贷款额数据。从图 1 可以看到，平滑前的月发放贷款额起伏较大，平滑后的月发放贷款额呈现出一定的趋势。配合表 4，可以进一步观察到，利率调整对月发放贷款额的影响发生在 2006 年 1 月，这个月有两个因素叠加在一起，一是季节性因素，二是利率上调因素。平滑后可以发现利率上调的影响。

表4 利率调整与贷款额变化

时 间	名义利率（年利率%）	月贷款额（元）	三月平均（元）
2005年1月	7	39000	—
2005年2月	7	—	—
2005年3月	7	54000	31000
2005年4月	7	57000	37000
2005年5月	7	46000	52333
2005年6月	7	160000	87667
2005年7月	7	79000	95000
2005年8月	7	159900	132967
2005年9月	7	127000	121967
2005年10月	7	137000	141300
2005年11月	7	216500	160167
2005年12月	7	226000	193167
2006年1月	8	—	147500
2006年2月	8	184000	136667
2006年3月	8	127000	103667
2006年4月	8	—	103667

小额信贷利率变化对农户贷款需求的实际影响如何呢？本文采用三种方法计算需求利率弹性（参见表5）。①从A点到B点向前计算①的结果显示：由于该县2006年1月利率从7%上升到8%，上升14%，贷款量下降23.64%，小额信贷的需求利率弹性为-1.65；而且时间越往后，小额信贷利率上升对贷款量的影响越大。②从B点到A点向后计算的结果显示：由于该县2005年12月利率比2006年1月利率低12.50%，2005年12月贷款量比2006年1月多30.96%，小额信贷的需求利率弹性为-2.48；而且时间越往后，利率调整的影响越大。③以中点法计算的结果显示：2006年1月小额信贷利率上升13%，贷款量下降26.81%，小额信贷需求利率弹性为-2.01。

---

① 贷款需求利率弹性=贷款需求量变动的百分比/利率变动的百分比。文中A点指的是2005年12月，B点指的是2006年1月。这是贷款利率变化的两个事件点。从A点到B点的弹性和从B点到A点的弹性有时会出现差异，为避免这个问题产生的一种方法是中点法，即进行加权处理。

表5 小额信贷的需求利率弹性

	计算方法	2005年12月	2006年1月	2月	3月	4月	5月
向前	贷款量增减	0	-23.64%	-29.25%	-46.33%	-46.33%	-78.08%
	利率变化	0	14%	14%	14%	14%	14%
	需求利率弹性	0	-1.65	-2.09	-3.31	-3.31	-5.58
向后	贷款量增减	0	30.96%	41.34%	86.33%	86.33%	356.30%
	利率变化	0	-12.50%	-12.50%	-12.50%	-12.50%	-12.50%
	需求利率弹性	0	-2.48	-3.31	-6.91	-6.91	-28.50
中点法	贷款量增减	0	-26.81%	-7.62%	-27.46%	0.00%	—
	利率变化	0	13%	13%	13%	13%	—
	需求利率弹性	0	-2.01	-0.57	-2.06	0.00	

同期笔者进行的问卷调查显示，农户在回答"对于农村各种金融服务，您能承受的最高贷款利率是多少"时，13.5%的农户回答"5%以下"，77.2%的农户回答"6%~10%"，仅有1.5%的农户能承受"11%~15%"（见表6）。

表6 农户对小额信贷利率水平的接受度调查

	百分比（%）	有效百分比（%）	累计百分比（%）
5%以下	13.1	13.5	—
6%~10%	74.9	77.2	13.5
11%~15%	1.5	1.5	90.7
不愿意贷款	5.0	5.2	92.2
不知道	2.5	2.6	97.4
合计	97.0	100.0	100.0
系统缺损	3.0	—	—
总计	100.0	—	—

因此，基于小额信贷供方视角的高利率在市场上不一定能有效实现。利率杠杆在农村民间小额信贷市场上的作用和在正规金融市场上的作用是一样的。在贷款利率较高的情况下，信贷需求将受到抑制，这也不利于促进贫困地区社会经济的发展。尽管如此，笔者并不认为小额信贷低利率是有效的。小额信贷低利率虽然能增加借贷者剩余，但会减少放贷者剩余，同时还会带来无谓损失，例如信贷需求无法满足、还贷率低等。

六、小　结

农村民间小额信贷看似是微不足道的处在微型金融领域的一种非正规金融活动，而小额信贷的利率更似是微观管理层面的一个问题，可是，当进一步分析民间小额信贷的市场规模时，小额信贷的利率就不再是一个微观层面的问题了。事实表明，没有人可以否认中国农村小额信贷市场需求的巨大规模。

笔者调查发现，在有合适的贷款偿还计划下，农户的贷款需求与他们的生产生活方式有关。其中，贷款需求最少的是以外出打工为主的农户，其年平均贷款需求为4400元，以种植业为主的农户年平均贷款需求为5580元，以农产品加工业为主的农户年平均贷款需求为9400元，以经商为主的农户年平均贷款需求为10660元，以养殖业为主的农户年平均贷款需求为11200元，以私营小企业为主的农户年平均贷款需求为15000元。各类农户的年平均贷款需求约为9000元（详见表7）。但是，对于同步调查的一个问题"2005年以来，您觉得向他人（包括各种机构和组织）借钱容易吗？"，回答"容易"和"很容易"的农户仅有28.7%，回答"一般"的农户占49.7%，回答"困难"和"很困难"的农户有21.6%。依此测算，中国农村小额信贷未获满足的市场规模在3200亿元左右①。

表7　不同生产经营项目的农户年平均贷款需求

生产经营项目	平均贷款需求（元）	95%的置信区间 下限（元）	95%的置信区间 上限（元）	最小值（元）
种植业为主	5580	4410	6749	1300
养殖业为主	11236	5196	17277	3500
加工业为主	9400	6342	12457	2000
经商为主	10663	9217	12110	1000
私营小企业为主	15000	9235	20765	5000
外出打工为主	4417	2205	6628	2000
其他	6375	3379	9370	0

注：①表中数据来源于笔者2006年在四川农村的实地调查。②私营小企业主是指除自己外，另雇有2~5人、资产总额达到并超过2万元的小企业主，俗称"（小）老板"，例如小餐馆、小酒厂、小养殖场等的所有者。

---

① 以中国第五次人口普查资料测算，中国农户总数约1.9亿户。笔者抽样调查发现，85.2%的样本农户对小额信贷有需求，其中有21.6%的农户贷款需求未得到满足，户均贷款需求量约为9000元。于是，贷款未得到满足的市场规模＝1.9亿户×85.2%×21.6%×9000元/户＝3180亿元。

正如本文引言中提到的,农村中与农村信用社发生过借贷关系的农户占农户总数的43.2%,而依靠民间小额信贷缓解资金需求矛盾的农户在小额信贷项目中占到85.2%。在可替代信贷产品有限的情况下,农村小额信贷的需求利率弹性表明,农村民间金融市场的运行是理性的;任何人为抑制或者拔高小额信贷利率的做法对促进农村民间金融健康发展都未见得有益。农村民间小额信贷利率的市场化应该是供需双方多次博弈的一个过程。在这个开放的博弈过程中,包括小额信贷机构在内的农村金融机构都可以逐渐地成熟起来。其中,至关重要的是营造一个允许适度公平博弈的金融生态环境。

农村民间金融组织的社会特征分析[*]

随着社会政治经济的发展，农村民间金融活动形式多样，近年来更是呈现组织化发展势头。[①] 国内学界对此进行了多角度、多层面的描述和研究。遗憾的是目前关于农村民间金融组织的概念始终没有一个统一的界定，学界更有不同的称谓，如农村民间金融组织、农村民营金融组织、农村非正规金融组织、农村非银行金融组织、草根金融、地下金融等。这会引起认识上的混乱。针对广泛存在的农村民间金融活动，笔者认为有必要结合社会实践在理论上梳理现有的这些称谓，同时也需要建立相对一致的认识基础。

一、农村民间金融组织现有界定的局限

（一）以产权界定农村民间金融组织，忽略了管理者属性

用农村民营金融组织概括社会现实，强调产权主体的"非国有"属性，外延为所有权归国家所有的国有独资金融组织和最大股东是国家的金融组织之外的所有金融组织。[②] 而国有金融组织，如国有商业银行和国有政策性银行，其产权主体是明晰的，属国家所有。即使国有商业银行实行股份制改造，其最大的股东仍然是国家。用农村民营金融组织解释具有中国特色的农村合作金融组织，如农村信用合作社（以下简称"农村信用社"）的属性时，则遇到边界模糊的问题。

中国20世纪50年代起步的农村信用社，应当视为农村合作金融的萌芽。

---

[*] 原刊载于《四川大学学报（哲学社会科学版）》2006年第6期，此次整理有修订。项目基金：国家社会科学基金项目"农村民间金融组织的社会学研究"（项目编号：05BSH032）。

[①] 以小额信贷为例，据2006年不完全统计，全国从事小额信贷的民间组织有300余家。初具行业规模的有中国商务部、中国妇联、中国社科院等联合成立的中国小额信贷发展促进网络及其100余家成员单位，中国扶贫基金会管辖下的小额信贷项目组织分布于中国西南主要省区，另外还有许多国际组织支持下的小额信贷机构。

[②] 李丹红：《农村民间金融发展现状与重点改革政策》，《金融研究》2005年第5期。

其最初的资本金主要来源于农民的入股资金,发展之初与农民的关系比较密切,在一定程度上促进了农业和农村的发展。但是,由于中国农村的合作化很快发展为改造小农的政治运动,农村信用社最终成为官办的农村金融组织。80年代以后,其体制改革虽有一定进展,但农民参与的真正意义上的农村民间金融组织仍然很少。农村信用社的体制改革始终是在国家的严密控制下进行的,国家通过负债管理、准备金制度等手段对农村信用社保持着有效的行政控制力,服从于国家金融宏观调控政策与服务于农民的金融需要,二者之间难以达成一致。[①] 经历几十年的发展变化,农村信用社的产权主体已经模糊,但可以明确它既不是私人的,也不是国家的。事实上现有农村信用社在管理决策上具有强烈的官民二重性,尤其是农村信用社收缩服务到县域经济,使其"政府控制"的成分强于"民营"的成分。不仅如此,尝试用农村民营金融组织解释中国农村小额信贷组织的属性时,也遇到边界不清楚的问题。

20世纪80年代开始进入中国的小额信贷,早期以国际组织援助为主,其资本金基本上来自国际组织的捐赠。按国际惯例,项目期结束后,援助资金归属受益群体,即"非国有"。但是,大多数援助性小额信贷项目从一开始就没有离开政府的合作和支持,包括资金的配套和人员的配备。在资本金的属性上,即使那些在民政部门登记注册的民间小额信贷组织,自认为到达机构的资金属于"非政府的组织"的,但政府仍然随时可以通过"换法人代表"等方式获得对这些资金的管理权和决策权。对于这类农村小额信贷组织而言,资本金的属性与管理者的属性是连在一起的。"非国有"的资本金属性因为管理者的身份问题变得边界不清楚。

因此,强调所有权的"非国有"扩大了农村民间金融组织的外延,忽略了部分中国特色民间组织在管理决策上所具有的"官民二重性"。农村民营金融组织比农村民间金融组织的外延更宽泛,是前者包含后者的关系。

(二)以金融监管界定农村民间金融组织,忽略了制度变化

用农村非正规金融组织概括农村民间金融活动或组织,强调其在国家金融监管和各有关金融法律法规体制之外的"非官方"特点,突出与官方正规金融在运行机制上的差异。[②] 正规金融组织在纳入国家金融体制内的同时接受金融监管,包括借贷配给、风险防范和控制,遵守国家金融法律法规,遵守

---

① 郭晓鸣、赵昌文:《以农民合作的名义:1986—1999四川省农村合作基金会存亡里程》,http://www.usc.cuhk.edu.hk/wk-wzdetails.asp?id=920。

② 常明明:《我国农村非正规金融的特点及内在缺陷》,《现代经济探讨》2005年第12期;葛兆强:《发展中国家的农村金融制度及启示》,《农金纵横》1997年第2期。

行业操作规范，相关权益和责任受到法律保护，接受统一定价等。长期以来，由于制度供给不足，农村民间金融组织不能接受政府金融监管，也缺乏全国性统一的行业自律和规范，金融交易自主协商，供给双方基本按照市场规律和民间习俗运作。但是，随着我国市场化进程加快和金融制度全面改革与深化，一些农村民间金融组织也正在努力寻求正规化的途径，争取纳入体制内运行并获得金融监管和金融法律法规的保护。

获得中国人民银行许可，从事小额信贷试验的中国社会科学院扶贫社定期或不定期地主动向相关政府机构报告有关经营情况。中国社会科学院农村发展研究所、商务部中国国际经济技术交流中心和全国妇联妇女发展部于2005年联合发起成立的民间组织"中国小额信贷发展促进网络"[①] 也努力规范全国的小额信贷业务，积极争取相关政府机构的监管，使其服务正规化。中国扶贫基金会小额信贷项目在其公开网站上向包括政府金融监管机构在内的全社会公开经营情况。四川省仪陇县乡村发展协会面向全县贫困乡村的低收入农户提供小额信贷服务，得到政府的充分肯定和支持。[②]

因此，农村非正规金融组织这一概念只是静态地考察了农村民间金融组织的属性，没有顾及农村民间金融组织有正规化纳入体制内的发展趋势。

（三）以资金融通界定农村非银行金融组织，忽略了事实的隐蔽性

用农村非银行金融组织概括农村民间金融活动及其组织，强调其不设金库和不吸收存款的特点，以此突出它和银行类金融组织的差异。而经中央政府批准正式注册并接受金融监管的银行类金融组织可以合法设立金库或开展存贷款服务。

对于非银行类金融组织，国内一些相关的研究给出了主要的表现形式，如政策性农业保险公司、农村证券经纪公司、农村租赁公司、农村借款担保公司等。[③] 然而，实地调查和研究发现，大量的农村民间金融组织没有以这种合法化、正规化的方式从事农村金融服务。现阶段分散在西部若干省、区、

[①] 王粤：《把网络建成一个能促进小额信贷发展的公平、公正、公开、独立的组织》，《小额信贷扶贫》2006年第1期。

[②] 仪陇县昆山村建立发展协会，http：//www.cpad.gov.cn/data/2006/0324/article-810.htm。

[③] 冯茜：《关于我国农村非银行金融组织的几点思考》，《市场月刊·财经论坛》2004年第10期；黄燕君：《现有农村金融组织缺陷及创新》，《农村金融研究》2001年第4期。

县、乡、村的各种小额信贷组织，尽管都在为其会员（农民）提供包括贷款、存款在内的金融服务，但基本上都没有合法的金融服务许可证。即使在陕西、山西、四川、贵州等由中央银行直接指导进行的小额信贷试验省份，其贷款发放的合法性问题得到解决，但是其能否发展为非银行类金融组织还需要较长时间的观察。

所以，用农村非银行金融组织笼统地概括农村民间金融活动的多种形式，明显的缺陷是夸大了农村民间金融组织的外延。绝大多数农村民间金融组织不可能成为规范化、组织化、结构化、现代化、信息化程度极高的非银行类金融组织。

（四）草根金融从组织生命力界定农村民间金融组织，忽略了社会环境的差异

在国家社会经济生活中，草根组织通常是指生长在社会底层，最具生命力的那部分肌体组织。草根金融也就是配合草根经济发展的金融制度和金融组织。用草根金融概括农村民间金融活动，强调的是这种组织旺盛的生命力和富有弹性，突出它和其他金融在社会性和广泛性上的差异，尤其突出这种组织产生和成长环境的"浓厚乡土气息"。[①] 草根金融对市场和社会需求的敏感性很强。相反，其他金融组织的刚性较强、制度化程度高，在市场适应性和满足社会需求的积极性上容易受到宏观政策以及领导层意志的影响。

农村民间金融组织具有草根性，但是并非所有的农村民间金融活动和组织都是草根并停留在"草根"状态。如20世纪80年代在四川农村迅速兴起的农村合作基金会，经过12年的高速增长，其集资总额达到256.9亿元，居全国第一位[②]，并且在90年代农村金融改革与发展中扮演了令人瞩目的角色。尽管后来为防范和化解农村金融风险，维护农村和社会稳定，农村合作基金会受到全面的清理整顿，但是仍可以看到农村民间金融组织"不完全草根"的本质特点。全球著名的孟加拉国乡村银行历经二十余年的发展，成为孟加拉国第二大银行，也从另一方面说明农村民间金融组织的非完全草根性。

因此，以草根金融概括农村民间金融组织的局限在于：忽视了农村民间金融组织产生发展过程中社会、政治、经济环境的差异性影响。囿于此，很容易走入"轻看、小看"乃至顺其自然的决策误区。显然，草根金融不能包括农村民间金融组织，它只是农村民间金融组织的一部分。

---

① 何选良：《草根金融及其招安的思考》，《福建行政学院学报》2004年第2期。
② 郭晓鸣、赵昌文：《以农民合作的名义：1986—1999四川省农村合作基金会存亡里程》，http://www.usc.cuhk.edu.hk/wk-wzdetails.asp?id=920。

(五) 地下金融从危害性界定农村民间金融组织，忽略了其有利的方面

用地下金融描述农村民间金融组织，强调这种组织的隐蔽性和非法性[①]，突出其他金融组织依法公开进行金融交易和服务活动。严格意义上，地下金融是指货币金融当局以及统计核算部门未观测到的金融活动及其相关的金融组织、市场等金融要素与运行机制。[②]

长期以来，对于地下金融组织的认识多局限在其非法性和社会危害性上，并表现出三个特征：一是洗钱；二是没有正当的目的；三是不具有合法形式。[③] 这个意义下的地下金融犹如一个谜，如地下钱庄、非法集资、私募基金等。但是，我国众多的农村民间金融组织并不完全都是非法的、隐蔽的、没有正当目的并给社会带来危害的。广泛存在的农村小额信贷组织，如四川省贫困乡村经济发展促进会[④]，其提供的小额信贷服务不仅帮助成千上万的低收入农户发展生产、改善生活，还积极促进乡村社会经济文化的发展。

因此，普遍意义下的"地下金融"只是农村民间金融活动或组织中的"黑色"部分，不能概括农村民间金融组织的全部属性。

不同称谓的农村民间金融组织的内涵和外延比较见表1。

表1 不同称谓的农村民间金融组织的内涵和外延比较

名 称	内 涵	外 延
农村民营金融组织	所有权	非国有
农村非正规金融组织	金融监管	非官方
农村非银行金融组织	资金融通	不设金库，不吸收公共存款
草根金融	生命力	不长大，无限蔓延
地下金融	危害性	违法

以上说法都有不同程度的局限，影响到我们对农村民间金融活动及其组织的准确分析和判断以及相关研究和建议的有效性。在此基础上，笔者预设：农村民间金融组织是指农村中的个体、家庭和微小企业等经济实体在所有权、自主权和经营管理权明晰的前提下，以社区组织的形式，自主开发和运用社

[①] 朱泽：《我国地下金融发展状况及治理对策》，《中国农村经济》2003年第10期。
[②] 李建军：《地下金融规模及其对宏观经济影响分析》，《农业经济问题》2003年第3期。
[③] 盛洪、江平等：《专家谈地下金融》，《银行家》2004年第3期。
[④] 王卓：《中国贫困人口研究》，四川科学技术出版社，2004年。

会资本进行自愿互利的金融交易的社区行为主体。[①] 其宗旨是为农村居民服务。以从事小额信贷的组织为例,它的产权和经营管理权属组织本身,不设金库,不向社会公众吸收存款,在现有制度下,接受政府金融监管和金融法律法规直接调控与保护,获得政府许可独立自主地从事农村社区金融服务。

二、农村民间金融组织的社会特征

农村民间信贷行为作为一种自然金融合约安排,多是对政府正规金融组织服务的补充和完善。在发展中国家,正规金融组织因各种原因无法为农村提供足够的金融支持,这为农村民间金融活动的开展提供了空间。而正规金融组织的典型做法是信贷配给,其结果是信贷服务的覆盖面很小,有效金融服务需求不能得到满足。农村民间金融组织提供了许多与正规金融组织不同的金融服务。农村居民生产和消费活动的主要资金必须依靠民间信贷。

中共中央国务院《关于推进社会主义新农村建设的若干意见》(2005年12月31日)第25条明确提出加快推进农村金融改革的具体要求:在保证资本金充足、严格金融监管和建立合理有效的退出机制的前提下,鼓励在县域内设立多种所有制的社区金融机构,允许私有资本、外资等参股。大力培育由自然人、企业法人或社团法人发起的小额贷款组织……引导农户发展资金互助组织。规范民间借贷。应该讲,这为正确认识农村民间金融组织的性质和管理农村民间金融活动提供了政策指南,有利于农村民间金融浮出水面,发挥与正规金融相互补充的作用。

与正式金融组织比较,农村民间金融组织有以下五个主要特征:

(一) 历史性

中国是一个有着几千年封建历史的国家,社会经济发展有着自己独特的轨迹。农业社会期间农户之间的交易多以实物借贷为主,后来逐渐发展到现金借贷甚至非现金信贷(票据式结算)。美国传教士明恩溥对20世纪之交中国乡村"协作的贷款团体"(有些地方叫作"七仙会")进行过详细的考察。一百多年前,农村民间金融最简单的方式就是由团体中的每个成员捐助一笔确定的款项轮流给其中的某一个人,当所有其他的人都向最后一人捐助完之后,每个人就收回了他所给出的款项,贷款到此结束。通常这样的贷款团体有七人,并且都采用有利息的贷款。贷款团体的具体做法则依据当地的民间

---

① 社区是社会学中的一个概念。相对于全社会而言,社区由具有相近特质、相似文化、相近价值观的人群组成。城市社区的这些相似性可能弱于农村社区。

习俗，具有多样性。[①] 新中国成立初期，小农生产力很弱，为抵御自然风险，民间借贷也一直存在。合作化之后，民间借贷活动范围大大缩小，但农户之间隐蔽的、小额的自由借贷还是存在的。伴随着社会经济发展，农村民间金融的组织形态也发生了变化，到 20 世纪 80 年代后期，民间金融活动日趋活跃，并呈现多元化、多层次、多渠道、多形式的格局，包括自由借贷、私人钱庄、合会、典当商行、民间集资、合作基金会等形式。认清农村民间金融组织的历史性，有助于我们了解农村民间金融供给和需求的长期存在。把握长期存在的民间金融活动的合理性是疏导和规范民间金融活动的基础。

（二）社会性

农村民间金融活动发生于农村社区，相互之间的借贷建立在社会信誉和乡土亲情上。基于一定的地缘、血缘和亲缘关系以及亲戚朋友之间相互信任，农村民间金融交易行为在成员各自的人际关系网络里渗透，并最大限度地利用这些优势，动员和组织社会资源。这种交易活动基本建立在充分掌握对方信息的基础之上，经济行为在一定程度上已经人格化。农村民间金融组织也具有许多乡土社会特征[②]，不论采取哪种形式的农村民间金融活动，乡土社会的亲戚朋友以及社会关系网络都起着十分重要的作用并影响组织本身的运行。农村民间金融组织内外治理结构在适应乡村社会发展程度的同时，表现为个人主导的家长制管理，管理结构简单，职能划分和权责利模糊，与官方正规金融组织规范的管理层级无对比性。认清农村民间金融组织的社会性及其渗透力，有助于我们了解农村民间金融活动的组织来源并建立合理的管理框架。

（三）分散性

农村民间金融交易发生于农村经济主体之间，适应小农分散的生产生活方式和经济关系。农村民间金融交易的频率高、金额小，高度分散在资金供给严重缺乏的广大农村地区，尤其是边远的经济社会发展落后的贫困地区。改革开放以前，农村民间金融组织和其他民间组织一样，在政策上受到抑制；改革开放以后，农村民间金融生存发展的社会经济环境逐渐改变，各种形式的农村民间金融组织在市场经济力量和外来社会组织力量作用下得到恢复性发展。认清农村民间金融组织的分散性，有助于金融监管组织重视农村民间金融活动管理上所具有的挑战性。

[①] 明恩溥：《中国乡村生活》，时事出版社，1998 年。
[②] 王晓毅：《农村工业化过程中的农村民间金融——温州市苍南县钱库镇调查》，《中国农村观察》1999 年第 1 期。

(四) 多样性

农村民间金融组织无论组织形式、方法和具体内容都是多种多样的，既有内生于中国传统农耕社会的各种各样的"会"，如合会、台会，也有学习国外民间金融模式外生的各种小额信贷组织，如扶贫社、促进会等；既有获得政府许可合法进行民间借贷的组织，如"山西平遥小额信贷公司"，也有不合法的各类地下钱庄、民间集资等；既有以营利为目的的农村民间金融组织，如民间信贷公司，也有以非营利为目标、更注重社会发展的农村金融服务，如通过小额信贷方式对 HIV 感染者进行干预的社区互助基金和国际组织在中国贫困地区开展的一些具有扶贫性质的项目活动。其组织规模和交易规模大小不一；借贷结算，既有零利率，也有商业利率，甚至高利率；在发展成熟度上，经济落后地区的农村民间金融具有较多的人格特点，经济较发达地区的农村民间金融多强调市场性，管理渐趋规范化和程序化。农村民间金融组织的多样性与中国农村社会的复杂性相应和，在适应农村社会经济发展的同时，也深刻地影响着农村社会经济进程。把握农村民间金融组织的多样性及其变化规律，有助于提升金融监管的针对性和效率。

(五) 有效性

建立在相互信任的熟人社会基础上的农村民间金融交易灵活，部分交易依靠口头协议或者十分简单的借据即可完成。和正规的商业银行运作相比，农村民间金融组织的管理成本较低，即使一些规范化程度较高的农村民间金融组织，也通过外化成本提高管理效率。农村民间金融组织的借贷活动还通过其弹性的运作提高组织效率，在借款时间、借款额、借款利率、还款时间等方面有较好的协商性，不需要通过太多的管理层级就可快速达成交易。这一方面保证了资金需求方及时得到资金供给，另一方面则提高了资金的流动效率。农村民间金融组织对组织内部成员的违约处罚和激励有自身独特的方案，来自成员之间的社会压力和心理压力形成社会冲突的内部处理机制而不至于过度外化。这种有效性有助于我们把握民间金融组织的利弊并引导其良性发展。

当然，农村民间金融组织的历史性、社会性、分散性、多样性和有效性等特征，只是纷繁复杂的农村民间金融活动的主要方面。明确农村民间金融组织的界定及其主要特征，其目的是规范农村民间金融活动，促进农村发展，同时也为进一步认识农村民间金融组织产生、演变及其发展规律奠定基础。

农村民间金融组织的金融影响评价[*]

一、引　言

以非政府方式进入中国的小额信贷已经有二十余年的历史。早在20世纪80年代，联合国妇女发展基金、国际农业发展基金、联合国人口基金等国际组织在中国进行的扶贫或农村发展项目中就已包含有小额信贷。1993年，中国社会科学院农村发展研究所正式将孟加拉国乡村银行小额信贷模式引入中国，先后在6个县开展了小额信贷试点。1996年年底，中国政府开始借助小额信贷来实现扶贫攻坚的目标。在总结小额信贷试点经验基础上，中国于1998年开始在较大范围内推广政府主导型小额信贷扶贫项目。1999年年底，作为正规金融机构的农村信用合作社也开始试行小额信贷业务，主要发放农户小额信用贷款和农户联保贷款，并在2001年年底开始全面推广。2005年，一种完全由民间资本构成，只贷不存，资本金和贷款利率不受特别限制的小额信贷公司开始在部分农村地区试点。

时至今日，发端于民间组织形式的小额信贷对我国社会、经济等领域均产生了重大影响。本文试以《金融时报》1993年至2006年中关于农村小额信贷的报道为研究样本，以非介入性方法判断我国主流金融对农村小额信贷的关注和评价。

《金融时报》创刊于1987年5月1日，是由中国人民银行、中国工商银行、中国农业银行、中国银行、中国建设银行、中国人民保险（集团）公司、交通银行和中信实业银行联合创办的一张全国性的以金融行业为依托的综合性经济类报纸。《金融时报》也是中国人民银行、中国银行业监督管理委员会、中国证券监督管理委员会、中国保险监督管理委员会、国家外汇管理局指定披露重要信息的媒体，是我国金融、经济领域最具权威性的金融类日报，代表着我国主流金融界的声音。

---

[*] 原刊载于《改革与战略》2007年第12期，作者包括研究生吴迪，此次整理有修订。

本文采用非介入性研究方法中的内容分析法，首先查阅了《金融时报》1993—2006年共14年168个月约5000期报纸的所有报道，检索到以农村小额信贷为主要内容的报道共507篇；然后以这507篇报道为分析单位，从主流金融对小额信贷的认识、主流金融对小额信贷的评价、主流金融对小额信贷运作模式的分析和研究、小额信贷的地区影响、主流金融借鉴小额信贷运作模式时的机构安排等五个方面对每一分析单位编码；最后以年度为单位，对以上五个方面进行了统计分析，借此研究农村小额信贷对我国社会经济的影响。需要说明的是，这14年间约5000期的报纸缺失92期，缺失率为1.84%，其对研究结果的影响可以忽略不计。

二、研究结果与发现

507篇以农村小额信贷为主题的报道，其年度分布如图1所示。

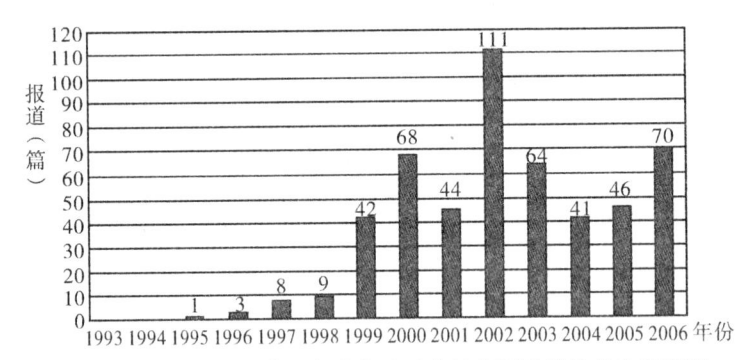

图1 1993—2006年我国主流金融对农村小额信贷的关注频率图

由图1可以分析得出：

（1）1993年和1994年关于农村小额信贷的报道为零。这两年小额信贷刚刚被正式引入我国，由中国社科院农村发展研究所等民间非政府组织进行试点，项目的规模不大，对主流金融基本没有影响。

（2）1995—2000年，农村民间小额信贷的影响通过政府推动开始渗透农村金融。1995—1998年，主流金融对农村小额信贷的关注呈缓慢增长，每年报道数量均未超过10篇；而1999年迅速增至42篇，2000年继续增长至68篇，达到民间小额信贷对主流金融影响的第一个高峰。此前，中国政府在总结小额信贷试点经验基础上于1998年开始在较大范围内推广政府主导型小额信贷项目；1999年8月中国人民银行（以下简称"央行"）下发了《农村信用社农户小额信用贷款管理暂行办法》（以下简称《暂行办法》）；2000年2

月又颁布了《农村信用合作社农户联保贷款管理指导意见》。

（3）从 2001 年开始，小额信贷似已进入主流金融长期关注视野，开始影响政府金融政策。以 2002 年为例，这一年关于农村小额信贷的报道数量猛增至历史最高点，达到 111 篇。2001 年年底，央行正式颁布《农村信用合作社农户小额信用贷款管理指导意见》，要求全面推广农户小额信用贷款业务。另一个峰值出现在 2006 年，同样的解释是，2005 年在央行的推动下，一种完全由民间资本构成的、只贷不存的小额信贷公司开始在部分农村地区试点产生滞后影响。

由此可见，始于农村民间的小额信贷对我国主流金融已经产生了不可低估的影响。这些影响包括：对民间小额信贷的认识、对民间小额信贷的评价、对民间小额信贷运作模式的分析研究、小额信贷的地区影响、主流金融借鉴小额信贷运作模式时的机构安排等。

（一）主流金融对小额信贷的认识经历了从简单到复杂再到统一的过程

运用内容分析法中的计词法对每篇报道的内容中出现的对小额信贷的各种称谓进行频次统计，发现这 14 年间出现的称谓达 17 种之多。选出各年使用频率在 10% 以上的称谓，统计结果见表 1。

表 1　1993—2006 年主流金融对农村小额信贷认识变化趋势

出现年度	对小额信贷的各种称谓的排序						
	1	2	3	4	5	6
1993—1998	小额信贷扶贫	GB 模式	小额贷款			
1999	小额信贷	小额信贷扶贫	小额农贷	小额贷款		
2000	小额信贷	小额信贷扶贫	小额农贷	小额贷款	小额农户贷款	农户联保贷款
2001	农户小额信用贷款	小额农款	小额信贷	小额贷款		
2002	农户小额信用贷款	小额农款	小额信贷	小额贷款		
2003	农户小额信用贷款	小额信贷	小额贷款	小额农贷		
2004	小额信贷	小额农贷	农户小额信用贷款			
2005	小额信贷	小额农贷				
2006	小额信贷	小额农贷	小额贷款			

从表1我们看到以下三点：

（1）1993—1998年，主流金融高频使用的称谓有三种：小额信贷扶贫、GB模式和小额贷款。我国最初引进的小额信贷模式就是孟加拉国乡村银行（Grameen Bank，GB）模式。引进小额信贷的目的在于扶贫，因此"小额信贷扶贫"和"模式"成为主流金融对其的最初印象。这反映出在小额信贷正式进入我国的前几年，主流金融对其的认识是简单而直观的。

（2）2000年，高频使用的称谓达到六种。这一时期正是农村小额信贷在中国繁荣发展的阶段，由政府主导、农行承贷的小额信贷扶贫项目大规模开展，农信社的小额信贷业务也在《暂行办法》的指导下轰轰烈烈地展开，各地农信社都在积极探索适宜的小额信贷模式。在这一背景下，主流金融对小额信贷的认识从最初的简单直观渐渐变得纷繁复杂，多种称谓均被频繁使用。

（3）经过2001—2003年农信社小额信贷业务发展的高峰期后，主流金融对农村小额信贷的研究不断深入，认识也渐趋统一，对其的称谓回复到最规范的形式——小额信贷，这也成为2004—2006年使用频率最高的称谓。

由此可见，我国主流金融对农村小额信贷的认识经历了一个从简单直观到纷繁复杂，再趋于统一规范的过程。

（二）主流金融对农村小额信贷总体评价倾向积极和正面

运用Likert五级量表[1]把报道对小额信贷的评价分为"高度赞扬""积极评价""中立""消极评价""反对/否定"五级，对每篇报道就评价进行编码[2]，统计出每年各级评价的篇数，依次赋予这五级评价5分、4分、3分、2分、1分，计算出各年主流金融对小额信贷评价的加权平均得分，见表2。

---

[1] 风笑天：《现代社会调查方法》，华中科技大学出版社，2005年。

[2] 对"评价"的编码方法：把报道对小额信贷的评价分为①高度赞扬、②积极评价、③中立、④消极评价、⑤反对/否定五级，根据报道中出现的评价性的关键词句判断整篇报道所持有的态度。如果报道只是对有关小额信贷的事件进行客观报道或介绍的，编码为③；如果报道中出现诸如"农户小额信贷……使信用社和农民双方受益""小额贷款效果好""起到了积极的促进作用"等词句，则认为其对小额信贷持积极评价，编码为②；如果报道中出现正面的、更强感情色彩的词句，如"农户小额信用贷款成为……坚强后盾""起到重要作用"等，则认为其对小额信贷是高度赞扬的，编码为①；如果整篇报道对小额信贷是持消极态度的，如"小额到户贷款是最难清收的不良贷款"等，则编码为④；如果报道认为小额信贷是有弊无利，没有存在的必要，应当停止，则认为其是持反对或否定态度的，编码为⑤。

表2 1995—2006年主流金融对农村小额信贷的评价

年份	总篇数	高度赞扬（5分）	积极评价（4分）	中立（3分）	消极评价（2分）	反对/否定（1分）	加权平均得分
1995	1			1			3.00
1996	3		1	2			3.33
1997	8	2	6				4.25
1998	9	3	6				4.33
1999	42	19	22	1			4.43
2000	68	32	32	4			4.41
2001	44	19	24	1			4.41
2002	111	60	50	1			4.53
2003	64	28	32	4			4.38
2004	41	5	26	9	1		3.85
2005	46	11	24	11			4.00
2006	70	16	44	10			4.09
合计	507	195	267	44	1		4.29

总体而言，我国主流金融对小额信贷的评价是积极的，全部报道在评价上的加权平均分为4.29。就各年趋势而言，从1993年正式被引入我国，直到1996年，小额信贷尚在试点阶段，多由国际组织或民间机构运作，主流金融对其效果和影响仍持观望态度，评价偏向中立。随着政府的介入与推动，以及农信社小额信贷业务的大力开展，我国农村小额信贷在扶贫领域和服务"三农"方面的作用日益彰显，主流金融对其评价也越来越高，并在小额信贷被迅速推广开来的2002年达到顶峰。但2004—2006年，主流金融对农村小额信贷的评价有所下降，这与我国小额信贷项目实际操作中的种种问题及其与宏观金融环境不相适应的方面逐渐暴露密切相关。尽管出现了很多矛盾，但没有一篇报道对小额信贷持反对或否定态度，更多的是肯定其积极的影响，并提出化解矛盾的建议。可见，农村小额信贷在中国发展的14年间，其作用和功能得到了主流金融的认可。

（三）主流金融视角下的小额信贷运作模式及其效果

1. 小额信贷的服务对象

在判断主流金融对小额信贷服务对象的认定上，本文将其分为"贫困农户"和"非贫困农户"两类。如果报道指出对象是"贫困户""贫困人口""穷人""贫困妇女"，则记为"贫困农户"；如果报道未提及贫困，而指出对象须满足一定条件,则记为"非贫困农户";如果报道没有对贷款对象做任何说明,则记为"未说明"。

表3 1995—2006年小额信贷的服务对象

年份 对象	1995	1996	1997	1998	1999	2000	2001	2002	2003	2004	2005	2006
贫困农户	1	2	6	7	17	15	5	7	9	10	9	15
非贫困农户	—	—	—	1	24	31	29	68	17	6	10	7
未说明	—	1	2	1	4	25	14	42	39	26	30	49

从表3我们看到,在1999年以前,小额信贷的服务对象主要是贫困农户。这一时期正是民间小额信贷试点及政府开展小额信贷扶贫的主要时期,贷款对象认定为"贫困农户"正体现了政府希望小额信贷承担扶贫功能的想法。但在1999年农信社开展小额信贷业务后,农村小额信贷的服务对象扩展到非贫困的普通农户。如央行颁布的《农村信用合作社农户小额信用贷款管理指导意见》中指出,申请小额信用贷款的农户应具备的条件之一是"从事土地耕作或者其他符合国家产业政策的生产经营活动,并有合法、可靠的经济来源"①。主流金融将小额信贷模式运用于满足广大农户的小额度生产资金需求。2003年以后,没对贷款对象做出明确说明的报道占了很大比例,小额信贷的发展让主流金融看到我国农村多样化的金融需求层次,并开始探讨农村金融机构细分农村信贷市场,为不同的客户设计不同的金融产品的问题。

2. 小额信贷的操作和管理方式

小额信贷的操作和管理方式一直是主流金融关注的重点。1995—1998年,以此为主题的报道占总数的65.38%;2000—2003年,主流金融对小额信贷管理模式关注度逐年下降至30%左右,但自2003年起又逐渐回升。这一趋势符合认识论规律,也体现了我国主流金融对小额信贷的重视和探索新领域的严谨。

从具体内容来看,在小额信贷刚进入中国的前几年,主要采用了孟加拉国小额信贷的标准运作模式,如:贷款的主要对象是妇女,且贷穷不贷富;贷款的额度均是信用小额贷款,无须担保和抵押;实行50周还贷制;自愿组合,连环担保,借贷小组由5个妇女自愿组成……②农信社开展小额信贷后,

---

① 《农村信用合作社农户小额信用贷款管理指导意见》,《金融时报》2001年12月11日。
② 《"孟加拉"小额信贷扶贫经验可鉴》,《金融时报》1997年6月2日。

对这一模式进行了改造，成立农户小额信用贷款资信等级评定小组；根据农户的贷款用途、金额、还款来源、个人信用、贷款风险程度进行评议，按"优秀""较好""一般"三个等级评定信用等级和授信额度，核定后发放《贷款信用证》。① 各地农信社也不断创新小额信贷管理方式，如四川的"小额农贷余额管理办法"，浙江的"小额农贷、自报公议"等。2003年后，随着实际操作中的问题不断暴露，主流金融开始讨论如何改进现有的管理方式，如提高贷款限额、延长贷款期限、扩大贷款对象范围、建立对贷款管理人员的激励机制等。主流金融在借鉴小额信贷运作模式时，根据我国国情进行了改造，满足了更多农户的资金需求，但同时也暴露出许多问题，说明主流金融对小额信贷，尤其农村民间小额信贷缺乏科学的、全面的认识。

3. 小额信贷的效果

在浏览所有报道的基础上，本文将主流金融对小额信贷作用和效果的评价分为农民脱贫/收入增加、发展地方经济、打击高利贷、农信社经营改革和改善信用环境五个方面，并对报道小额信贷效果的文章进行编码（若一篇报道同时涉及多个方面的效果评价则分别计算），按年度统计（统计结果见表4）。

表4　1995—2006年对小额信贷效果的报道

效果＼年份	1995—1998	1999	2000	2001	2002	2003	2004	2005	2006	合计	占比
农民脱贫/收入增加	5	12	23	7	32	22	6	10	12	129	25.9%
发展地方经济	0	4	14	11	38	11	7	7	4	96	19.3%
打击高利贷	0	0	3	2	2	1	0	0	0	8	1.6%
农信社经营改革	1	19	20	24	65	19	7	13	19	187	37.6%
改善信用环境	0	1	4	13	31	15	3	4	7	78	15.6%

从表4可以基本判断我国主流金融对小额信贷功能的定位。以金融的本位，借助小额信贷解决农村金融现存的种种问题，促使农村信用社提高经营管理水平是中国政府金融部门赋予小额信贷的主要使命。自1999年农信社开展小额信贷业务以来，它在促进农信社改革、改善农信社经营方面的作用迅速显现，主要体现在农信社借助小额信贷解决了长期以来"农民贷款难，农

---

① 徐友仁：《门槛低了　农民乐了》，《金融时报》2001年1月22日。

信社难贷款"的问题，降低了农信社不良资产比例，提高了资产质量，实现了扭亏为盈等方面。农信社在推广小额信贷业务的同时开展了"创建信用村镇工程"，部分改善了农村的信用环境。"农民的信用观念出现了从要我还贷到我应还贷的转变"[①]，"'守信用光荣，毁信用可耻'的观念逐步深入人心"[②]。但是，这并不是主流金融期望的小额信贷作用的全部。除此之外，主流金融也希望小额信贷能发挥扶贫、帮助农民增收、促进地方经济发展等作用。值得一提的是，尽管小额信贷在打击高利贷方面的作用不是很明显，十余年时间里只有8篇报道提及，但可以看出农村民间高利贷没有被主流金融忽略，主流金融希望小额信贷在这个问题的解决上产生作用。

（四）小额信贷的地区影响

本文通过对每篇报道中提及的农村小额信贷项目开展的省（区、市）进行编码，按年度统计其在各省（区、市）分布情况发现，小额信贷从最初的河北、河南和云南、四川、陕西几个试点省逐渐扩展到2002年的25个省（区、市），截至2006年，除上海外，其余30个省（区、市）均开展了小额信贷项目，农村小额信贷已基本遍布全国。

表5 1995—2006年农村小额信贷的地区分布情况

年份 区域	1995	1996	1997	1998	1999	2000	2001	2002	2003	2004	2005	2006	合计
西部	0	0	6	5	17	20	16	25	18	8	20	19	154
中部	0	1	2	1	10	27	12	46	17	16	14	15	161
东部	0	0	1	3	18	18	15	27	26	7	6	7	128

从表5我们看到，中西部地区是我国小额信贷发源地，小额信贷在这些地方一直保持良好的发展势头；东部地区虽在中西部地区已取得经验的基础上也开展了农村小额信贷，但其影响力不如中西部地区，对东部地区小额信贷的报道几乎每年都不如中西部地区，这与我们通常认为的小额信贷的地区影响应集中在落后地区的判断是基本一致的。

（五）主流金融借鉴小额信贷运作模式时的机构安排

根据文献研究，本文将农村小额信贷项目运作机构分为国外机构、民间组织、农行（农发行）、农信社、小额信贷公司、其他/未提及。对每篇报道涉及的项目运作机构进行编码，若一篇报道中提到多个运作机构，则分别计

---

① 徐友仁：《进村入户 落地生根》，《金融时报》2001年7月25日。
② 《"民心工程"赢民心》，《金融时报》2001年8月24日。

算，由此可得到表6。

表6 1995—2006年农村小额信贷的运作机构

年份 机构	1995	1996	1997	1998	1999	2000	2001	2002	2003	2004	2005	2006	合计
国外机构	1	2	1	—	2	—	—	1	1	1	3	3	15
民间组织	—	—	2	—	4	1	—	—	4	5	8	24
农行（农发行）	—	—	5	4	12	12	4	2	5	6	5	6	61
农信社	—	—	—	1	27	55	40	109	57	30	37	42	398
小额信贷公司	—	—	—	—	—	—	—	—	—	—	3	16	19
其他/未提及	—	1	1	4	4	—	—	—	1	4	3	8	26

从表6我们可看到，主流金融在小额信贷运作机构的安排上重点偏向农信社。十余年间里主流媒体报道的焦点都是信用社，尤其是2002年以来，农信社小额信贷几乎支撑着我国农村小额信贷。这是因为农信社在我国地域广、农户居住分散的农村拥有最多且分布最广的服务网点。与包括民间金融组织在内的其他金融机构相比，农信社在开展小额信贷业务上拥有绝对的区位优势和政治优势。

或许主流金融认为农信社一家独大并不利于小额信贷的发展，同时也迫于大量民间小额信贷研究和实践机构的压力，2005年和2006年的中央"一号文件"均提出要大力培育由自然人、企业法人或社团法人发起的小额贷款组织，一种完全由民间资本构成的商业性小额信贷公司应运而生，在四川、山西、陕西、贵州四省部分农村地区开始试行，目的在于引入竞争机制，为正规金融机构培养竞争对手，促进其改革。同时，引导民间资金进入金融市场，为被排斥在正规金融之外的群体提供金融服务。由此可见，主流金融已注意到农村小额信贷机构的多样化趋势，并开始探讨农村金融服务的多元化发展。

事实上，我国在借鉴小额信贷运作模式的过程中，政府虽不是独立的运作机构，但自始至终都扮演了重要的角色，最初由农业发展银行、后改由农业银行运作的小额信贷扶贫到户项目是政府的"八七扶贫攻坚计划"的一部分。项目资金主要来自政策性扶贫贷款，农信社的小额信贷业务是在央行的大力推动下发展起来的，贷款资金的很大一部分都来自央行的支农再贷款。在具体操作中，农信社也需要借助当地政府的力量，如向农户宣传小额信贷和信用工程，调查农户情况和组织信用评级，监督贷款使用及催收情况等。

即使是完全由民间资本构成的商业性小额信贷公司，其筹备和试点工作也是由央行发起并推动的。

可见，主流金融借鉴小额信贷时，政府的主导与推动使其迅速推广。这样的推广是自上而下的，因此我国农村小额信贷发展至今仍具有较强的行政色彩。民间小额信贷组织在小额信贷试点阶段发挥了重要作用，后来却被主流金融忽视。近年来虽又受到一定关注，但远不及其应有的地位。

三、结论与建议

在对《金融时报》这14年的507篇报道进行分析和归纳后，本文得出以下结论与后续讨论的问题。

（1）14年间，主流金融对小额信贷的认识经历了一个从简单直观到纷繁复杂、再趋于统一规范的过程。小额信贷进入我国后，在促进农信社经营改革、帮助农民脱贫增收、发展地方经济和改善农村信用环境等方面均发挥了巨大的作用，得到主流金融的积极评价。

（2）无论从我国小额信贷的发展与政府政策的关系，还是从政府在各种小额信贷运作机构中发挥的作用来看，较强的行政色彩是我国小额信贷发展过程中的一大特点。民间小额信贷没有得到应有的重视。

（3）主流金融在借鉴小额信贷模式时，农信社是主要的运作机构，它改造了孟加拉国小额信贷模式以适应自身需要，将小额信贷的服务对象从贫困农户扩展延伸到普通的非贫困农户，收到良好效果，但也暴露出不少问题。更为重要的是，农信社在小额信贷市场中的垄断地位不利于小额信贷的发展。而近两年小额信贷公司的出现能否打破这种格局，引入竞争机制，引导民间资本进入农村金融市场，还有待进一步观察。

（4）近两年的报道中出现了较多由小额信贷引发的对完善农村金融政策的探讨。不少文章指出，政策环境不完善是目前我国小额信贷发展的"瓶颈"。如我国缺乏配套完善的农业保险制度和农户小额信贷风险保障机制来抵抗自然灾害和市场风险对农业的影响；小额信贷没有抵押担保，是高风险资产，但在税负上与其他类型贷款相当，风险与报酬背离；我国缺乏规范的小额信贷管理法规和直接的监督管理部门；等等。对此，相关文献提出了完善农村金融政策的措施，如建立农户小额信贷利率风险补偿机制、市场风险培训补偿机制、农业政策性保险制度，减免涉农贷款利息的营业税和所得税，加强金融法制建设等。

（5）孟加拉国乡村银行创始人尤诺斯博士提出的"穷人也有享受金融服

务的权利"的观点近年来在我国也得到响应,主流金融开始寻求为以往被排斥在正规金融之外的群体提供金融服务的途径,推动成立小额信贷公司就是探索的第一步。2006年4月,中国人民银行研究局提出"应建立一种'普惠制金融体系',主要目的是将以贫困人口为对象的小额信贷纳入整个金融系统之中,使广大农村地区享受到金融服务"[1]。"普惠制金融体系"代表着我国农村金融体制改革方向,"农村金融改革成败的最终衡量标准就是农民对信贷资金的需求能否得到有效满足"[2]。小额信贷将是改革中的重要一环。

---

[1] 《小额信贷在中国:12年磨砺出"产业化方向"?》,《金融时报》2006年4月11日。

[2] 《小额信贷:在政策与市场间寻找最佳结合点》,《金融时报》2005年6月9日。

农村民间金融组织监管制度的创新路径[*]

农村民间金融组织是指农村中的个体、家庭和微小企业等经济实体在所有权、自主权和经营管理权明晰的前提下，以社区组织的形式，自主开发和运用社会资本进行自愿互利的金融交易的社区行为主体。[①] 我国的金融管制、农村金融供需矛盾、正规金融在农村信息不充分等种种原因，使得民间金融组织在农村获得了巨大的发展空间，在其迅速壮大的过程中也为农村经济的发展提供了强有力的资金支持。然而，相对于制度化的正规金融组织而言，农村民间金融组织一直没有合法地位，处于灰色地带。现有监管制度存在哪些缺陷？原因何在？应建立怎样的监管制度，以发挥农村民间金融组织对农村社会发展的积极影响？本文拟对这些问题进行探讨。

一、我国农村民间金融组织广泛存在的现实

（一）组织形式众多

我国农村民间金融活动的历史很长。发展至今，组织形式各异，最常见的主要有合会（Rotating Savings and Credit Associations，轮转储蓄与信贷协会）、私人钱庄、基金会、互助会、储金会、互助基金、典当行、小额信贷组织等等。

每一种组织形式又可细分为不同类型。以小额信贷组织为例，其进入中国后的二十余年间，根据各地实践已发展出运行模式各异的多种类型，如中国社会科学院农村发展研究所参照孟加拉国乡村银行设立的扶贫经济合作社；中国扶贫基金会借鉴 GB 模式并结合中国乡村特点加以本土化而建立的农户自立能力建设支持性服务社（SSCOP）；在地方政府支持下成立的四川省贫困乡村经济发展促进会；专门以贫困妇女为对象，为其提供小额信贷、技术、法

---

[*] 原刊载于《财经科学》2007 年第 10 期，作者包括研究生吴迪，此次整理有修订。
[①] 王卓：《农村民间金融组织的社会特征分析》，《四川大学学报》（哲学社会科学版）2006 年第 6 期。

律、卫生等服务的宁夏盐池县妇女发展协会；经济学家茅于轼先生个人设立的营利性小额贷款组织——龙水头村扶贫基金会；只贷不存、完全由民间资本构成的小额贷款公司；等等。小额信贷引入中国仅二十余年即已衍生出众多运行模式的民间小额信贷组织，在我国已有上千年历史的合会、私人钱庄等民间金融组织更是因地域、民族、时代等的不同而风貌各异，种类繁多。

（二）分布地域广

逾千年的发展历史，农村民间金融因其方便、灵活、易获得等特点，早已覆盖我国大江南北。虽然各地的形式有差别，但全国农村都普遍存在民间金融组织活动，比如江苏、浙江、福建、广东存在各种合会，东北存在"对缝"业务，陕西、山西存在各种"基金"。[①] 中国人民银行从1999年至2002年对非政府小额信贷机构覆盖地区的调查结果显示，截至2002年年底，全国共计有108个非金融机构性质的小额信贷机构，其所从事的小额信贷业务覆盖了全国554个乡（镇），4635个村，几乎遍及全国所有的省（市、区）。[②]

（三）资金规模大

不同的学者、机构采用不同的调查方式和计算方法对我国农村民间金融组织活动涉及的资金规模进行了估算。中央财经大学课题组2004年对全国20个省（市、区），82个市（县），206个乡（村）进行了实地调查，测算出2003年全国地下金融的绝对规模在7405亿~8164亿元之间，被调查省份的地下金融业务规模占正规金融机构业务规模的比重达28.7%。[③] 国际农业发展基金（IFAD，2001）的研究报告指出，中国农民来自非正式金融市场的贷款是来自正式金融市场的4倍以上。中国社会科学院农村金融研究课题组的典型调查显示，在被调查的256人中，有贷款需求并发生借贷的有119人，其中从国有商业银行得到贷款的为4人，仅占贷款人数的3.36%；从农村信用社得到贷款的有12人，占10.08%；从农村民间金融机构贷款的有103人，占86.55%。四川大学"农村民间金融组织的社会学研究"课题组2006年在四川、贵州、广西、甘肃、宁夏、新疆等西部6省（区）12个贫困县开展调查，测算出我国农村小额信贷未获满足的市场规模在3200亿元左右。[④] 同期

---

① 席秀梅、王羚：《浙江草根金融借贷出路求解 完美的出路在哪里》，《环球财经》2004年第11期。

② 焦瑾璞、阎伟、杨骏：《小额信贷及小额信贷组织探讨》，《金融时报》2005年第11期。

③ 李建军：《中国地下信贷调查》，《经济导刊》2005年第4期。

④ 王卓：《农村小额信贷贷款利率及其需求弹性》，《中国农村经济》2007年第6期。

课题组在甘肃进行的小额信贷影响评价调查得到的结果显示,被调查的100人中,2005年以来曾向农信社贷款的有27人,向小额信贷机构贷款的有86人;向农信社贷款的总量为85500元,而向小额信贷机构贷款的总量为260500元,后者是前者的3倍。

二、现有制度缺乏对农村民间金融组织的监管

无论从组织类型、分布还是资金规模来看,我国农村民间金融组织活动的广泛存在已是不争的事实,然而现有的相关法律法规对其的监管却相当滞后。

(一)我国尚无规范农村民间金融组织的专门法律

目前我国金融业几乎为国家所垄断,相关法律主要针对正规金融,如《中华人民共和国中国人民银行法》《中华人民共和国银行业监督管理法》《中华人民共和国商业银行法》等,尚无专门以农村民间金融组织为规范对象的法律。对民间金融的监管只是散见于各法律法规之中,如《中华人民共和国刑法》有关擅自设立金融机构罪、非法吸收公众存款罪的规定等。因此,我国农村民间金融组织在法律上不具备合法地位,只能以地下形式存在。尽管近年来有关农村民间金融组织的政策环境不断宽松,2006年国务院发布的《关于推进社会主义新农村建设的若干意见》明确提出,要大力培育由自然人、企业法人或社团法人发起的小额贷款组织,引导农户发展资金互助组织,规范民间借贷。银监会也于2006年年底发布《调整放宽农村地区银行业金融机构准入政策更好支持社会主义新农村建设的若干意见》,指出要适度调整和放宽农村地区银行业金融机构准入政策,降低准入门槛,并于2007年年初先后制定颁布了《村镇银行管理暂行规定》和《农村资金互助社管理暂行规定》。然而这些都只是部门一级规范文件,法律效力较低。对于早在2005年就开始试点的小额贷款公司,以及长期存在于我国农村的合会、私人钱庄等其他民间金融组织,甚至连部门一级的管理规定都未出台。

(二)农村民间金融组织基本上处于被取缔之列

当前与民间金融相关的规范性法律文件主要是国务院颁布的行政法规以及中国人民银行制定的通知和管理办法等。如《关于严禁擅自批设金融机构、非法办理金融业务的紧急通知》《非法金融机构和非法金融业务活动取缔办法》《关于取缔非法金融机构和非法金融业务活动中有关问题的通知》《整顿乱集资乱批设金融机构和乱办金融业务实施方案》《中国人民银

行关于取缔地下钱庄及打击高利贷行为的通知》等。这些行政法规、部门规章、管理办法等大多是在20世纪90年代治理金融"三乱"大背景下出台的,对非法金融机构和非法金融业务活动的界定是以"中国人民银行批准与否"为界限,凡是"未经中国人民银行批准设立的金融机构,均属非法金融机构,必须坚决予以取缔"。[①] 因此,诸如合会、私人钱庄、基金会、各类民间小额信贷组织等均属于非法金融机构或从事的是非法金融业务活动,当在取缔范围之内。

(三) 配套制度不完善

我国目前不仅缺乏直接对农村民间金融组织进行规范的法律法规、部门规章,而且相关的配套制度也很不完善。这种制度环境不利于农村民间金融的发展。

(1) 在市场准入制度上,虽然农村地区银行业金融机构的准入门槛有所降低,但目前也仅有农村资金互助社、村镇银行、小额贷款公司等一些特定的金融机构让民间资本得以合法进入,更多的合会、私人钱庄及其他非银行业金融机构等仍不能合法进入农村金融市场。

(2) 在退出机制上,我国缺乏相应的规范市场退出的规定,没有一个事前的完备的援助、退出、清算程序,这非常不利于民间金融市场的稳定。与退出机制密切相关的是,我国缺乏显性的存款保险制度,一直以来都是由国家承担隐性担保,但主要是针对官方的纳入正规金融监管体系的金融组织,而非民间金融。

(3) 在产权制度上,我国还是一种以公有制为主体的金融产权,其他产权主体对金融的介入缺少基本法律保护[②],因此个人集资入股的民间金融组织的产权归属是不明确的。

(4) 民间金融市场的利率弹性远大于官方市场,农村民间金融组织的高利率实际上是资金供求关系的反映和民间金融组织风险管理的需要,但与国家的低利率管制存在着矛盾。

(5) 长期以来,政府都没有对农村民间金融组织进行应有的监管,而只是在其出现问题后予以清理、整顿或取缔;同时,农村民间金融组织也缺乏诸如"中国民间金融协会"一类的行业自律组织的自我管理。

---

① 关于严禁擅自批设金融机构、非法办理金融业务的紧急通知(银发〔1997〕378号),参见 http://www.shlaw.ccm.cn/ReadNews.asp.NewsID=646。

② 谢静钦:《我国民间金融制度透析与构建设想》,福建农林大学,2006年。

三、结论与建议

通过对现有的关于农村民间金融组织的法律法规文件的梳理可以看到，总体而言，我国目前对农村民间金融组织的监管有待完善，本文建议如下：

（1）尽快出台《民间金融法》或《合作金融法》规范管理农村民间金融组织。对农村民间金融组织的性质进行明确定义，给予农村民间金融组织合法地位；同时对其设立程序、组织机构、业务范围、监督管理、终止清算等予以明确规定，使其活动公开化、规范化。另外，应为各种不同类型的农村民间金融组织颁布相应的管理办法，如《合会管理办法》《互助基金会管理办法》《小额贷款公司管理办法》等，详细说明对各民间金融组织的设立条件、股权设置、治理结构、经营业务、监管措施、变更终止等的管理办法。

（2）修改《非法金融机构和非法金融业务活动取缔办法》等相关法律法规以适应农村民间金融发展需要。在出台民间金融法、承认民间金融组织合法地位的同时，应当适当修改《非法金融机构和非法金融业务活动取缔办法》等相关法律法规政策中对非法金融机构的界定，根据当前经济社会发展的状况，重新明确合法与非法金融活动和机构的界限，并制定相应的取缔办法。新的法规政策应当有利于保护实质上适应了市场经济发展需要并推动农村经济发展的民间金融组织，而打击真正扰乱金融秩序、严重影响社会稳定的非法金融活动和组织。

（3）建立和完善民间金融准入、存款保险和破产制度。尽管目前农村地区金融机构的准入门槛已经逐步降低，但还仅限于银行业金融机构，应当进一步调整放宽农村各类民间金融组织的市场准入政策，使那些具备一定规模、运作比较规范的农村民间金融组织有序地注册登记，并接受监管。在民间金融组织经营出现严重问题时，应当有农村存款保险机构来保护存款人的利益并为民间金融组织提供资金支持。在竞争中被淘汰的组织则应按照市场原则和法律程序实行破产退出，以避免不必要的金融风险和社会问题，保证农村民间金融组织和市场的健康高效运行。

（4）明确建立农村民间金融组织的产权监管制度。从法律上明确和保护农村民间金融组织投资者的财产所有权及由此派生的支配权和监督权等，使投资者成为真正意义上的股东。这样农村民间金融组织才能按照利润最大化、风险最小化等原则建立起规范的内部控制制度、财务管理制度和风险防范制度等；同时也才能从法律上防范行政部门通过行政指令侵占农村民间金融产权，将其变为官方金融的行为。

（5）加快利率市场化改革，允许农村民间金融组织的利率与经营风险挂钩。以小额信贷为例，贷款主要用于农业生产，而农业易受自然、市场等因素影响，因此贷款风险较高，再加上每笔贷款数额虽小，但都需进行贷前审查、贷后监管等，相应地管理成本较高，这些都需要市场化的利率来弥补。然而，如果农村民间金融组织的合法化意味着将其纳入国家金融监管体系，那么目前的低利率管制和有限的利率浮动空间将无法补偿农村民间金融的高风险和高成本。因此，必须加快利率市场化改革，这是农村民间金融合法化的制度条件之一，也是金融资源按市场规律有效配置的基本标志。[①]

（6）鼓励建立农村民间金融的行业性自律组织。政府应积极倡导并鼓励建立民间金融的行业性自律组织，如"中国农村民间金融协会""中国小额信贷发展促进协会"等。行业协会的自律管理比政府监管更具成本和信息的优势，并能有效规范行业内部各民间金融组织间的竞争，使之有序和合理，同时还能发挥桥梁作用，加强政府与民间金融组织的沟通与联系。

（7）实践科学发展观，转变政府观念。健全和完善农村民间金融组织的管理制度体系的一个重要前提和基础应当是政府观念的转变，国家应充分认识到政府行为的不足，承认民间力量在社会生活中的重要作用，使我国从"大政府，小社会"向"小政府，大社会"的格局转变。政府只有坚持科学发展观，彻底转变旧有观念，才能站在疏通、引导、规范农村民间金融组织发展的立场上构建出合理的监管体系。

---

① 过文俊：《正确引导农村民间金融规范发展刍议》，《学习与实践》2006年第4期。

扶贫资金政府管理中的"公有地悲剧"*

中国扶贫开发涉及的各投入性要素对于扶贫绩效都是不可缺少的，尤其是资金要素贯穿扶贫开发的全过程。无论是20世纪80年代的扶贫开发，90年代的扶贫攻坚，还是21世纪扶贫开发纲要的实施，扶贫资金问题都成为各个方面关注的焦点。笔者通过长期研究和大量的实地调查发现：目前政府主导下的扶贫开发所需资金主要来源于政府财政收入，社会动员资金严重不足。国家现有扶贫资金分配原则模糊，给扶贫资金层层漏出留下空间。扶贫资金到户率低、扶贫投入效益难以测评等，都与贫困监测体系不科学有关。进入21世纪以来，政府将扶贫重心下移，以贫困村为扶贫目标群体，在政府主导、政府直接干预的扶贫模式下，应是次优选择。但是，由于目前政府扶贫机构安排不合适，以及扶贫资金部门分割，难以保证贫困人口脱贫和可持续发展。

一、扶贫资金筹集

我国扶贫资金的来源主要有几个方面：中央财政、地方财政、国内金融机构、国际金融机构和其他组织、社会资金。

中央财政扶贫资金属于国民收入的第二次分配，狭义的扶贫资金包括两个渠道：一是中央财政扶贫资金，二是以工代赈扶贫资金，不包括对贫困地区的财政转移支付和有关政策性减免所实际隐含的财政转移支付。如2004年"两减免三补贴"的财政补贴500亿元，2004年"三奖一补"政策投入财政资金150亿元，自2005年以来，592个国家级贫困县全部免交农业税等有关改善县乡财政状况的政策。

地方配套中央财政扶贫资金的来源是地方财政。

国内金融机构提供的扶贫贴息贷款中的贷款本金属于银行组织的信贷资金，其中中央负责的贴息属于财政资金。

国际金融机构和其他组织提供的外资目前基本上属于有偿使用的软贷款，

---

* 原刊载于《农村经济》2007年第7期，此次整理有修订。

国家财政或地方财政提供一定程度的担保。

社会资金的主要构成是在中央扶贫政策安排下,东部先富裕起来的地区对口帮扶西部贫困地区的资金。从实地调查情况来看,社会资金的一部分来源于东部地区政府财政,一部分来源于援助地区政府动员的当地企业捐款,真正来自民间、社会自发并对口用于西部贫困地区的资金很少。

由此可以判断,目前我国政府主导下的扶贫资金主要来源于国民收入的二次分配。而且在国家财政性支出中,中央财政支出与地方财政支出相比,中央财政支出力度较大,超过85%;而在国家当年总的财政支出中,中央财政支出与地方财政支出相比,中央财政支出占总支出的比重一般在30%左右。从这点上讲,在贫困地区地方政府财力明显薄弱的前提下①,中央财政在扶贫资金的筹集上发挥着举足轻重的作用。

政府实施扶贫计划的目的是帮助贫困人口。扶贫计划是由那些经济上较为成功的地区、企业或家庭的税收来提供资金支持。

2000—2004 年中国实际投入扶贫资金情况见表 1。②

表1　2000—2004 年中国实际投入扶贫资金一览表　　　单位:亿元

	2001 年	2002 年	2003 年	2004 年
实际投入扶贫资金	300.57	324.34	339.75	342.66
其中:中央财政扶贫资金	51.30	56.29	65.77	74.58
中央以工代赈资金	47.95	47.98	51.28	48.87
扶贫贴息贷款	159.95	169.74	167.93	165.99
地方配套资金	19.34	19.19	19.77	20.09
利用外资	9.75	8.49	15.35	10.06
其他资金	12.23	22.66	19.86	23.07
中央财政扶贫资金占财政性扶贫资金的比重(%)	84.33	85.07	86.06	86.47
中央财政支出比重(%)	30.53	0.70	30.10	27.70

然而贫困问题如此之大,仅官方统计的中国农村绝对贫困人口就有 2365 万之巨,以至于没有一个人或一个团体可以完全消除贫困。私人慈善事业更是难以解决贫困问题。在这种情形下,对富人征税以提高穷人的生活水平,

---

① 根据笔者 2006 年在凉山州的调查,贫困县的地方财政自我维持率只有 17%。在县这个层面,基本上没有能力筹集扶贫资金。贫困地区地方财政扶贫资金的筹集只是依赖省级财政的微薄支持。

② 刘坚:《新阶段扶贫开发的成就与挑战》,中国财政经济出版社,2006 年。

可以使每个人的状况变好。

由于公共品没有排他性，根据经济学原理，必然出现享受好处却避开为此支付的"搭便车者"，同时"搭便车者"问题排除了由私人市场提供公共物品的可能。这在一定意义上意味着扶贫是很难依靠市场手段来解决问题的。其中公共品的外部性是市场失灵的主要原因。

如果政府确定不扶贫的坏处大于扶贫的好处，或者政府确定扶贫的收益大于扶贫的成本，政府就应选择扶贫，并用税收①来支付扶贫所需要的费用，通过这个公共政策使生活在社会里的每个人的状况都变好。

表2说明了中国政府对扶贫的支出意愿和行动。②

表2　中国政府对扶贫的支出意愿和行动　　　　　　　　　　单位：%

	2001年	2002年	2003年	2004年
中央财政性扶贫资金占GDP比重	0.13	0.12	0.12	0.11
中央财政性扶贫资金占财政收入比重	0.75	0.68	0.65	0.56
中央财政性扶贫资金占财政支出比重	0.65	0.58	0.58	0.52
绝对贫困人口人均财政扶贫资金（元）	422.00	456.00	489.00	569.00

2001年中央提供的无偿性财政性扶贫资金仅占当年GDP的0.13%，到2004年该比例不升反降，变为0.11%。而中央财政性扶贫资金占财政收入的比重也是同样的趋势，2001年是0.75%，2004年已经下降到0.56%。

二、作为共有资源的扶贫资金分配原则和结果

（一）扶贫资金分配的基本原则

通过检索21世纪国家扶贫开发相关政策，我们发现以下与扶贫资金分配有关的政策条款：

（1）扶贫开发的对象。要把贫困地区尚未解决温饱问题的贫困人口作为扶贫开发的首要对象；同时，继续帮助初步解决温饱问题的贫困人口增加收入，进一步改善生产生活条件，巩固扶贫成果。

（2）中央财政扶贫资金主要用于扶贫开发工作重点县，适当支持其他贫困地区。财政扶贫资金（含以工代赈）实行专户管理。

---

① 可以选择能力纳税和受益者纳税原则进行税收安排。能力纳税原则在个人所得税制度中有所体现，但是受益者纳税原则并没有在现有的税制中得到应用。

② 刘坚：《新阶段扶贫开发的成就与挑战》，中国财政经济出版社，2006年。

（3）资金分配计划每年下达到有关省、自治区、直辖市，由地方根据扶贫开发规划统筹安排使用。

（4）中国农业银行要逐年增加扶贫贷款总量，主要用于重点贫困地区，支持能够带动贫困人口增加收入的种养业、劳动密集型企业、农产品加工企业、市场流通企业以及基础设施建设项目。

（5）实施西部大开发要注意与扶贫开发相结合，着力带动贫困地区的发展。西部大开发安排的水利、退耕还林、资源开发项目，在同等条件下要优先在贫困地区布局。

（6）继续实行扶贫开发工作责任到省、任务到省、资金到省、权力到省的原则。

（7）财政扶贫资金分配应依据：国家扶贫方针政策；贫困人口数；贫困县数；自然条件；基础设施状况；地方财力；贫困地区农民人均纯收入；资金使用效益；其他。

（8）财政扶贫资金报账制是指扶贫项目实施单位根据项目实施责任书（或项目实施合同书）、项目实施计划和项目施工进度定期提出用款计划并附报账凭据，按规定程序报财政部门审批，并请拨付资金的管理制度。

（9）扶贫项目实施单位是财政扶贫资金的报账人。政府有关部门或乡（镇）政府作为扶贫项目实施单位的，扶贫项目主管部门应与其签订项目实施责任书。采取招标、投标方式公开选择扶贫项目实施单位，扶贫项目主管部门应与其签订项目实施合同书。项目实施责任书和项目实施合同书都应报同级财政部门备案。财政扶贫项目实施单位根据项目实施责任书（或项目实施合同书）、项目实施计划和项目施工进度，定期提出用款计划并附报账凭据，经扶贫项目主管部门审核，报财政部门审批后请拨资金。财政部门可以根据项目需要预付一定的项目启动资金。

（10）扶贫项目实行质量保证金制度。财政部门协商扶贫项目主管部门同意后，可以扣留工程质量保证金（不超过项目投资概算中财政补助部分的10%）。工程竣工后，扶贫项目主管部门应及时进行项目竣工验收，并出具项目竣工验收意见书，财政部门凭扶贫项目主管部门签署的项目竣工验收意见书审核批准后拨付资金。工程完工交付使用一年后，如果未发现质量问题，扶贫项目实施单位提出请款申请，经扶贫项目主管部门审核同意，财政部门拨付工程质量保证金。如果工程存在质量问题，财政部门应将工程质量保证金转作维修费用，并按项目实施责任书或项目实施合同书规定的有关条款进行相应处置。

（11）财政扶贫资金报账凭据：项目立项批准书或采购合同；项目实施计

划书；报账申请单；费用支出明细表及项目实施中所发生的各项费用支出应据实填写，并附上各种有效的支出凭证的复印件。

解读这些条款和规定，可以分析得到国家扶贫资金分配原则：

（1）中央根据各省上报的贫困面、贫困程度和扶贫规划确定扶贫资金总量；

（2）省（区）提供的贫困人口数量和省（区）贫困情况，如地方财政状况、自然条件、人均纯收入、基础设施等因素影响中央扶贫资金分配的额度；

（3）省（区）往县、乡、村分配扶贫资金的原则没有统一规定；

（4）绝对贫困人口和重点县是中央财政扶贫资金重点分配的对象；

（5）财政扶贫资金分配程序不是从贫困农户出发，而是从部门管理要求出发；

（6）贫困农户要获得财政扶贫资金必须要依靠地方政府和扶贫办申报项目并有执行项目、预付项目资金的能力；

（7）贫困农户基本没有可能独立作为财政扶贫资金的项目实施单位；

（8）贫困地区的产业开发项目是信贷扶贫资金和西部开发资金重点分配的对象。

尽管总体上可以这样理解，然而在类似"切蛋糕"的国家扶贫资金分配过程中，具体"谁在切""如何切""切给谁"等问题，仍需要进一步明晰。

（二）扶贫资金从国家到省、重点贫困县、重点贫困村的分配结果

扶贫资金的分配应该有省、市、县、乡、村几个节点。进入21世纪，扶贫工作重心下移到县和村之后，相比较而言，市和乡不承担更多实质意义的扶贫责任，而表现为一个管理环节。因此，本文重点考察省、县、村三个环节在扶贫资金分配中的功能。

1. 从中央到省的扶贫资金分配

中央分配到省的扶贫资金和上面提到的总的分配原则有关。参见表3、表4，从四川、湖北两省中央分配的扶贫资金与绝对贫困人口的关系可以大致看出中央在扶贫资金分配上的倾向。[1]

四川省绝对贫困人口占全国绝对贫困人口的比重，2001年为9.52%，同期中央到省扶贫资金占比为10.12%；2002年，四川省绝对贫困人口占全国绝对贫困人口的比重为8.82%，中央到省扶贫资金占比为9.29%；2003年，四

---

[1] 刘坚：《新阶段扶贫开发的成就与挑战》，中国财政经济出版社，2006年。

川省绝对贫困人口占全国绝对贫困人口的比重为7.50%，同期中央到省扶贫资金占比为8.54%；2004年，四川省绝对贫困人口占全国绝对贫困人口的比重为7.57%，中央到省扶贫资金占比为9.34%。从四川省2001—2004年中央到省扶贫资金来看，绝对贫困人口的数量是一个主要的影响因子，在资金分配中所占权数较大。

表3　中央分配到四川省的扶贫资金与四川省绝对贫困人口数量

	2001年	2002年	2003年	2004年
四川省绝对贫困人口（万）	278.60	248.60	217.60	197.60
全国绝对贫困人口（万）	2927.00	2820.00	2900.00	2610.00
四川省绝对贫困人口占比（%）	9.52	8.82	7.50	7.57
中央分配到四川省的扶贫资金（万元）	304300.00	301400.00	290200.00	320100.00
到省扶贫资金占全国扶贫资金比例（%）	10.12	9.29	8.54	9.34
四川省绝对贫困人口人均中央扶贫资金（元）	1092.20	1212.40	1333.60	1619.90
农民人均纯收入（元）	1986.99	2107.64	2229.86	2518.93

表4　中央分配到湖北省的扶贫资金与湖北省绝对贫困人口数量

	2001年	2002年	2003年	2004年
湖北省绝对贫困人口（万）	180.00	150.00	130.00	110.00
全国绝对贫困人口（万）	2927.00	2820.00	2900.00	2610.00
湖北省绝对贫困人口占比（%）	6.15	5.32	4.48	4.21
中央分配到湖北省的扶贫资金（万元）	118691.00	123572.00	144777.00	127623.00
到省扶贫资金占全国扶贫资金比例（%）	3.95	3.81	4.26	3.72
湖北省绝对贫困人口人均中央扶贫资金（元）	659.40	823.80	1113.70	1160.20
农民人均纯收入（元）	2352.16	2444.06	2566.76	2890.01

表4反映的是湖北省获得中央扶贫资金支持的情况。2001年，湖北省绝对贫困人口占全国绝对贫困人口的比重为6.15%，同期中央到省扶贫资金占比为3.95%；2002年，湖北省绝对贫困人口占全国绝对贫困人口的比重为5.32%，中央到省扶贫资金占比为3.81%；2003年，湖北省绝对贫困人口占全国绝对贫困人口的比重为4.48%，同期中央到省扶贫资金占比为4.26%；2004年，湖北省绝对贫困人口占全国绝对贫困人口的比重为4.21%，中央到

省扶贫资金占比为3.72%。

显然，中央到省扶贫资金与绝对贫困人口的相关性，湖北不如四川。尽管两省绝对贫困人口人均中央扶贫资金逐年上升，但四川省绝对贫困人口人均扶贫资金量大大高于湖北省。

限于时间数列过小，不能做进一步的定量分析，本文仅以两个方面做定性推断。第一，从各年贫困人口的绝对数量上看，四川省的贫困面大于湖北省；第二，比较每年农民人均纯收入指标，湖北省的农民经济状况都略好于四川省，其他宏观经济指标（参考统计年鉴）也可进一步支持此判断。

由此推断，中央分配到省的扶贫资金，第二个重要的影响因子应该是地方经济状况。

除此之外，可以肯定的是中央分配到省的扶贫资金不应该有中间环节可以发生扶贫资源的漏出。

2. 从省到县的扶贫资金分配

从省到县是扶贫资金分配的一个重要环节。根据国务院扶贫办统计的全国用于重点县的扶贫资金情况[①]，2001—2004年，每年实际用于重点县的扶贫资金基本都在200亿元左右。平均每个重点县的扶贫资金总量，2001年为3185.47万元，2002年达到3682.26万元，2003年为3843.58万元，2004年为3713.48万元。其中，信贷扶贫资金所占比例，2001年为51.49%，2002年为51.09%，2003年为46.88%，2004年为43.27%。四年时间，信贷扶贫资金占实际用于重点县扶贫资金总量的比重下降8.22%，绝对数量下降到95.12亿元。每个重点县每年平均使用的扶贫贴息贷款为1600万元左右。

表5 2001—2004年用于重点县的扶贫资金占全部扶贫资金的比例   单位:%

	2001年	2002年	2003年	2004年
重点县扶贫资金占全部扶贫资金比例	62.74	67.21	66.97	64.15
其中：中央财政扶贫资金	65.40	70.60	70.40	67.20
中央以工代赈资金	70.10	72.10	64.30	84.30
扶贫贴息贷款	60.70	65.60	63.50	57.30
地方配套资金	58.60	62.00	72.30	60.10
利用外资	72.70	62.40	92.40	84.70
其他资金	48.20	67.70	100.00	55.40

① 刘坚：《新阶段扶贫开发的成就与挑战》，中国财政经济出版社，2006年。

从表5我们可以进一步发现，用于重点县的扶贫资金占全部扶贫资金的比例，2001年为62.74%，2002年增加了约5个百分点，2003年基本持平，2004年下降到64.15%。其中，以工代赈扶贫资金在2003年的波动幅度较大，以工代赈资金总量中，只有64.3%用于重点贫困县；2004年增加了20个百分点，有84.30%的以工代赈扶贫资金投向了国家重点扶持的贫困县。中国以工代赈扶贫政策和资金的安排已经有近二十年的历史。资金分配上如此大的方向性变化和调整说明了以工代赈政策的不稳定性。但是，可以判断的是以工代赈扶贫资金的这个调整方向是将重点县作为资金使用的重点对象。除此之外，2004年有84.70%的外资流向了国家重点扶持的贫困县。

如果扶贫资金主要用于帮助贫困人口并且重点县集中了较多的贫困人口，那么应该有多少资金分配到重点县才符合"重点"的界定？

有关统计资料显示，2004年，重点县乡村人口占全国乡村总人口的21.3%，但重点县绝对贫困人口和低收入人口分别占全国农村绝对贫困人口的61.8%和低收入人口的51.8%。

从重点县绝对贫困人口占比来看，现有到达重点贫困县的扶贫资金及其比例（62%~67%）是合理的，与"重点县"的界定基本一致。因此，从这个意义上讲，目前从省到重点县的扶贫资金分配是正常的。33%~38%的扶贫资金流向其他地方是政策设计上的有意安排。

3. 从县到村的扶贫资金分配

现有公开统计资料没有从县到乡的扶贫资金分配，尽管实际工作中乡一级政府是处在基层末梢的组织，在资金的分配中也有作用。如若扶贫资金的分配能真正减少这个环节的影响力，或许现有贫困村的扶贫资金状况也会发生变化。

扶贫工作重心下移是21世纪扶贫的一个重要举措。[①] 实施这个重要举措的期望是扶贫资源可以更加有效地到达贫困人口集中生产和生活的社区。从2001年到2004年，国家有关统计数据显示，每年有100亿元左右的扶贫资金用于重点村，到2004年增加到131.28亿元。应该讲，与20世纪后期政府扶贫资金的分配和使用相比，这肯定是一个进步。

[①] 王卓：《关于下一阶段扶贫工作的建议》，《财经科学》1999年第2期。

表6　2001—2004年用于重点村的扶贫资金占全部扶贫资金的比例　　　　单位:%

	2001年	2002年	2003年	2004年
重点村扶贫资金占全部扶贫资金比例	35.96	38.27	38.70	38.31
其中:中央财政扶贫资金	55.30	67.51	68.37	70.90
中央以工代赈资金	49.05	53.00	53.69	53.55
扶贫贴息贷款	22.41	21.78	20.66	17.09
地方配套资金	60.39	65.50	70.36	64.46
利用外资	37.85	45.82	30.10	43.44
其他资金	40.64	32.04	29.05	28.35

但是,通过表6我们发现,2001—2004年全国用于重点村的扶贫资金占全部扶贫资金的比例不到40%,这个比例与"我国贫困人口分布经历了区域贫困、县级贫困到村级贫困的过程"[①]的判断不一致。如果现今中国农村处于村级贫困,扶贫资金似乎应该主要用于贫困村。

实际上,平均每个重点村的扶贫资金总量,2001年仅为7.302万元,2002年为8.386万元,2003年为8.884万元,2004年为8.87万元。除中央财政扶贫资金、中央以工代赈资金和地方配套扶贫资金有50%以上用于重点村之外,其他资金,尤其是扶贫贴息贷款,在2004年只有17.09%用于重点村。而且,并不是每个贫困村都可以连续多年获得国家扶贫资金的扶持。实地调查显示,纳入国家十年扶贫计划的一些重点村只有一年可以获得国家扶贫资金的支持,一些重点村有两年计划,还有一些没有纳入国家计划的贫困村一分钱也得不到。[②]即使最幸运的贫困村有两年的扶贫计划,平均能获得的国家扶贫资金也就15万元左右。

扶贫资金分配格局中,不仅重点村投入力度不足,不能体现全国扶贫工作重心下移的战略性调整,而且在重点县到重点村的扶贫资金分配中也出现漏出。在从省流向重点县的扶贫资金中,只有不到60%用于重点村。通过图1可以更直观地了解扶贫资金在各主要环节的分配、漏出及结果。

---

① 刘坚:《新阶段扶贫开发的成就与挑战》,中国财政经济出版社,2006年。
② 王卓:《新世纪凉山州彝族贫困地区扶贫问题研究》,《社会科学研究》2006年第2期。

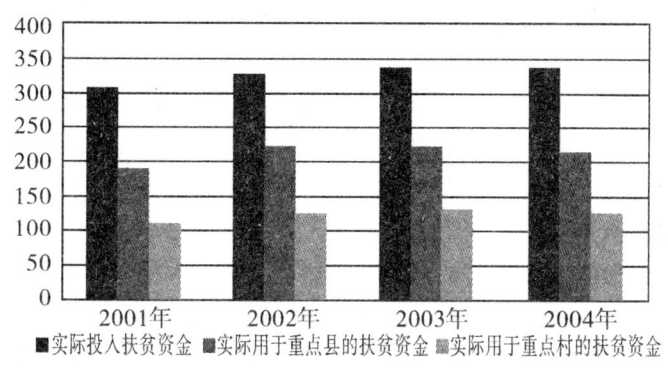

图1 2001—2004年中央实际投入扶贫资金的流向（亿元）

三、扶贫资金的"公有地悲剧"

（一）扶贫资金的"公有地悲剧"

扶贫资金属于共有资源（common resource），有竞争性但没有排他性。当一个人获得扶贫资金，其他人获得扶贫资金的可能性和数量就小了。但是，扶贫资金本身不具有排他性，由于需要扶贫资金的人太多和识别贫困人口的具体困难，很难阻止人们免费使用扶贫资金。如此下去，必然导致扶贫资金的使用效率下降。最后的结果是：扶贫资金投入越来越大，贫困人口越来越多。[1] 这就是扶贫资金的"公有地悲剧"。

一旦提供了扶贫资金，决策者就需要时刻关注它的使用情况。为了避免扶贫资金出现"公有地悲剧"，政府要做出努力：可以通过管制或税收减少共有资源的使用；或者把共有资源变成私人物品。

（二）"公有地悲剧"的社会和个人基础

社会与私人激励不同而存在的外部性是导致扶贫资金"公有地悲剧"的原因。

具体分析，至少有三个影响因素：①由共有资源的性质决定。社会上普遍的看法是扶贫资金就是白给的，不论有偿无偿，都是共产党的德政工程、民心项目，所以大家都可以有一份，尤其在贫困地区。②遭遇大面积贫困的时候。当个人或家庭的生存需求变得极其强烈的时候，依靠各种手段和方式获取扶贫资金就有了相当大的激励。③贫困户识别困难所带来的社会激励。

---

[1] 王卓：《新世纪凉山州彝族贫困地区扶贫问题研究》，《社会科学研究》2006年第2期。

表现为技术上的约束和文化上的藩篱，使政府没有积极性去判断谁是真正的贫困人口。

在一个普遍贫困的乡村，依靠刚性极大的收入指标来测量贫困户的基本生活情况，遇到的一个最主要的障碍是：农村几乎没有记录家庭收支的习惯，贫困与否的判断完全依赖熟人社会信息对称的经验假设。

传统观念认为，陷入贫困的归因主要为个人的懒惰和不努力。改革开放以来，这种观念已经改变。现今中国社会，贫困不再是一件耻辱的事情。"中国的人多数把个人的情况视为过渡性的"[①]，而导致贫困的原因十分复杂。政府部分地将农村贫困归因为宏观环境不利和制度的负面影响。所以，扶贫成为政府的责任并完全由中央政府主导。在这种情形下，"沦为贫困"便主要不是因为个人的懒惰或者不努力，文化上也允许这样的人群或者地区保持自尊。于是争抢"贫困县""贫困村"帽子，夸大或隐瞒事实的真相，就成为地方政府与中央政府博弈以成功获取共有资源的能力象征。扶贫资金的"公有地悲剧"也就不可避免。

加上政府过多地干预私人领域，将许多问题和贫困的成因搅和在一起，如"少生孩子多养猪""要想富，先修路""要想富，少生孩子多栽树""要想富，抓劳务""扶贫先扶志""智力扶贫"……扶贫已经基本成为"穷人不急，政府急""地方不急，中央急"，政府还谆谆告诫穷人应该如何如何的被动局面。

四、建 议

综合以上分析，本文有以下建议：

（1）目前政府主导下的扶贫开发所需资金主要来源于政府财政收入，社会动员资金严重不足。政府应大力倡导包括富裕地区、先富企业和先富公民在内的社会责任并开放培育社会扶贫组织。同时通过在中、高收入群体消费集中的领域征收扶贫税来筹集扶贫资金，强制"搭便车者"支付费用。

（2）国家现有扶贫资金分配原则模糊，给扶贫资金层层漏出留下空间。扶贫资金是共有资源，应该允许包括目标群体代表和纳税人代表，以及专家学者等在内的利益相关者参与制定扶贫资金的分配规则，参与扶贫项目的执行与管理，并始终坚持以穷人为本、追求扶贫绩效、确保公平公开公正的扶贫原则。

---

① 罗伯特·希勒：《中国储蓄率为何远高于美国》，《参考消息》2006年第8期。

（3）建立动态的贫困人口监测体系。一直以来，扶贫资金到户率低，扶贫投入效益难以测量等，都与贫困人口监测体系不科学有关。政府应致力于建立动态的贫困人口监测体系。事前锁定扶贫目标群体，集中扶贫资源持续用于锁定的贫困对象，事后评估扶贫效果并予以及时反馈。

（4）多方式、有效率地实施扶贫计划。进入21世纪以来，政府将扶贫重心下移，以贫困村为扶贫目标群体，但是由于长期以来政府扶贫机构安排不合适，以及扶贫资金的部门分割，难以保证贫困人口的脱贫和可持续发展。为确保扶贫资金集中用于目标受益群体，提高扶贫资金使用效益，应该在上游由政府集中统一可用的共有扶贫资源，在中、下游委托或者招标专业化的、非营利的、第三方社会扶贫组织，多方式、有效率地实施扶贫计划。

扶贫陷阱与扶贫资金政府管理效率[*]

当经济增长的涓滴效应对贫困人口的边际效应逐渐降低甚至为负的时候,直接针对穷人的政策就成为政府公共政策介入的领域。始于20世纪80年代中期的政府扶贫战略即是在农村土地制度改革的边际效应降低时推出的一项公共政策。这项公共政策涉及的投入要素,如资金、物资、人员、管理、技术、奉献精神等,对于扶贫开发的绩效都是不可缺少的,尤其扶贫资金,更是贯穿我国扶贫开发的全过程。无论20世纪80年代的大规模区域性扶贫开发,还是90年代的以重点贫困县为主的扶贫攻坚,以及21世纪扶贫开发纲要实施中的整村推进,扶贫资金及其管理问题一直都是各方面关注的焦点。长期以来,中国扶贫开发成效的评价以年均贫困人口减少为主要指标,这些减少的贫困人口和扶贫资金的投入、管理体制的关系,一般以一个类似的公理来解释,即投入扶贫资金越多,贫困人口减少得就越多,因此贫困人口数量上的减少归功也归因于扶贫政策,尤其是扶贫资金的投入。

对于这样的一个类似公理性的假设,许多人有意或无意地绕道而行。前期研究对此质疑最多的是扶贫资源的漏出,将扶贫效率低下归咎于扶贫资金没有到达扶贫的目标对象。本文拟从扶贫资金性质、扶贫资金分配管理、扶贫资金在贫困村的实际运作,以及贫困人口数量和扶贫资金投入数量之间的相关性等几个方面来实证这个假设性的公理。

一、扶贫资金的公共物品性质和扶贫资金的"公有地悲剧"

(一) 扶贫资金的来源

我国扶贫资金的来源主要有几个方面[①]:中央财政、地方财政、国内金融机构、国际金融组织和社会资金。中央财政扶贫资金属于国民收入的第二次分配,狭义的财政扶贫资金包括两个渠道,一是中央财政扶贫资金,二是以

---

[*] 原刊载于《四川大学学报(哲学社会科学版)》2008年第6期,此次整理有修订。
[①] 王卓:《扶贫资金政府管理中的公有地悲剧》,《农村经济》2007年第7期。

工代赈扶贫资金，不包括对贫困地区的财政转移支付和有关政策性减免所实际隐含的财政转移支付。地方配套中央财政扶贫资金来源于地方财政。国内金融机构提供的扶贫贴息贷款中的贷款本金属于银行组织的信贷资金，其中中央负责的贴息属于财政资金。国际金融机构和其他组织提供的外资目前基本上属于有偿使用的软贷款，国家财政或地方财政提供一定程度的担保。社会资金的主要构成是在中央扶贫政策安排下，东部先富裕起来的地区对口帮扶西部贫困地区的资金。从实地调查情况看，社会资金的一部分来源于东部地区各级地方政府财政，一部分来源于政府动员的当地企业捐款，真正来自民间志愿扶贫的资金很少。

目前我国政府主导下的扶贫资金主要来源于国民收入的二次分配。在国家财政性扶贫资金支出中，中央财政性扶贫资金支出[①]与地方财政性扶贫资金支出相比，中央财政支出占比超过85%；在国家当年总的实际投入扶贫资金中，中央财政支出与地方财政支出相比，中央财政支出占总支出的比重一般在30%左右。[②] 由于贫困地区地方政府财力明显薄弱[③]，中央财政在扶贫资金的筹集上发挥着举足轻重的作用。

中国政府主导扶贫的行为特征十分明显，其扶贫资源分散在许多政府部门：水利部在贫困地区致力于水利工程建设以解决耕地灌溉或者人畜饮水困难问题；交通部在贫困地区致力于道路建设，以解决其交通和物流等问题；电力部门在贫困地区致力于电站建设，以解决其用电问题和电力资源输出问题；农业部在贫困地区致力于农业结构调整，以解决农业增收问题；金融部门致力于解决贫困地区信贷需求问题；财政部致力于解决贫困地区财政转移支付问题；扶贫部门致力于解决贫困地区贫困人口的温饱问题……

然而中国贫困问题如此之大，仅官方公布的农村尚未解决温饱问题的绝对贫困人口数在2007年年底还有1487万[④]，温饱问题已解决但发展水平依然较低的低收入贫困人口还有2841万，以至于没有哪一个人或哪一个团体可以

[①] 这里包括三个部分：一是中央财政扶贫资金；二是中央以工代赈资金；三是扶贫贴息贷款中的中央财政贴息资金，按3%贴息估算。

[②] 刘坚：《新阶段扶贫开发的成就与挑战》，中国财政经济出版社，2006年。

[③] 根据笔者在四川省凉山彝族自治州的调查，贫困县的地方财政自我维持率只有17%。在县这个层面，基本上没有能力筹集扶贫资金。贫困地区地方财政扶贫资金的筹集只能依赖省级财政的支持。

[④] 郝亚琳：《农村绝对贫困人口30年降至1487万》，《人民日报（海外版）》2008年第5期。

独立承担消除贫困的重任。

（二）扶贫是公共物品，必然出现"搭便车"的现象

每个人都喜欢生活在一个没有贫困的社会里。尽管这种偏好普遍存在，但是扶贫并不是私人市场可以提供的服务或"物品"。扶贫属于既无排他性又无竞争性的公共物品（public goods）。换句话说，包括政府在内的中国社会里，不能排除其他人或其他团体参与扶贫。同时，某一个人或团体参与扶贫并不影响其他人或其他团体进行扶贫。

如果政府确定扶贫的收益大于扶贫的成本，就应选择扶贫，并用税收来支付扶贫所需要的费用[1]。根据经济学原理，由于公共物品没有排他性，必然出现享受好处却避开支付的"搭便车者"[2]，那些没有纳税的人可以享受政府扶贫所带来的好处，那些没有向慈善事业捐款的人可以免费利用别人的慷慨。同时，这种"搭便车"现象排除了由私人市场提供公共物品的可能。这在一定意义上意味着扶贫很难依靠市场手段来解决[3]。其中公共物品的外部性是市场失灵的主要原因。

（三）扶贫资金的"公有地悲剧"

扶贫资金属于共有资源（common resource），有竞争性但没有排他性。当一个人获得扶贫资金，其他人获得扶贫资金的可能性和数量就少了。但是扶贫资金本身不具有排他性，由于需要扶贫资金的人太多和识别穷人的具体困难，很难阻止人们不合理使用扶贫资金，致使扶贫资金的使用效率下降。结果是：扶贫资金投入越来越大，贫困人口越来越多。[4] 这就是扶贫资金的"公有地悲剧"[5]。

社会与私人激励不同而存在的外部性是导致扶贫资金"公有地悲剧"的原因。

---

[1] 可以选择能力纳税和受益者纳税原则进行税收安排。能力纳税在个人所得税制度中有所体现，但是受益者纳税却并没有在现有的税制中得到应用。

[2] "搭便车者"是指那些得到一种物品的好处却避开为此支付费用的人。

[3] 孟加拉国乡村银行是一个例外。这个例外挑战了传统的经济学理论，也挑战了传统金融制度。

[4] 王卓：《新世纪凉山州彝族贫困地区扶贫问题研究》，《社会科学研究》2006年第2期。

[5] "公有地悲剧"类似于西天取经路上唐僧所引发的个个都想吃他的肉而长生不老的故事。参见《西游记》。数千年前古希腊哲学家就指出："许多人公有的东西总是被关心得最少的，因为所有人对自己东西的关心都大于与其他人共同拥有的东西。"参见曼昆：《经济学原理》，梁小民译，机械工业出版社，2003年。

具体分析，至少有三个影响因素：①由共有资源的性质决定。社会上普遍的看法是扶贫资金就是白给的，不论有偿无偿，都是共产党的德政工程、民心项目，所以大家都可以有一份，尤其在贫困地区。②遭遇大面积贫困的时候。当个人或家庭的生存需求变得极其强烈的时候，依靠各种手段和方式获取扶贫资金就有了相当大的激励。③贫困户识别困难所带来的社会激励。表现为技术上的约束和文化上的藩篱，使政府没有积极性去判断谁是真正的穷人。

二、扶贫资金分配的原则和结果

检索21世纪国家扶贫开发相关政策[①]，可以发现政府扶贫资金分配原则有如下特点[②]：

（1）中央政府根据各省（区）级政府上报的贫困面、贫困程度和扶贫规划确定划拨给各省（区）的扶贫资金总量。

（2）各省（区）提供的贫困人口数量、贫困情况和经济状况，包括地方财政状况、自然条件、人均纯收入、基础设施等因素也影响中央扶贫资金分配的额度。

（3）各省（区）往县、乡、村分配扶贫资金的原则没有统一规定。

（4）农村绝对贫困人口和国家重点扶持贫困县是中央财政扶贫资金主要投入的对象。

（5）财政扶贫资金分配程序不是从贫困农户需要出发，而是从政府部门管理的要求出发。

（6）贫困农户获得财政扶贫资金的先决条件是要进入地方政府和扶贫办申报的项目中，并且要有执行项目和垫付项目资金的能力。

（7）贫困农户基本没有可能独立作为财政扶贫资金的项目实施单位。

（8）贫困地区的产业开发项目是信贷扶贫资金和西部开发资金重点投入的对象。

在这些原则基础上，政府扶贫资金的分配要经过省、市、县、乡、村几个节点。进入21世纪，扶贫工作重心下移到县和村之后，市和乡不承担更多

---

① 参见：http://www.cpad.gov.cn/国务院扶贫办网站：《中国农村扶贫开发纲要（2001—2010年）》；http://www.mof.gov.cn/中华人民共和国财政部网站：《财政扶贫资金管理办法》，财农字〔2000〕18号；《财政扶贫资金报账制管理办法》，财农字〔2001〕93号。

② 王卓：《扶贫资金政府管理中的公有地悲剧》，《农村经济》2007年第7期。

实质意义的扶贫责任，而表现为一个管理环节。考察省、县、村三个环节在扶贫资金分配中的功能后发现①：

(1) 在《中国农村扶贫开发纲要（2001—2010年）》指导下，中央分配到省的扶贫资金在具体执行时有两个重要的影响因子，一是地方贫困人口数量，二是地方经济状况。除此之外，不再有中间环节可以发生扶贫资源的漏出。

(2) 从省到县是扶贫资金分配的一个重要环节。在21世纪初十年扶贫规划实施前半期，政府每年实际投入扶贫的资金在300亿~350亿元之间，其中用于重点县的扶贫资金在200亿元左右，占全部扶贫资金的比例约为65%。每个重点县平均每年的扶贫资金总量在3000万~4000万元之间。其中信贷扶贫资金约占50%。以重点县的农村绝对贫困人口占全国农村贫困人口的比重来看，现有到达重点县的扶贫资金及其比例是合理的。从这个意义上讲，从省到重点县的扶贫资金分配是正常的。35%左右的扶贫资金流向其他地方是政策设计上的有意安排。

(3) 从县到村的扶贫资金分配是比较复杂的一个环节。现有公开的统计资料没有从县到乡再到村的扶贫资金分配。扶贫工作重心下移是21世纪扶贫的一个重要举措②，它要求扶贫资源能有效地到达贫困人口集中的社区。研究发现，政府扶贫资金当中每年约有100亿元投入重点贫困村，占政府全部扶贫资金投入的比例不到40%。这个比例与"我国贫困人口分布经历了区域贫困、县级贫困到村级贫困的过程"③的判断不一致。如果当今中国农村处于村级贫困，扶贫资源就应该主要用于贫困村。实际上，平均每个重点贫困村的扶贫资金总量，2001年为7.3万元，2002年为8.4万元，2003年为8.9万元，2004年为8.9万元。除中央财政扶贫资金、以工代赈资金和地方配套扶贫资金有50%以上用于重点贫困村之外，其他资金，尤其扶贫贴息贷款，只有17%用于重点贫困村；而且，还不是每个贫困村都可以连续多年获得国家扶贫资金的扶持。

实地调查显示，纳入国家十年扶贫计划的重点贫困村，最长的能得到两年扶贫资金扶持，部分重点贫困村只有一年可以获得国家扶贫资金的扶持，还有一些没有纳入国家计划的贫困村未得到扶持。④ 即使"最幸运"的贫困

---

① 王卓：《扶贫资金政府管理中的公有地悲剧》，《农村经济》2007年第7期。
② 王卓：《关于下一阶段扶贫工作的建议》，《财经科学》1999年第2期。
③ 刘坚：《新阶段扶贫开发的成就与挑战》，中国财政经济出版社，2006年。
④ 王卓：《新世纪凉山州彝族贫困地区扶贫问题研究》，《社会科学研究》2006年第2期。

村有两年的扶贫计划，平均能获得国家扶贫资金也仅 15 万元左右。当然也有运气极好的"样板村"，一年就可能有 200 万元左右的各种资金支持。

总体上看我国政府扶贫资金分配格局，不仅重点村投入力度不足，而且从重点县到重点村的分配过程也存在漏出，只有不到 60% 的资金投向了重点贫困村[①]。

三、扶贫资金在贫困村分配的案例研究

吉强镇夏大路村距离某县城约 7 公里，有 500 户农家，是一个纯回民村，也是该县 81 个重点扶持贫困村之一，2005 年纳入了国家 21 世纪整村推进扶贫计划。2005 年年末村里上报的农民年人均纯收入为 1389 元。笔者 2006 年夏进村调研的时候，据村干部讲，该村农民年人均收入实际可能有 1800 元左右。

在"富不露白"的传统文化影响下，几乎所有地方，为了争取更多的外部支持，通常都会有所保留甚至有意识地修正数据以满足上面"政策框架"的需要。官方掌握的人均收入数据或许只有实际收入的 70% 左右。

尽管夏大路村是一个贫困村，村里仍然有 10 多户村民（2%）靠贩运农产品年人均收入达到 5000 元左右，比全国 2005 年农民人均收入 3255 元还高出 53%。同时，村里也有 20~30 户（5%）村民年人均收入只有 700~800 元，仅略高于国家确定的农户温饱标准 683 元（2005 年），是全国农民平均收入的 23%。在村干部看来，村里的贫困户贫困的原因主要是能下地干活的劳动力少。

表 1　2005 年农民年人均收入比较　　　　　　　　单位：元

	全国水平	夏大路村水平（实际值）	夏大路村高收入	夏大路村低收入
绝对值	3255	1389（1800）	5000	700~800（750）
以全国为基础的绝对差	0	-1866（-1455）	1745	-2505
以全国为基础的相对差	0	43%（55%）	153%	23%

政府对于夏大路村的帮扶主要是三个方面：一是最低生活保障；二是扶贫项目和资金；三是退耕还林补贴。以穷人的视角来看，这些都是国家和政府提供的扶贫资金，与前面提到的来自扶贫系统的专项扶贫开发资金不同的

---

① 王卓：《关于下一阶段扶贫工作的建议》，《财经科学》1999 年第 2 期。

是最低生活保障金和西部大开发的投入。

（一）最低生活保障金及其发放

在市、县扶贫干部看来，"农村的贫困户啥事都干不成"，养不成牛，自己也没有投入。开发式扶贫方式无助于这些贫困户，只能用救济的方式提供最低生活保障。夏大路村最低生活保障的对象主要有四部分人：残疾人，五保户，优抚对象，极贫困家庭。救济人数由上级下达指标到县，县再分配指标到乡，乡分配指标到村，村干部讨论初步名单后由村民大会公决。夏大路村获得97个救济名额。每个名额每年有200元的最低生活补贴，分季度发放到个人的银行卡上。这97个名额被分配到70户家庭。对于该救济政策，得到救济款的人讲"这个政策好"，200元真的可以"救急"；政府基层干部的评价是"救济能落实，但是它可能会养成一些人的依赖习惯"。

由于救济款覆盖的面小、量少，在村里会因争当救济户而发生纠纷。在邻近贫困县的贫困村，为解决此类矛盾和纠纷，体现公平，实行了"轮流坐庄"、动态发放救济资金的办法。

（二）扶贫资金的投入和流向

整村推进是21世纪中国农村扶贫战略的三个重要措施之一，目的是利用较大规模的资金和其他资源，在较短的时间内使被扶持村在基础设施和公共服务、生产和生活条件以及产业发展等方面有较大改善，并使各类项目间相互配合以发挥更大的综合效益，从而使贫困人口在整体上摆脱贫困，同时提高社区和贫困人口的综合生产能力和抵御风险的能力。国务院扶贫开发办在总结21世纪初十年规划前半期的整村推进扶贫工作成效时指出，整村推进的资金需求量和实际资金投入缺口甚大，影响了整村推进工作的成效。[1] 以夏大路村为例，来看看整村推进的资金投入和流向。参见表2。夏大路村现有的16.75万元村扶贫资金中，80%的资金以较为公平的方式平均分给村里的农户，20%的资金流向了村里相对富裕的农户。

毋庸置疑，整村推进的资金投入量小是一个至关重要的问题。在夏大路村，因为资金不足，原村级规划中的基本农田建设、饮水项目都无法实施。这带来了另一个同等重要的问题，那就是扶贫的可持续性。政府对重点村的扶持计划一般是两年，两年之后就没有后续的扶贫资金投入。而目前扶贫资金的这种投入方式是否可以帮助贫困村及其贫困农户达到持续摆脱贫困的目的很值得怀疑。

---

[1] 刘坚：《新阶段扶贫开发的成就与挑战》，中国财政经济出版社，2006年。

表2 2005年夏大路村扶贫资金分配情况

项目	资金额度	来源渠道	资金分配及方式
养牛项目	10.5万元	对口帮扶	购买135头牛，每头牛以1400元估价。其中，700元由项目资金补贴，700元由农户自己出。135头牛在全村农户中抓阄分配。然后由村干部组织村民代表去买牛，验收合格后发给"中奖户"补贴700元。项目资金的少量余额用于公务开支。截至2006年8月这笔购牛的项目资金还没有足额到村。
土豆储藏窖	1.5万元	财政扶贫	修建15个土豆储藏窖，每个造价1000元。给已经建好窖的农户直接补贴1000元。村干部评价"好"，在于带头示范；"不好"，在于扶持了村里的富裕户，而贫困户没有修建。
铡草机	0.75万元	财政扶贫	分配给了村里的15户养牛大户，每户500元。
脱毒马铃薯（品种改良）	4万元	财政扶贫	按户平均分配，每户80元。
合计	16.75万元		如果平均分配，每户约335元。实际分配结果是：最少的户有80元，最多的户有2280元。公共设施建设投入为零。

（三）西部大开发的退耕还林工程补贴

在西部一些干旱少雨、人均土地面积较大的地方，退耕还林（草）工程深受农民欢迎，并成为农户家庭收入的主要来源。截至2006年，夏大路村退耕还林（草）面积7700余亩，亩均年补贴（含粮食折款）约160元。该村2005年1389元的人均收入中，年人均退耕还林（草）补贴近520元，占全部收入的三分之一强。西部的退耕还林（草）工程从2001年开始实施，计划2008年结束。8年的时间不可能恢复遭到严重损害的生态环境，治理并重建过于脆弱的生态环境是一项长期的世纪性工程。一旦政府停止退耕还林（草）工程补贴，农户重新上山种土豆，"退林（草）还耕"现象必然发生，国家西部大开发的这项工程将前功尽弃。

不从根本上解决扶贫资金的筹集、分配和投入管理机制问题，不仅贫困人口很难跳出贫困陷阱[1]，政府也很难跳出扶贫陷阱。扶贫陷阱，就是由于扶

---

[1] 1956年，发展经济学家纳尔逊（Nelson）提出了人口陷阱论，并以此解释发展中国家人均收入为什么停顿不增的问题。人口陷阱也称为低水平均衡陷阱（Low-level Equilibrium trap）。该理论认为，只要人均收入保持在某一临界水平之下，超过收入增长率的人口增长率总会使经济重新被拉回到低水平均衡陷阱。

贫本身的低效率甚至无效率而产生的一种扶贫与贫困长期共生的现象。只要贫困家庭人均扶贫资金保持在某一临界值之下，超过扶贫资金投入成本效率的贫困家庭人口增长率就会把扶贫的成果重新拉回到扶贫陷阱，"越扶越贫"的现象就很难避免。

四、扶贫资金投入和贫困人口减少的定量关系

以经济学原理讲，私人资本的投入是以利润为前提，市场可以为私人物品的供求提供价格信号。扶贫资金的投入成本效益分析是有难度的，有很多因素影响扶贫资金的投入成本效益分析。

（1）通过问卷调查的结果定量分析要受到"被调查对象如实回答激励不足"的限制，直接或间接受惠于扶贫资金的人会夸大扶贫资金的效果，没有受惠的人会否定扶贫，并夸大扶贫的成本。

（2）大量实地调查显示，扶贫资金投入与贫困人口的直接关系不明显。扶贫资金到重点村的比例不到40%，到户率更低。

（3）影响贫困人口生活状况的因素包括许多方面，如可灌溉耕地面积、距离城市远近、自然灾害、人为灾害、其他发展政策等。

（4）控制其他变量，测算扶贫资金投入效果的方法要求很高，目前缺乏这样的试验和观察区。

（5）现有相关数据的采集方式不能确保数据的质量。国家统计局农村社会经济调查总队及其系统采集的贫困人口数据是事后的，不是对目标贫困群体的动态变化过程进行观测的结果。扶贫办提供的内部数据不具有法律效力和公信力。

同样，在扶贫资金投入和减缓贫困之间建立一种确定的量化关系，是一件十分困难的事。一方面某一时期内的扶贫资金投入的产出或影响，通常不只是反映在同一时期内减缓贫困方面，还会在其他方面产生直接或间接的影响。另一方面贫困的缓解也不只是受扶贫资金投入的影响，还有许多其他因素，包括宏观经济环境、经济增长方式、扶贫方式等，使得同样的扶贫资金投入可能产生不同的减贫效果。[①]

尽管存在理论和方法上的种种困难，目前仍然存在一个大家都以为是真的公理：扶贫资金投入与贫困缓解有内在关系。这种关系通常以表3所示的

---

① 刘坚：《新阶段扶贫开发的成就与挑战》，中国财政经济出版社，2006年。

方式来表达。①

表3　1978—2007年中国扶贫投入与贫困人口关系

年份（年底）	绝对贫困人口*（万）	低收入人口**（万）	扶贫投入（亿元）	绝对贫困人口减少（万）	低收入人口减少（万）
1978	25000	—	—	—	—
1985	12500	—	—	—	—
1990	8500	—	46.50	—	—
1992	8066	—	62.70	—	—
1993	7500	—	77.30	566	—
1994	7000	—	97.90	500	—
1995	6500	—	98.50	500	—
1996	5800	—	98.00	700	—
1997	4962	—	152.65	838	—
1998	4210	—	183.15	752	—
1999	3412	—	248.00	798	—
2000	3209	—	248.00	203	—
2001	2927	5573	300.57	282	111
2002	2820	5462	324.34	107	277
2003	2900	5185	339.75	-80	208
2004	2610	4977	342.66	290	640
2005	2365	4067	130.00***	245	910
2006	2148	3550	137.00	217	517
2007	1479	2841	144.00	669	709

注：* 绝对贫困人口是指农民年人均纯收入低于785元（2007年价）的家庭人口。
** 低收入人口是指农民年人均收入在786~1067元（2007年价）之间的家庭人口。
*** 2005年及以后扶贫资金投入的总量包括财政扶贫资金和以工代赈资金，不包括扶贫贴息贷款，国家财政每年给农行贴息的基数是185亿元，分析的时候为和前面的口径保持一致，加入了扶贫贴息贷款的基数。

运用统计软件（SPSS）分析表3中数据间的内在关系，结果显示：政府当年扶贫资金投入与当年减少的农村绝对贫困人口的相关系数为-0.603，5%的置信水平下双侧显著性检验值0.017<0.05，即两者呈高度负相关，即政府当年扶贫资金投入越多，当年减少的农村绝对贫困人口数越少。

---

① 刘坚：《新阶段扶贫开发的成就与挑战》，中国财政经济出版社，2006年。

考虑到扶贫资金投入一些基础设施建设项目的长期效应对农村绝对贫困人口的作用，进一步以扶贫资金投入三年平滑和五年平滑消除时滞影响作为新变量与贫困人口数量再做一次相关性分析，结果显示：扶贫资金投入三年平滑时，政府扶贫资金投入量与绝对贫困人口减少量的相关系数为-0.639，5%的置信水平下双侧显著性检验值 0.010<0.05，即两者呈高度负相关，且具有显著性。扶贫资金投入五年平滑时，政府扶贫资金投入量与绝对贫困人口减少量的相关系数为-0.621，5%的置信水平下双侧显著性检验值 0.023<0.05，即两者呈高度负相关，且具有显著性。即控制时间变量后，扶贫资金投入的时间越长，投入越多，减少的绝对贫困人口越少。

五、结论和讨论

综上所述，结论和讨论如下：

（1）国家现有扶贫资金分配和管理机制过多强调供给方权力，模糊甚至忽视穷人的权利和需求，这一方面导致扶贫资金政府管理的"公有地悲剧"，另一方面也使政府陷入扶贫陷阱而不能自拔。扶贫资金是共有资源，应该建立广泛参与的扶贫资金管理机制，尤其是以穷人需求为导向的扶贫资金管理机制。

（2）当前政府主导下的扶贫资金主要来源于政府财政收入，社会资金的动员严重不足。扶贫是公共物品，社会上存在大量享受扶贫好处却回避为此支付费用的搭便车者。政府应大力倡导社会责任并培育社会组织参与扶贫。同时，通过在高消费领域征收扶贫税筹集扶贫资金，强制搭便车者支付费用。

（3）长期以来，政府扶贫资源分散、职能分割，而穷人又不能有效享受扶贫的好处，自然灾害、宏观经济政策的变化对城乡社会脆弱人群的打击越来越大。政府应集中各种渠道的扶贫资源，统筹城乡扶贫规划，建立和加强动态的贫困监测体系，科学、及时、有效地对事关民生的宏观政策和自然灾害进行贫困影响评估。

下编
扶贫多元主体

四川农村低保居民社会支持网研究*

  纳入农村最低生活保障范围的居民是农村经济上最贫困的群体。这个群体由于个人身心状况差或年老体弱，没有收入来源，难以自力更生而陷入困境。政府的最低生活保障制度可以保障这个群体生命的基本安全。在最低生活保障制度建立之前，这个群体主要依靠社会成员的支持。在经济转轨、社会转型加剧的形势下，人们越来越倾向于"经济理性"，传统的社会支持体系看起来也越来越弱。本文拟探究在政府最低生活保障制度嵌入农村社会的进程中农村低保居民的社会支持网现状。

  社会支持网属于社会网络的一个分支。社会网络是指由个体社会关系构成的相对稳定的体系，拉德克利夫-布朗最早提出社会网络的概念，巴恩斯则首次将社会网络的概念用于挪威渔村阶级体系的分析。到20世纪60年代，社会网络研究进入快速发展时期，并积累了不少理论，其中较为著名的有格拉诺维特（Granovetter）的关系强度理论、林南的社会资源理论、伯特（Burt）的结构洞理论以及詹姆斯·科尔曼（James CoLeman）等人的社会资本理论等。

  个人的社会支持网络是指个人能够获得各种资源（如信息、物质、友谊等工具性或情感性帮助）的社会支持关系。[①] 社会支持网研究一直是国内学者比较关注的领域。学界关于贫困群体社会支持网的研究主要在三个方面：一是定量研究贫困群体社会支持网情况；二是分析社会支持网对贫困群体生活质量的影响；三是分析社会支持网在反贫困方面的作用。研究对象主要为城市贫困家庭。研究结果表明，以近亲（父母、子女、兄弟姐妹）为主的血缘关系成员是贫困群体社会支持网的主要构成要素。网络成员在社会经济地位上具有一定的同质性，贫困群体社会支持网络中蕴含的社会资源相对较少。

---

* 原刊载于《社会科学研究》2013年第1期，作者包括研究生曹丽，此次整理有修订。基金项目：国家社会科学基金重大招标项目"未来10年深入实施西部大开发战略：若干关键和重点问题研究"（项目编号：10ZD&024）；国家"985工程"四川大学"社会矛盾与社会管理研究创新基地"资助项目。

① 张文宏：《中国城市的阶层结构与社会网络》，上海人民出版社，2006年。

如李晗以长春市下岗职工为例，分析发现社会支持网通过为下岗职工提供就业支持、经济支持以及情感支持，在缓解下岗职工的贫困方面成为社会保障制度的一种必要补充。贫困群体的社会支持网中社会资本匮乏，虽可依靠它维持生计，但要想靠它彻底摆脱贫困，可能性不大。[1] 洪小良研究发现：北京市城市贫困家庭社会关系网络的规模相对较小，网络成员以近亲为主，并且在社会经济地位上具有很高的同质性；贫困家庭缺乏社会资源极大地限制了其获得社会支持的种类和数量。[2] 贺寨平研究发现：天津市城市贫困人口的社会支持网络规模较小，亲属关系在社会支持网中所占比例较大，城市贫困人口的网络同质性较强。[3]

从目前学界有关贫困群体社会支持网的研究来看，重点主要在城市贫困群体，对农村贫困群体的研究较少。事实上，乡土中国里"差序格局"的社会关系结构在30年改革开放背景下受到的冲击可能更多呈现在农村社会。因此，本文以农村低保居民为研究对象分析其社会支持网规模、支持网关系构成、关系强度等。

一、研究设计

（一）测量方法

社会支持网的研究包括个体网络研究和整体网络研究。个体网络考察的是以研究对象为中心延伸出去的网络情况，常用提名法和定位法进行测量。提名法要求受访者说出某一特定情境下与自己有联系的个体姓名，然后依次询问被提及者的相关情况，以测量受访者的社会网络。定位法由林南教授提出，是对社会中常见的社会阶层或职业进行分类抽样，然后让受访者说出每一阶层中的熟人以及与这个熟人的关系，以此测量受访者的社会网络。整体网络研究以一个较为封闭的组织为研究对象，对组织内每一位成员进行调查。整体网络研究主要用来分析小群体，如公司、社区、经济组织。

本研究采用提名法研究农村低保居民社会支持网现状。根据农村低保居民的生产生活实际，本研究从生存和交往两个维度将低保居民的社会支持网分为经济支持网、生活物品支持网、劳务支持网、社会交往支持网四

---

[1] 李晗：《社会支持网在中国城市反贫困中的作用》，吉林大学，2006年。
[2] 洪小良：《城市贫困家庭的社会关系网络与社会支持》，中国人民大学出版社，2008年。
[3] 贺寨平：《城市贫困人口的社会支持网研究》，中国社会出版社，2011年。

个子支持网。其中，经济支持网指低保居民能够获得无偿现金支持的关系网络；生活物品支持网指低保居民在日常生活中能够获得物件支持（如衣服、食品、住所等）的网络；劳务支持网指低保居民日常生活中获得劳动力支持的网络；社会交往支持网指低保居民与其他个体保持情感联系，获得交流支持的网络。

（二）数据来源

本研究资料收集采用问卷调查与深度访谈相结合的方法。研究总体为四川省L县团仓村（以下简称T村）8个村民小组中所有享受最低生活保障的村民，2011年年底该村总人口为3476人，有41人为低保居民。本研究采用配额抽样和随机抽样相结合的方法，选取30名低保居民构成研究样本：①从T村所在县民政局得到该村所有低保居民的名单，制作抽样框。②在41名低保居民中男性27人，女性14人。根据性别比，确定30名受访者中男性19人，女性11人。③采用随机抽样的方法抽出调查对象。笔者对每个调查对象进行入户调查和深度访谈。

（三）样本描述

30个受访者中，男性19人，占63.3%，女性11人，占36.7%；平均年龄60.43岁，20~29岁的占3.3%，30~39岁的占6.6%，40~49岁的占16.6%，50~59岁的占13.3%，60~69岁的占33.3%，70~79岁的占16.6%，80岁以上的占10%，59.9%的受访者年龄在60岁以上，即T村低保居民以老年人居多。从受教育程度来看，受访者中文盲或基本不识字的占53.3%，小学①的占33.3%，初中的占6.7%，高中的占3.3%，其他的占3.3%。由此可见，T村低保居民的受教育程度普遍偏低，86.66%的受访者受教育程度在小学或小学以下。从婚姻状况来看，受访者中未婚者占36.7%，已婚者占36.7%，丧偶者占26.7%。从居住方式上看，13.3%的受访者为单独居住，50.0%的受访者和父母或子女一起居住，30.0%的受访者与兄弟姐妹一起居住。就身体状况而言，受访者自述身体"非常差"和"差"的占26.7%，"一般"的占30.0%，"好"的占16.7%，没有一个受访者自述身体状况"非常好"。

总体来看，T村低保居民以男性居多，年龄集中在60岁以上，呈现出受教育程度低、身体状况差的特征。

---

① 深度访谈表明：大部分受访者所说的小学，是指接受过1~2年的小学教育。

二、实证分析

(一) 农村低保居民社会支持网规模研究

社会支持网规模指个体能够获取支持的网络范围,常用网络成员的数量作为衡量指标。在网络分析中,网络规模是测量网络质量或网络中所蕴含的社会资源的重要指标。个体的社会网络规模越大,网络中所具有的社会资源越多,个体能够动员社会资源的能力也越大。本研究首先分析农村低保居民各子支持网的规模现状,然后将各子支持网的规模加总从而获得农村低保居民社会支持网的规模。

1. 农村低保居民经济支持网

分析结果显示:T 村低保居民经济支持网规模为 2.0,标准差为 1.9。其中有 23.3%的受访者表示上一年没有获得过经济支持,20.0%的受访者上一年获得过 1 人的经济支持,30.0%的受访者表示上一年获得过 2 人的经济支持;76.7%的受访者的经济支持网规模在 3 人及以下。

许传新、陈国华对武汉市老年人社会支持网的研究表明,老年人的经济支持网规模为 2.47。[①] 张文宏、阮丹青研究发现,天津市农民的经济支持网规模为 3.22。[②] 贺寨平研究发现,天津市城市贫困人口经济支持网规模为 1,其中有 39.6%的调查对象经济支持网规模为 0,90.3%的调查对象的经济支持网规模在 3 人以下。[③]

由此可见,农村赤贫群体的经济支持网规模较小,但高于城市贫困群体。在调研过程中,当询问受访者"去年有多少人曾给你无偿货币援助"时,大部分人回答:"没有人,别人都拖着自己的家,哪个有闲钱给我哦!"在进一步追问后,他们才能回想起谁曾经给了自己钱。受访者的第一反应说明:在日常生活中,他们获得私人货币性支持是不常见的。社会交换理论认为,人们之间的互动产生于社会吸引,社会吸引产生的前提是双方都认为彼此拥有自己没有的但是自己又需要的资源,于是人们通过互动、交换建立社会关系。农村低保居民在经济资源的拥有上无疑处于十分贫困的状态,因此获得别人无偿经济援助的机会比较小。

[①] 许传新、陈国华:《社会支持网规模与老年人生活满意度的关系》,《统计与决策》2004 年第 9 期。

[②] 张文宏、阮丹青:《城乡居民的社会支持网》,《社会学研究》1999 年第 3 期。

[③] 贺寨平:《城市贫困人口的社会支持网研究》,中国社会出版社,2011 年。

2. 农村低保居民生活物品支持网

在日常生活中，低保居民若能得到他人提供的诸如柴米油盐、衣物、食品等生活物品的救助，将在很大程度上减轻其生活压力。本研究发现：T村低保居民的生活物品支持网平均规模为2.63，标准差为2.68。33.3%的受访者生活物品支持网规模为1人，30.0%的受访者生活物品支持网规模为2人；93.3%的受访者得到过他人的生活物品支持。这表明，在农村地区，村民对生活贫困者的物质救助是较为常见的。

3. 农村低保居民劳务支持网

如前所述，T村低保居民多为年老体弱者，劳动能力的欠缺为其生活带来诸多不便，因此分析低保居民的劳务支持网有重要意义。研究发现：T村低保居民的劳务支持网规模为1.9，标准差为1.26。43.3%的受访者劳务支持网为1人，43.3%的受访者劳务支持网为2人；86.7%的受访者劳务支持网在2人及以下。由此可见，T村低保居民的劳务支持网规模较小。

4. 农村低保居民社交支持网

T村低保居民的社会交往支持网规模为2.1，标准差为2.99。26.7%的受访者社交网络规模为0，36.6%的受访者社交网络规模为1人，16.7%的受访者社交网络规模为2人；80%的受访者社交网络规模在2人及以下。调研过程中，我们发现农村低保居民遭到社会排斥是一个普遍现象。

库利的"镜中我"理论认为，个人对自己的角色认同是通过看其他人眼中的"我"形成的，即"我看人看我"。当个人的角色认同形成后，就会按照这种认同来行动，从而强化这种认同。大部分农村低保居民认为别人不愿意和自己交流，自然也就不愿意和别人交流而自我边缘化。

将各子支持网的人数加总，我们可以得到农村低保居民社会支持网的总规模（见表1）。

表1 农村低保居民社会支持网规模（N=30）

社会支持网人数[①]	频数	有效百分比（%）	累计百分比（%）
2	2	6.7	6.7
3	3	10.0	16.7
4	4	13.3	30.0
5	2	6.7	36.7

[①] 社会支持网人数=经济支持网人数+生活物品支持网人数+劳务支持网人数+社交支持网人数。

续表1

社会支持网人数	频数	有效百分比（%）	累计百分比（%）
6	4	13.3	50.0
7	2	6.7	56.7
8	1	3.3	60.0
9	2	6.7	66.7
11	2	6.7	73.3
12	1	3.3	76.7
14	1	3.3	80.0
15	1	3.3	83.3
17	2	6.7	90.0
18	1	3.3	93.3
19	1	3.3	96.7
22	1	3.3	100.0
合计	30	—	100.0

由此可知，T村低保居民的社会支持网平均规模为8.63，标准差为5.67，50%的低保居民社会支持网规模在6人及以下。相关研究中，贺寨平等发现，天津市城市贫困人口的社会支持网络规模为2.55[1]；洪小良测量北京市城市贫困人口的社会支持网规模为2.21[2]；韦璞研究指出，贵州省黄果树贫困老年人的社会支持网规模为8.4[3]；尹志刚、洪小良对北京市低保劳动家庭的就业支持网研究发现，其社会支持网规模为1.2[4]。

（二）农村低保居民社会支持网关系构成分析

社会支持网关系构成是指受访者与支持提供者的关系类型的构成情况，用某种特定关系占所有关系的百分比来表示。[5] 关系构成研究主要回答什么样

---

[1] 贺寨平：《城市贫困人口的社会支持网研究》，中国社会出版社，2011年。

[2] 洪小良：《城市贫困家庭的社会关系网络与社会支持》，中国人民大学出版社，2008年。

[3] 韦璞：《贫困地区农村老年人社会支持网初探》，《人口与发展》2010年第2期。

[4] 尹志刚、洪小良：《北京城市贫困劳动人口的就业及社会支持网络调查报告》，《新视野》2006年第3期。

[5] 洪小良：《城市贫困家庭的社会关系网络与社会支持》，中国人民大学出版社，2008年。

的关系类型提供什么样的帮助，以及哪种类型的关系在低保居民的社会支持网中发挥着重大作用这两个问题。本研究把关系分为亲属关系和非亲属关系两大类，其中亲属关系指父母、配偶、子女、兄弟姐妹、其他亲戚等五类，非亲属关系则主要指朋友和邻居。根据实际调查的情况，本文将朋友和邻居合并为一项，用"朋友邻居"指代非亲属关系。

经济支持网分析结果显示：亲属关系在经济支持网中扮演着重要角色，而且子女和兄弟姐妹在农村低保居民的经济支持上发挥的作用远远大于父母、配偶和其他亲戚。张文宏、阮丹青对天津市城乡居民的经济支持网分析结果表明：子女在经济支持网中发挥的作用较小，邻居在经济支持网方面具有相当重要的作用。[①] 本研究发现，子女在农村低保居民经济支持网中的作用较大，朋友邻居在其经济支持网中的作用相对较小。

生活物品支持网分析结果显示：兄弟姐妹在生活物品支持网中发挥的作用不可替代，占所有提到关系的 26.2%；其次是朋友邻居，约占所有提到关系的 24.6%；排在第三位的是子女这一关系类型，约占所有提到关系的 19.7%。在生活物品支持网方面，亲属和非亲属都发挥了较大作用。

社会交往支持网分析结果显示：朋友邻居是低保居民社会交往的首选对象，其次是其他亲戚，排在第三的是子女、父母。在经济支持网和生活物品支持网中都发挥较大作用的兄弟姐妹关系类型没有出现在社交支持网中。

劳务支持网分析结果显示：在低保居民的劳务支持网关系构成中，朋友邻居这类关系共被提及了 16 次，占比为 29.6%；子女被提及了 12 次，占比为 24.1%；兄弟姐妹被提及了 10 次，占比为 18.5%。可见，朋友邻居、子女、兄弟姐妹在农村低保居民劳务支持网中发挥着重要作用，而配偶、父母、其他亲戚发挥的作用则相对较小。

综上分析可见，子女和兄弟姐妹是农村低保居民经济支持的主要提供者，父母和配偶在经济支持方面的作用较小；兄弟姐妹、朋友邻居在农村低保居民生活物品支持网中所起的作用较大；朋友邻居在农村低保居民劳务支持和社交支持方面扮演着主要角色。

（三）农村低保居民社会支持网关系强度分析

社会支持网关系强度是指被支持者与支持提供者的关系亲密度。本研究采用美国社会学家格拉诺维特提出的互动频率、情感密度、熟识或相互信任程度、互惠交换程度 4 个指标来测量个体之间的关系强度，并用李克特五级

---

① 张文宏：《中国城市的阶层结构与社会网络》，上海人民出版社，2006 年。

量表进行测量。①

表2　农村低保居民社会支持网关系类型与关系强度交叉表（N=30）

关系类型		父母	配偶	子女	兄弟姐妹	其他亲戚	朋友邻居
互动频率	经常联系	13	11	35	29	13	40
	偶尔联系			9	3		7
	一般			1	3	2	3
	很少联系	1		1	9	11	9
	基本不联系				2	3	
信任程度	非常信任	14	11	40	26	9	21
	信任			5	16	8	14
	一般			4	6	18	
	不信任					2	6
	非常不信任			1		4	
亲密程度	非常亲密	14	11	42	36	8	25
	亲密			2	3	8	10
	一般			1	7	8	17
	不亲密			1		5	7
	非常不亲密						
互惠程度	经常为其提供力所能及的帮助	11	11	18	16	4	8
	偶尔为其提供帮助			7		3	2
	一般			5	2	3	
	较少为其提供帮助	1		2	5	7	5
	从未为其提供帮助	2		14	23	12	44

---

① 本研究将互动频率分为"经常联系、偶尔联系、一般、很少联系、基本不联系"，将亲密程度分为"非常亲密、亲密、一般、不亲密、非常不亲密"，将信任程度分为"非常信任、信任、一般、不信任、非常不信任"，将互惠程度分为"经常为其提供力所能及的帮助、偶尔为其提供帮助、一般、较少为其提供帮助、从未为其提供帮助"。在进行问卷分析时，分别对五级量表进行赋值，经常联系为5分，偶尔联系为4分，一般为3分，很少联系为2分，基本不联系为1分；将4个指标的得分情况进行加总后，除以该关系被提及的频数，就可以得到该关系类型的关系强弱总分。分值越高，关系越强；反之，则越弱。

分析结果显示："父母"这一关系类型在互动频率上的得分为4.78[①]，在信任程度、亲密程度上的得分均为5，在互惠程度上的得分为4.21，其关系强度的总分为18.99。"配偶"在四个指标上的得分均为5，其关系强度的总分为20。"子女"在互动频率上的得分为4.69，在信任程度上的得分为4.8，在亲密程度上的得分为4.84，在互惠程度上的得分为3.28，其关系强度的总分为17.61。"兄弟姐妹"在互动频率上的得分为4.04，在信任程度上的得分为4.47，在亲密程度上的得分为4.63，在互惠程度上的得分为2.58，其关系强度总分为15.72。"其他亲戚"在互动频率上的得分为3.31，在信任程度上的得分为3.55，在亲密程度上的得分为3.65，在互惠程度上的得分为2.31，其关系强度的总分为12.82。"朋友邻居"在互动频率上的得分为4.32，在信任程度上的得分为3.84，在亲密程度上的得分为3.89，在互惠程度上的得分为1.72，其关系强度的总分为13.77。

由此可见，低保居民社会支持网的关系由强到弱依次为配偶、父母、子女、兄弟姐妹、朋友邻居、其他亲戚。以往的研究通常把亲属关系简单等同于强关系，非亲属关系则等同于弱关系，如边燕杰、洪小良等。[②]虽然大部分亲属关系的确属于强关系的范畴，但是本研究的结果表明，朋友邻居关系强度大于其他亲戚。因此，用亲属关系指代强关系有待商榷。

三、结论和讨论

（一）农村低保居民社会支持网的特征和缺陷

农村低保居民社会支持网规模较小，平均规模为8.63人，其中经济支持网规模为2人，劳务支持网规模为1.9人，生活物品支持网规模为2.63人，社交支持网规模为2.1人。亲属关系对农村低保居民的支持主要体现在经济支持和生活物品支持上，非亲属关系对农村低保居民的支持主要体现在社会交往和劳务支持上。农村低保居民社会支持网中主要关系类型的关系强度由强到弱依次为配偶、父母、子女、兄弟姐妹、朋友邻居、其他亲戚。农村低保居民社会支持网的缺陷表现如下：

[①] 计算公式为：$\sum$（该关系相应取值提到的频次×该关系相应取值）/该关系被提到的频次，如父母这一关系类型在互动频率上的取值为（13×5+1×2）/14=4.78。

[②] 边燕杰：《城市居民社会资本的来源及作用：网络观点与调查发现》，《中国社会科学》2004年第3期；洪小良：《城市贫困家庭的社会关系网络与社会支持》，中国人民大学出版社，2008年。

1. 经济支持弱化

T村低保居民的经济支持网规模为2人，近亲即子女和兄弟姐妹是经济支持的主要提供者，血缘关系蕴含的责任与义务是低保居民获取经济支持的文化基础。但是市场经济的全面渗透、劳动力快速流动和人口政策等因素促使T村传统的救助文化被解构，传统文化强调的家族救助观念在社会转型过程中逐渐弱化。在T村，兄弟姐妹对低保居民的经济救助已经消减，可以预见的是在不久的将来，低保居民的经济支持网将萎缩到子女这一关系类型。农村低保居民经济支持的弱化无疑会使其生活更加艰难。

2. 物品支持单一

虽然生活物品支持网是农村低保居民各子支持网中规模最大的一个，且生活物品支持网关系构成较丰富，但是从支持内容看略显单一。废旧衣物是农村低保居民获得的最主要的生活物品，食品、电器、农具等物品相对较少。在过去，村集体会给低收入居民送去粮食、盐、油等，现在这种形式的救助基本消失了，低保居民在这些方面的开支相应也越来越大。

3. 劳务支持减弱

"换工"本是农村较为普遍的现象，然而在T村，这种农村民间的无偿互助消失了。农忙时节，包工队有偿揽走了几乎所有农活，这使得"换工"制度渐渐退出历史舞台。农村低保居民没有钱雇佣包工队，也不能够"换工"，因此只能花钱请人干活。劳务支持的减弱使缺乏劳动力的农村低保居民日常生活变得更加困难，虽然村民们偶尔还是会无偿为低保老人挑水、搬东西，但是这种现象已不常见。

4. 社会交往边缘化

首先，农村低保居民的社会交往意愿薄弱。低保居民认为自己家境贫穷或者行动不便，会遭人嫌弃，因此主动回避与他人进行过多交流而将自己封闭起来。这种自我封闭现象在农村低保老年人和残疾人中表现得较为明显。其次，农村低保居民缺乏社会交往的经济条件。T村里的茶馆是人们聚会社交的场所，大部分村民在空闲时间里都乐于去茶馆打麻将消遣，而去这些地方即使不打麻将也得花费茶水钱，农村低保居民的经济状况本来就不佳，没有闲钱去参与村民日常的社会活动，久而久之就被边缘化了。

（二）扩充农村低保居民社会支持网的政策建议

1. 加大对农村低保居民的经济救助力度

在低保居民经济支持网因制度变革而萎缩的背景下，政府应该承担起社会救助责任。子女和兄弟姐妹对低保居民经济方面的支持随意而零散，很难成为低保居民经济收入的稳定来源。因此，政府制度性的经济救助显得十分重要。首先，政府应根据物价变化适时调整最低生活保障标准；其次，政府在制定和实施其他惠农政策时，应对农村低保居民群体给予特殊关注。

2. 改善低保居民生存条件，扩充其生活物品支持网的内容

政府除了给予低保居民货币形式的救助外，应积极宣传动员和鼓励村集体、村干部、社会组织等给予农村低保居民多种形式和内容的生活物品支持。首先，政府可以对农村低保居民按月提供米、盐、油的救助，以实物和货币相结合的方式改善农村低保居民的生活质量。其次，政府可以实施一些改善基本生活条件的扶贫项目，如为农村低保居民免费打水井以方便其生活用水，免收农村低保居民电费等以减轻低保居民的生活负担。再次，加强村级组织和村干部的服务意识与能力，鼓励他们过年过节主动到低保居民家里慰问，帮助解决其生活困难。

3. 为有劳动能力的低保居民提供就业支持

眼下包括 T 村在内的农村正在如火如荼地开展新农村建设运动，整土改田、特色产业基地、养殖场、经济林建设等新农村建设项目需要大量劳动力，政府可以要求项目承包方为有劳动能力的低保居民提供就近就业的机会，用以工代赈的方式使农村低保居民可以通过参与适度劳动获得经济收入。

4. 加强农村社区文化建设，保持和发扬社会互助传统

虽然市场经济价值观不断冲击和改变农民的思想观念，但是政府应该积极倡导邻里互助、团结友好等优良传统。政府和社会组织可以帮助村里组织开展一些丰富多彩的文化娱乐活动，在充实村民文化生活的同时宣传互助思想，鼓励邻里与低保居民交往，以减少低保居民的社会排斥感，促进社区团结。

汶川地震灾区居民社会支持网研究*

一、问题的提出

农村低保居民属于赤贫者，以身体状况差、受教育程度低、没有劳动能力、依靠社会救济为群体基本特征。以血缘关系为基础的家庭式救助和以地缘关系为主的社区帮扶，是农村低保居民获取社会支持的主要来源。除此之外，在制度性支持体系中，政府为农村低保居民提供具有法定性质的最低生活保障。这些支持使得农村低保居民的社会支持网关系构成具有相对稳定性。

鉴于中国政府强有力的灾后重建，汶川地震灾区从许多方面看起来已经得以恢复，部分硬件设施的建设水平甚至跨越二三十年。汶川地震灾区居民除了共同的"受灾"特征外，另一个重要特征是特大地震带来的影响改变了他们的社会关系。这个群体的本质属性与农村低保居民不同，其社会支持网可能因汶川地震的影响出现变异。

社会支持网是社会关系网络的一种形式，它是指一个人可能获得的各种资源和帮助所构成的社会关系网络。研究表明，在社会支持网的帮助下，人们能更好地缓解和处理在生活中遭受的压力和危机。良好的社会支持网能促进人们身心健康，增加生活福祉。

社会支持网的研究最早源于20世纪二三十年代西方学者在心理学、人类学领域的研究。拉德克利夫-布朗首次提出了社会网络的概念，巴恩斯则首次将"社会网络"的概念用于挪威渔村阶级体系的分析。他发现"从正式的社会地位关系角度无法真正了解整个渔村的社会结构，而由亲属、邻居、朋友关系组成的非正式、私人性社会网络，却能够真正反映出渔村社会的实际运

---

* 原刊载于《四川大学学报（哲学社会科学版）》2014年第5期，作者包括研究生莫丽平、曹丽，此次整理有修订。基金项目：国家社会科学基金重大招标项目"未来10年深入实施西部大开发战略：若干关键和重点问题研究"子项目"民生保障与社会建设"（项目编号：10ZD&024）、国家"985工程"四川大学"社会矛盾与社会管理研究创新基地"资助项目。

作状态"[1]。多年来，社会网络分析已经积累了格拉诺维特（Granovetter）的关系强度理论、林南的社会资源理论、伯特（Burt）的结构洞理论以及詹姆斯·科尔曼（James Coleman）等人的社会资本理论等。目前，国内对于社会支持网的研究多集中于特定群体，如贫困人口、老人、农民工、学生、妇女等。[2] 基本的结论是社会弱势群体的社会支持网规模小、社会支持不足，进一步的解释较少。在研究方法上，既有定性研究，也有定量分析。目前在定量分析上尚缺乏一致性的测量工具，因此难以对已有研究进行比较。

本研究是课题组继2011年在四川农村开展低保居民社会支持网研究[3]后的持续，研究设计和测量工具均保持一致，期望以农村低保居民社会支持网为参照，比较分析特大灾难对社会关系的影响。

二、研究设计

本研究将地震灾区居民的社会支持网定义为：地震灾区居民通过与他人、群体或社区之间的关系以获得社会支持（包括经济支持、生活物品支持、劳务支持和社会交往支持）的网络。在这个网络中，灾区居民能够获得维持其正常生活所需的社会资源（如金钱、物品、信息、情感等）。

在本研究中，课题组将灾区居民的社会支持网分为经济支持网、生活物品支持网、劳务支持网和社交支持网等4个子网。其中，经济支持网指灾区居民在生活中遇到经济问题时可以得到支持的社会关系网络，操作化为"请说出上一年为您提供过无偿货币支持者的姓名"。生活物品支持网是指灾区居民在其日常生活中所能获得的物件支持（如食品、衣服、生活日用品等）的网络，操作化为"请说出上一年为您提供过无偿食品、衣服、生活日用品等生活物品支持者的姓名"。劳务支持网是指灾区居民在日常生活中所能获得劳动力支持的网络，操作化为"当您生活中有些琐事（如请人帮忙买东西，搬家具）或者庄稼（小生意）需要临时照顾而不得不找人帮忙时，一般会找到

---

[1] 洪小良：《城市贫困家庭的社会关系网络与社会支持》，中国人民大学出版社，2008年。

[2] 张友琴：《老年人社会支持网的城乡比较研究》，《社会学研究》2001年第4期；贺寨平等：《城市贫困人口的社会支持网研究》，《天津师范大学学报》2009年第5期；张克云等：《留守儿童社会支持网络的特征分析》，《中国青年研究》2010年第2期；张文宏：《中国社会网络与社会资本研究30年》，《江海学刊》2011年第2期。

[3] 王卓、曹丽：《四川农村低保居民社会支持网研究》，《社会科学研究》2013年第1期。

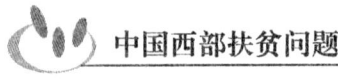

哪些人帮您"。社交支持网是指灾区居民与他人交流、交往，以获取情感支持的网络，操作化为"当您要赶场（买菜等）、逛街、娱乐等时，一般会找哪些人陪您去"等。课题组进行问卷调查时，沿用了提名法。[①] 研究设计如图1所示。

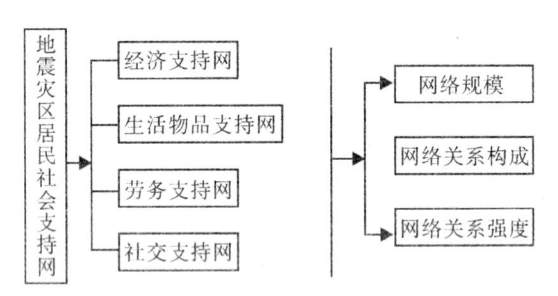

图1 灾区居民社会支持网概念操作及研究内容示意图

本研究资料来源于2012年4~6月在汶川地震灾区所做的配额抽样调查以及同期进行的深度访谈，调查范围包括四川省都江堰市、绵竹市、彭州市、北川县、汶川县以及陕西省宁强县等重灾区[②]，以面访的方式发放和回收有效问卷253份。本次研究的有效样本规模为253人，平均年龄48岁。详见表1。

表1 调查样本人口学特征（2012：253）

项 目	类 别	频数	有效百分比（%）
性 别	男	108	42.7
	女	145	57.3
年龄	30岁及以下	31	12.3
	31~40岁	42	16.6
	41~50岁	84	33.2
	51~60岁	49	19.3
	60岁及以上	47	18.6

---

① 提名法要求受访者说出某一特定情境下与自己有联系的个体姓名，然后依次询问被提及者的相关情况，以此测量受访者的社会网络。

② 本次调查所选取的调查地点为中国扶贫基金会支持NGO参与"5·12"汶川地震社区发展的10个项目区。每个项目区发放了25份问卷。具体包括绵竹市汉旺镇、北川县永昌镇、彭州市龙门山镇、都江堰市龙池镇、汶川县映秀镇以及陕西省宁强县青木川镇等地区。课题组（四川大学中国西部反贫困研究中心）在2011—2012年间接受中国扶贫基金会委托对这些项目区的活动进行了全程监测。

续表1

项　目	类　别	频　数	有效百分比（%）
居住地	农村	191	75.5
	城镇	54	21.3
	城市	8	3.2
民族	汉族	234	92.8
	少数民族	19	7.5
婚姻状况	未婚	19	7.5
	已婚	220	87.0
	离异	4	1.6
	丧偶	9	3.6
	重组再婚	1	0.4
受教育年限	0	41	16.2
	1~6年	90	36.0
	7~12年	112	44.4
	13年及以上	9	3.6
居住方式	单独居住	9	3.6
	与父母、配偶或子女同住	242	95.7
	其他	2	0.8
家庭常住人口数	1	9	3.6
	2	73	28.9
	3	67	26.5
	4	47	18.6
	5	34	13.4
	6	10	4.0
	7	6	2.4
	8	6	2.4
	9	1	0.4

续表1

项　目	类　别	频　数	有效百分比（%）
职业类别	没有任何工作	70	27.7
	临时工/短工	35	13.8
	农村的农民	61	24.1
	在城市/当地企业打工的农民工	13	5.2
	从事个体经营的工商户	36	14.2
	社会组织的工作人员	2	0.8
	党政事业单位/国有企业人员	1	0.4
	城镇退休/农村老年赋闲者	30	11.9

三、实证分析

（一）地震灾区居民社会支持网规模研究

社会支持网的规模指为个人提供社会支持的人数总和，即个人社会支持网络成员的总数量。分析发现，灾区居民社会支持网规模均值为5.79，标准差为7.38，离散系数为1.28。在2011年的研究中，课题组发现四川农村低保居民的社会支持网规模均值为8.63，标准差为5.67，离散系数为0.66。两相比较，"5·12"地震灾区居民的社会支持网规模远远小于农村低保居民的社会支持网规模，且异质性较高。

1. 地震灾区居民经济支持网规模

分析发现，地震灾区居民的经济支持网规模为0.65，标准差为2.46，离散系数为4.06。其中，11.9%的灾区居民经济支持网规模为1，6.3%的灾区居民经济支持网规模为2。在过去的一年之中，有24.1%的灾区居民获得过他人的无偿经济支持。

在2011年的研究中[1]，课题组发现四川农村低保家庭居民的经济支持网规模为2.0，标准差为1.9，离散系数为0.95。其中，20%的农村低保居民经济支持网规模为1，30%的农村低保居民经济支持网规模为2。在过去的一年

---

[1] 王卓、曹丽：《四川农村低保居民社会支持网研究》，《社会科学研究》2013年第1期。

之中，有76.7%的农村低保居民获得过他人的无偿经济支持。

由此可见，地震灾区居民经济支持网规模小于农村低保居民，且差异性较大。参见表2。

表2 地震灾区居民经济支持网规模（2012：253）

去年提供无偿现金支持的人数	频数	有效百分比（%）	累计百分比（%）
0	192	75.9	75.9
1	30	11.9	87.8
2	16	6.3	94.1
3	7	2.8	96.8
4	2	0.8	97.6
5	1	0.4	98.0
6	2	0.8	98.8
7	1	0.4	99.2
20	1	0.4	99.6
30	1	0.4	100.0
合计	253	100.0	—

2. 地震灾区居民生活物品支持网规模

分析发现，地震灾区居民的生活物品支持网规模为0.48，标准差为1.115，离散系数为2.32。其中，5.1%的灾区居民生活物品支持网规模为1，7.5%的灾区居民生活物品支持网规模为2。在过去的一年之中，有21.2%的灾区居民获得过他人的生活物品支持。

在2011年的研究中[1]，课题组发现四川农村低保居民的生活物品支持网规模为2.63，标准差为2.68，离散系数为1.02。其中，33.3%的农村低保居民生活物品支持网规模为1，30.0%的农村低保居民生活物品支持网规模为2。在过去的一年之中，有93.3%的农村低保居民获得过他人的生活物品支持。

比较发现，地震灾区居民的生活物品支持网规模大大低于农村低保居民，而且差异性也大于农村低保居民。参见表3。

---

[1] 王卓、曹丽：《四川农村低保居民社会支持网研究》，《社会科学研究》2013年第1期。

表3　地震灾区居民生活物品支持网规模（2012：253）

去年提供无偿生活物品支持的人数	频数	有效百分比（%）	累计百分比（%）
0	202	79.8	79.8
1	13	5.1	85.0
2	19	7.5	92.5
3	11	4.3	96.5
4	3	1.2	98.0
5	4	1.6	99.6
6	1	0.4	100.0
合计	253	100.0	—

3. 地震灾区居民劳务支持网规模

分析发现，地震灾区居民的劳务支持网规模为2.83人，标准差为5.25，离散系数为1.86。其中，11.5%的灾区居民劳务支持网规模为1，41.5%的灾区居民劳务支持网规模为2。在过去的一年之中，有58.5%的灾区居民获得过他人的劳务支持。

在2011年的研究中，课题组发现农村低保居民的劳务支持网规模为1.9，标准差为1.26，离散系数为0.66。其中，43.3%的农村低保居民的劳务支持网规模为1，43.3%的农村低保居民的劳务支持网规模为2。所有的受访农村低保居民都表示在过去一年里获得过他人的劳务支持。

由此可见，灾区居民劳务支持网规模大于农村低保居民，但是未能获得劳务支持的灾区居民比例显著高于农村低保居民。参见表4。

表4　地震灾区居民劳务支持网规模（2012：253）

去年提供劳务支持的人数	频数	有效百分比（%）	累计百分比（%）
0	105	41.5	41.5
1	29	11.5	53.0
2	39	15.4	68.4
3	28	11.1	79.4
4	8	3.2	82.6
5	9	3.6	86.2
6	2	0.8	87.0
7	5	2.0	88.9
8	3	1.2	90.1

续表 4

去年提供劳务支持的人数	频数	有效百分比（%）	累计百分比（%）
9	1	0.4	90.5
10	13	5.1	95.7
11 人及以上	11	4.3	100.0
合计	253	100.0	—

4. 地震灾区居民社交支持网规模

社会交往是个体与他人进行互动和情感交流的一种社会行为，人们通过与他人进行社会交往而获得精神和情感支持。分析发现，地震灾区居民的社交支持网规模为1.83，标准差为4.31，离散系数为2.36。其中，17.8%的灾区居民社交支持网规模为1，11.9%的灾区居民社交支持网规模为2。在过去的一年之中，有50.2%的灾区居民表示获得过社会交往的支持。

在2011年的研究中，课题组发现农村低保居民的社交支持网规模为2.1，标准差为2.99，离散系数为1.42。其中，36.6%的农村低保居民社交网规模为1，16.7%的农村低保居民社交支持网规模为2。在过去的一年之中，有73.3%的农村低保居民表示获得过社会交往支持。

相较于农村低保居民，灾区居民社交支持网规模偏低，而且差异性大。参见表5。

表 5　地震灾区居民社交支持网规模（2012：253）

社交支持网人数	频数	有效百分比（%）	累计百分比（%）
0	126	49.5	49.8
1	45	17.8	67.6
2	30	11.9	79.4
3	22	8.7	88.1
4	8	3.2	97.3
5	3	1.2	92.5
6	1	0.4	92.9
7	2	0.8	93.7
8	2	0.8	94.5
10	9	3.6	98.0
11 人及以上	5	2.0	100.0
合计	253	100.0	—

(二) 地震灾区居民社会支持网关系构成分析

社会支持网关系构成主要是指社会支持网络中支持提供者与接受者之间的具体关系类型，一般使用某一特定关系在总关系中所占百分比来表示。在本研究中，将社会关系的类型分为亲属关系和非亲属关系两大类。亲属关系包含父母、配偶、子女、兄弟姐妹和其他亲戚等五种类型；非亲属关系包括朋友、邻居、同事、村委会/社区干部以及志愿者/社工[①]/大学生等五种类型。

1. 地震灾区居民经济支持网关系构成

分析显示，在地震灾区居民经济支持网关系构成中，亲属关系占94.17%，非亲属关系占5.83%，说明亲属关系在灾区居民经济支持网关系中发挥着十分重要的作用。各关系类型在经济支持网中占比由高到低分别为子女（41.67%）、其他亲戚（20.0%）、配偶（13.33%）、父母（12.5%）、兄弟姐妹（6.67%）、朋友（5.0%）、志愿者/社工/大学生（0.83%）。在非亲属关系中，朋友占比位列第一，村委会/社区干部、邻居、同事并未被灾区居民提及。参见表6。

表6 地震灾区居民经济支持网关系构成（2012：253）

关系类型		该关系被提到的频数	百分比（%）	合计（%）
亲属关系	父母	15	12.50	94.17
	配偶	16	13.33	
	子女	50	41.67	
	兄弟姐妹	8	6.67	
	其他亲戚	24	20.00	
非亲属关系	朋友	6	5.00	5.83
	邻居	0	0.00	
	同事	0	0.00	
	村委会/社区干部	0	0.00	
	志愿者/社工/大学生	1	0.83	
总计		120	100.00	100.00

---

① "5·12"汶川特大地震发生之后，有一定数量的专业社会工作者通过社会组织参与抗震救灾活动。为了行文方便，以下将社会工作者简称为社工。关于社会工作和社会工作者在灾后重建中的作用和影响，参见王卓等：《灾后扶贫与社区治理》，社会科学文献出版社，2014年。

在 2011 年的研究中，课题组发现四川农村低保居民经济支持网中，亲属关系扮演着重要角色，且子女和兄弟姐妹在农村低保居民的经济支持上发挥的作用远远大于父母、配偶和其他亲戚，朋友邻居在其经济支持网中的作用相对较小。

不难发现，子女在灾区居民和农村低保居民的经济支持网中都起到了重要作用。另一个发现是：在灾区居民经济支持网的非亲属关系中出现了"志愿者/社工/大学生"这样一个较为微弱的新生部分。

2. 地震灾区居民生活物品支持网关系构成

分析显示，在地震灾区居民生活物品支持网构成中，亲属关系占比为 90.98%，非亲属关系占比为 9.02%。其中，亲属关系提供的生活物品支持主要来源于子女和兄弟姐妹。在过去一年之中，为灾区居民提供过生活物品支持的所有关系类型占比由高到低依次为子女（44.26%）、兄弟姐妹（27.05%）、其他亲戚（12.29%）、父母（6.56%）、朋友邻居（5.74%）、志愿者/社工/大学生（3.28%）、配偶（0.82%）。参见表 7。

表 7 地震灾区居民生活物品支持网关系构成

关系类型		频 数	百分比（%）	合计（%）
亲属关系	父母	8	6.56	90.98
	配偶	1	0.82	
	子女	54	44.26	
	兄弟姐妹	33	27.05	
	其他亲戚	15	12.29	
非亲属关系	朋友	4	3.28	9.02
	邻居	3	2.46	
	同事	0	0.00	
	村委会/社区干部	0	0.00	
	志愿者/社工/大学生	4	3.28	
总 计		122	100.00	100.00

在 2011 年的研究中，课题组发现四川农村低保居民生活物品支持网的关系构成中，亲属关系和非亲属关系都发挥了重要作用，关系类型由高到低依次为兄弟姐妹（26.2%）、朋友邻居（24.6%）、子女（19.7%）、其他亲戚

(16.4%)、父母(8.2%)、队长①(3.3%)、配偶(1.6%)。

在生活物品支持网的关系构成中,地震灾区居民与农村低保居民的差异较大。在灾区,主要是由亲属提供居民的生活物品支持;而在农村,为低保居民提供生活物品支持的两者兼有。值得关注的是,在灾区居民生活物品支持网的非亲属关系中出现了"志愿者/社工/大学生"这一个新生部分,其占比等同于朋友,高于邻居。

3. 地震灾区居民劳务支持网关系构成

分析显示,地震灾区居民劳务支持网关系构成中,非亲属关系占比为56.99%,亲属关系占比为43%。各关系类型构成由高到低分别为邻居(41.22%)、朋友(14.64%)、其他亲戚(13.06%)、兄弟姐妹(12.39%)、子女(9.00%)、父母(4.50%)、配偶(4.05%)、志愿者/社工/大学生(0.45%)、同事(0.45%)、村委会/社区干部(0.23%)。邻居朋友、其他亲戚和兄弟姐妹在灾区居民劳务支持网中发挥着重要作用。参见表8。

表8 地震灾区居民劳务支持网关系构成

关系类型		频数	百分比(%)	合计(%)
亲属关系	父母	20	4.50	43.00
	配偶	18	4.05	
	子女	40	9.00	
	兄弟姐妹	55	12.39	
	其他亲戚	58	13.06	
非亲属关系	朋友	65	14.64	56.99
	邻居	183	41.22	
	同事	2	0.45	
	村委会/社区干部	1	0.23	
	志愿者/社工/大学生	2	0.45	
总 计		444	99.99	99.99

在2011年的研究中,课题组发现四川农村低保居民劳务支持网关系构成中,邻居朋友(29.6%)、子女(24.1%)、兄弟姐妹(18.5%)在其劳务支

---

① 队长,也就是现在的村民小组长。在农村调查时,很多农民仍然习惯性地将村称为生产大队,将村民小组称为生产队。此处尊重当地习惯,也为简便起见,使用"队长"一词。

持网中发挥着重要作用。

比较发现,灾区居民的劳务支持主要来源于非亲属关系,农村低保居民的劳务支持是混合的。

4. 地震灾区居民社交支持网关系构成

分析显示,地震灾区居民社交支持网中,非亲属关系占比较大,为69.75%,亲属关系占比为30.25%。灾区居民社交支持网中被提及次数最多的三种关系类型依次为朋友(43.00%)、邻居(21.66%)和配偶(12.42%)。参见表9。

表9 地震灾区居民社交支持网关系构成

关系类型		频数	百分比(%)	合计(%)
亲属关系	父母	11	3.50	30.25
	配偶	39	12.42	
	子女	8	2.55	
	兄弟姐妹	12	3.82	
	其他亲戚	25	7.96	
非亲属关系	朋友	135	43.00	69.75
	邻居	68	21.66	
	同事	16	5.09	
	村委会/社区干部	0	0.00	
	志愿者/社工/大学生	0	0.00	
总计		314	100.00	100.00

在2011年的研究中,课题组发现四川农村低保居民社交支持网中占比最大的是朋友邻居,为76.1%;其次是其他亲戚,为10.8%;配偶所占比例最低,为2.2%。[①]

由此可见,灾区居民和农村低保居民的社交支持均主要来源于非亲属关系。

综上可见,子女和其他亲戚是灾区居民经济支持的主要提供者,父母、

---

① 灾区居民与农村低保居民社交支持中配偶所占比例不同,我们认为是研究样本中婚姻状况不同所造成的。灾区居民已婚者的比例(87.0%)远大于农村低保居民的研究样本中已婚者的比例(36.7%)。已婚的居民能获得来自配偶的陪伴、情感上的支持,而未婚等状态的居民则无法获得来自配偶的支持。

兄弟姐妹和配偶在经济支持方面的作用较小；子女和兄弟姐妹在灾区居民生活物品支持网中所起的作用较大；邻居朋友在灾区居民劳务支持和社交支持方面发挥着重要作用。

而在农村低保居民的社会支持网关系构成中，课题组的结论是：子女和兄弟姐妹是农村低保居民经济支持的主要提供者，父母和配偶在经济支持方面的作用较小；兄弟姐妹、朋友邻居在农村低保居民生活物品支持网中的作用较大。朋友邻居在农村低保居民劳务支持和社交支持方面充当着主要角色。[①]

除此之外，广受社会各界关注的参与汶川地震灾后重建的"志愿者/社工/大学生"的作用微弱呈现在灾区居民的生活物品支持、经济支持和劳务支持中。

（三）地震灾区居民社会支持网关系强度分析

社会支持网关系强度是指支持提供者与接受支持者的关系亲密程度。本研究采用美国社会学家格拉诺维特提出的互动频率、情感密度、熟识或相互信任程度、互惠交换程度4个指标来测量个体之间关系强度，操作主要采用李克特五级量表法进行测量和赋值处理。[②] 将4个指标的得分情况进行加总后，再除以该关系被提及的频数，即可得到该关系类型强弱的得分。分值越高，关系越强；分值越低，关系越弱。

分析发现，灾区居民社会支持网由强到弱的关系强度[③]依次为配偶（19.25）、父母（18.04）、兄弟姐妹（17.94）、子女（16.94）、朋友（16.57）、其他亲戚（16.5）、邻居（15.72）、同事（12.44）。

农村低保居民社会支持网的关系强度依次为配偶（20）、父母（18.99）、子女（17.61）、兄弟姐妹（15.72）、朋友邻居（13.77）、其他亲戚（12.82）。

---

① 王卓、曹丽：《四川农村低保居民社会支持网研究》，《社会科学研究》2013年第1期。

② 在互动频率上，采用"经常联系、偶尔联系、一般、很少联系、基本不联系"进行测量；在情感密度上则采用"非常亲密、亲密、一般、不亲密、很不亲密"进行测量；在信任程度上采用"非常信任、信任、一般、不信任、很不信任"进行测量；在互惠交换程度上，采用"经常为支持者提供力所能及的帮助、偶尔为其提供帮助、一般、较少为其提供帮助、从未为其提供帮助"进行测量。在进行问卷分析时，分别对五级量表进行赋值，经常联系为5分，偶尔联系为4分，一般为3分，很少联系为2分，从不联系为1分。情感密度、信任程度、互惠交换程度的分析，也是采用同样的方式赋值。

③ 村委会/社区干部、志愿者/社工/大学生这两类关系类型由于频数较少（分别为4次、7次），为了不影响总的分析结果，在分析关系强度时予以剔除。

比较发现：在灾区居民社会关系中，兄弟姐妹的关系强度超过子女；而在农村低保居民社会关系中，子女关系强度超过兄弟姐妹。

（四）地震灾区居民个体特征与社会支持网的关系

为了进一步分析灾区居民个体特征对其社会支持网规模的影响，课题组分别将性别、婚姻状况、居住地与灾区居民社会支持网总规模进行均值比较、双变量相关性分析和方差分析。结果显示：

（1）性别对灾区居民社会支持网总规模的影响不显著。灾区女性居民社会支持网规模为 5.74，男性为 5.86。性别与社会支持网规模的方差分析结果显示，F 值为 0.015，P 值为 0.902（大于 0.05），即灾区居民性别对社会支持网总规模的影响不显著。

（2）婚姻状况对灾区居民社会支持网总规模的影响不显著。灾区未婚居民的社会支持网规模为 8.05，灾区已婚居民的社会支持网规模为 5.69，灾区离异居民的社会支持网规模为 8.25，灾区丧偶居民的社会支持网规模为 2.66。方差分析结果显示，F 值为 0.98，P 值为 0.417（大于 0.05），即婚姻状况对灾区居民社会支持网总规模没有显著影响。

（3）居住地对灾区居民社会支持网总规模的影响不显著。居住在农村的灾区居民社会支持网规模为 5.67，居住在乡镇的灾区居民社会支持网规模为 6.76，而居住在城市的灾区居民社会支持网规模为 2.25。方差分析结果显示，F 值为 1.413，P 值为 0.245（大于 0.05），即不同居住地对于灾区居民社会支持网总规模没有显著影响。

四、结论与讨论

（一）汶川地震灾区居民社会支持网的主要特征

地震灾区居民社会支持网规模为 5.79。模型表达如下：

灾区居民社会支持网（5.79）= 经济支持网（0.65）+ 生活物品支持网（0.48）+ 劳务支持网（2.83）+ 社交支持网（1.83）

在经济支持和生活物品支持方面，亲属关系发挥着重要的作用。子女、其他亲戚、兄弟姐妹是经济支持网和生活物品支持网的主要构成部分。在劳务支持和社交支持方面，非亲属关系类型则扮演着重要角色，朋友、邻居为灾区居民所提供的劳务支持和社交支持较为突出。灾区居民社会支持网的主要特征表现如下：

（1）灾区居民获得的经济支持和生活物品支持很弱。灾区居民的经济支持网和生活物品支持网不仅规模非常小、主要来自亲属，而且75.9%的灾区居民在过去一年里没有获得过他人的经济支持，78.8%的灾区居民在过去一年里没有获得过他人的生活物品支持。灾区居民经济和生活物品支持功能弱化，造成灾区居民，尤其是生计无靠的中老年居民和无伴侣的居民生活艰难。

（2）灾区居民获得的劳务支持很少。尽管灾区居民的劳务支持稍微高于其他三个子网，但是深入分析发现：41.5%的灾区居民在过去一年里没有得到过任何人的帮忙，38%的灾区居民在过去一年里仅得到过1~3个人的帮忙，这些帮忙主要来自邻居朋友。灾后重建需要守望相助，然而目前灾区居民相互之间的劳务支持很少，这对于灾后社会（区）建设是一个现实困难。

（3）灾区居民获得的社交支持不稳定。近一半的灾区居民在过去一年里获得的社会支持为零。通过深度访谈发现，原址重建对灾区居民原有社会关系网络损坏相对较小，社会支持网恢复较快。异地重建对灾区居民社会关系网损坏较大，稳定性差。灾后社区居民原有社会关系修复和新的社会关系的建立还有待时日。

（二）汶川地震影响了灾区居民的社会关系网络

在2011年的研究中，课题组发现农村低保居民社会支持网规模为8.63。模型表达如下：

农村低保居民社会支持网（8.63）=经济支持网（2.0）+生活物品支持网（2.63）+劳务支持网（1.9）+社交支持网（2.1）

总体上，农村低保居民社会支持网规模大于灾区居民，说明灾区居民从社会关系网络中可获得的资源少于农村低保居民。从结构上看，灾区居民经济支持网、生活物品支持网、社交支持网规模均小于农村低保居民同类支持网，只有其劳务支持网规模略大于农村低保居民。

课题组前期研究认为：农村低保居民社会支持网规模较小，与该群体在社会分层和社会结构中长期处于弱势地位有关。从一般意义上讲，农村低保居民的社会支持网规模显著小于社会平均水平。如果没有遭遇汶川地震及其所带来的系列影响，这些地区居民的社会支持网规模应接近社会平均水平。因此，本研究认为灾区居民社会支持网规模小于农村低保居民社会支持网规模，主要归因于汶川地震带来的影响。这种影响损坏了灾区居民的社会支持体系，总体上缩减了灾区居民社会支持网的规模，解构了灾区居民社会支持网的关系构成及强度。到目前为止，灾区居民社会支持体系尚未复原。

（1）汶川地震扩大了灾区贫困面。灾区居民的家庭财产不论贫富贵贱均在地震中受到重创，灾区 2516 个贫困村的贫困发生率由灾前的 11.68% 上升到 34.88%。① 灾区居民在灾后重建过程中进一步花掉积蓄，甚至到处举债（包括向私人和银行借钱），很多家庭到现在都尚未还清债务，既不好再向别人借钱，也没有余钱援助他人。灾区居民经济上相互支持很少，规模不及农村低保居民。

（2）灾后集中重建新社区的方式解构了乡村互助传统。农村低保居民所处传统农村社区相对地保存着良好的乡村互助传统，尽管市场经济对其有些冲击，但是对于弱势的低保居民，社会往往能给予较多生活物品上的支持。灾后重建社区居民被破坏的地缘关系尚未完全恢复，搬迁后集中居住的楼上楼下、大门紧闭的生活方式使邻里关系变得十分冷漠和疏离，新的地缘关系没有建立，普遍的生活窘境使互助传统无法继续。加上灾后重建中后期来自社会各界的捐助减少，由此，灾区居民生活物品支持来源也很少，规模不及农村低保居民。

（3）汶川地震带来的人员身心伤害成为灾区居民社会交往的障碍。客观上，地震造成的大量人员伤亡直接减少了个体社交支持网中人员的数量，尤其是那些失去亲人和熟人的灾区居民。主观上，在经历重大创伤和短期应激反应之后，灾区居民变得沉默，不愿意主动和他人交往，尤其是那些居住在新社区的彼此都是"生人"的群体和那部分在地震后身体变为残疾的群体，社会交往更是遇到障碍，社区归属感不足。因灾致残者与农村低保居民在社会交往上受到的社会排斥有相似之处。② 灾后搬迁到新建社区的居民与移民在社会交往上受到的社会排斥也是相似的。

"地震时我正在工厂上班，地震后我被埋在了水泥板下面一天一夜。我的丈夫一直在旁边鼓励我，说会找人来救我。因此，我也始终坚信我能从下面出来。可惜，我的双腿高位截肢了。我平时是个乐观的人，突然面对自己变成残疾，我还是花了很长一段时间适应。在地震以前，周末我总会约我的好姐妹出去唱歌、打麻将。现在我还是会约，可是次数比以前少了很多，一般都是别人约我我才会去。我行动不便，不想成为她们的负担。人总是要接受现实的，虽然我知道我的朋友不会嫌我，但是自己还是要为她们多考虑。所以我认为地震后我的交往圈子小了很多。像我还是比较乐观的人了，我们小区有一个十多岁的小女孩，情况就不好，她也是地震的时候腿被弄断了，康

---

① 王卓、黄钰：《灾后社区扶贫模式研究》，《农村经济》2013 年第 1 期。
② 王卓、曹丽：《四川农村低保居民社会支持网研究》，《社会科学研究》2013 年第 1 期。

复的时候又没有恢复好,所以走路很难看。她自己接受不了,总是在家里不出来。"①

(4) 汶川地震灾区居民社会支持网关系构成中出现新元素。这个新元素是"志愿者/社工/大学生"。灾区居民的社会支持网构成除了传统的以子女、兄弟姐妹、父母等为主的亲属关系和以朋友、邻居等为主的非亲属关系外,"志愿者/社工/大学生"在灾区居民社会支持网中呈现出来,这一新元素主要是随抗震救灾与灾后重建中的社会组织进入灾区,它可能会加速灾区社会转型。

(三) 修复灾区居民社会支持网的政策建议

首先,政府在灾后重建硬件建设任务完成之后,应加大力度发展灾区经济,确保灾区居民生计安全。一是政府应加大灾后重建的财政资金支持力度,尽量将生活困难的灾区居民纳入最低生活保障体系,确保其温饱。二是以需求为导向,建立灾后职业技能培训体系,让灾区居民尤其是因灾致残致贫者免费接受技能培训从而增加自谋生计的机会。三是政府应积极筹措资金和改善投资环境,引入有利于灾区居民生计的项目,鼓励灾区居民通过多种方式互助合作,发展生产,增加收入。

其次,政府和社会组织应合力推进灾后社区建设,修复居民社会关系。一是政府应加大财政购买社会组织专业服务的力度,以设置或者购买岗位的方式鼓励引导社工在灾区开展专业社会服务,消除灾区居民的疏离和隔阂,恢复和重建家庭关系、邻里关系、社区关系等。二是创新社区治理。一方面,发掘和组织社区精英,培养当地的社会工作人员;另一方面,培育居民自治意识,提高社区自我治理能力,强化灾区居民的社区参与意识和能力,增强灾区居民对社区的归属感,重建灾区居民社会支持网络。

---

① 资料来源于2012年6月13日课题组在绵竹市汉旺镇对受灾居民刘女士的深度访谈。

四川乡镇贫困群体的社会支持网研究[*]

一、研究背景和文献回顾

时有发生的群体性事件甚至社会冲突与贫困人群生计无着或者缺乏社会支持多少有些关联。政府为低保人群提供法定性质的最低生活保障等社会福利，一定程度上可以保障该群体的基本生存；基于非正式关系的社会支持网络是该群体获得其他支持的重要来源，它可以弥补政府制度性支持的不足。

长期以来，国家为了改善和缓解贫困群体的贫困状况，采取了多种形式的扶贫方式。无论是救济式扶贫还是开发式扶贫，都注重提高贫困群体的收入，而忽略对贫困群体的社会支持。社会支持网是满足困难群体物质需求与精神需求的重要社会资源，研究贫困群体社会支持网将为反贫困提供新的视角。在社会支持网的帮助下，人们能更好地缓解和处理在生活中遭受的压力和危机。良好的社会支持网能促进人们身心健康，增加生活福祉。

关于社会支持网的研究最早源于 20 世纪二三十年代西方学者在心理学、人类学领域的研究。拉德克利夫-布朗首次提出了社会网络的概念，巴恩斯则将"社会网络"的概念用于挪威渔村阶级体系的分析。多年来，社会网络分析已经积累了格拉诺维特（Granovetter）的关系强度理论、林南的社会资源理论、伯特（Burt）的结构洞理论以及詹姆斯·科尔曼（James Coleman）等人的社会资本理论等。随着对社会网络研究的深入，由社会支持构建出的关系网络成为研究者关注的重点，它在解决社会问题的实践中不断规范与完善，成为解决个体或家庭生存与发展困境时不可缺少的研究领域。

---

[*] 原刊载于《农村经济》2016 年第 4 期，此次整理有修订。基金项目：四川省哲学社会科学规划研究重大招标项目"四川贫困县新农村建设研究"（项目编号：SC15ZD06）和国家民委重点项目"西部地区贫困代际传递及其治理研究"（项目编号：2015-GM-002）的阶段性研究成果。

20世纪80年代以后,以社会支持网络的视角分析弱势群体以及贫困群体开始引起国内学者的关注。[①] 社会支持网研究成果丰富,已有研究表明:贫困群体从个体社会支持网络中获得的资源能够有效支撑其基本生活,它们与社会保障制度一起构筑成社会安全网。社会支持网在满足困难群体物质与精神需求方面发挥重要作用。但是既有研究也存在着四个非常明显的局限:第一,尚未形成关于社会支持网的统一定义与测量工具,社会支持网规模的研究成果没有可比性。第二,现有研究通常将城镇作为一个研究总体,未对城市与乡镇进行严格区分。显而易见的是,乡镇既带有乡村特点,也带有城市特征,同时还是一个相对独立于乡村和城市的社区,研究时应该有所区别。第三,关于社会支持网的研究多集中针对城市或农村的特定群体,如老人、农民工、学生、妇女、穷人,对低保人群关注较少。第四,对于贫困群体的界定是一个需要深入讨论的问题,笼而统之的"穷人"或贫困地区概念已经引发了"扶贫精准性"命题。精准扶贫的首要前提是确定需要扶持的对象,低保人群无疑是比较容易识别的相对确定的贫困群体。

二、分析框架和研究假设

本研究是课题组继2011年在四川农村开展贫困群体社会支持网研究后的持续性研究,概念界定、研究方法、研究问卷、分析工具与四川农村贫困群体社会支持网研究保持一致。在控制信度的前提下,以社会支持网络为分析视角,以乡镇贫困群体为研究对象,在文献研究基础上实地调查四川部分乡镇贫困群体的生活现状,然后通过问卷调查,结合个案的深度访谈,分析乡镇贫困群体的社会支持网规模、构成和关系强度等,并比较研究乡镇贫困群体和农村贫困群体社会支持网的共性与差异性。

本研究将社会支持网分为经济支持网、生活物品支持网、劳务支持网、社会交往支持网四个子支持网,主要研究内容和研究假设如下:

---

① 张文宏、阮丹青:《城乡居民的社会支持网》,《社会学研究》1999年第3期;洪小良、尹志刚:《北京城市贫困家庭的社会支持网》,《北京社会科学》2006年第6期;韦璞:《贫困地区农村老年人社会支持网初探》,《人口与发展》2010年第2期;贺寨平、曹丽莉、张凯:《城市贫困人口的社会支持网研究》,中国社会出版社,2011年;王卓、曹丽:《四川农村低保居民社会支持网研究》,《社会科学研究》2013年第1期;王卓、莫丽平、曹丽:《汶川地震灾区居民社会支持网——基于农村低保居民社会支持网的比较分析》,《四川大学学报(哲学社会科学版)》2014年第5期。

（一）乡镇贫困群体社会支持网规模分析及其与农村贫困群体社会支持网的比较

个体拥有的社会支持者的数量称为社会支持网的规模。受到个人与社会关系的影响，个体的社会支持网规模存在一定的差异性。社会支持网规模越大，支持者越多，个体越能更好地处理生活与工作事件。本研究在问卷调查基础上定量分析乡镇贫困群体的社会支持网总规模，并与农村贫困群体社会支持网进行比较。由此提出研究假设1：乡镇贫困群体的社会支持网规模小于农村贫困群体的社会支持网规模。

（二）乡镇贫困群体社会支持网关系构成

社会支持网关系构成是指社会关系网中的个体与为其提供帮助的人之间的关系。主要分析何种关系类型提供何种帮助，何种类型的关系在社会支持网中发挥重要作用等问题。本研究将关系类型分为亲属与非亲属两大关系类型：亲属主要是父母、配偶、子女、兄弟姐妹、其他亲戚；非亲属主要是朋友、邻居等。由此提出研究假设2：乡镇贫困群体获得的经济支持、生活物品支持和社会交往支持主要来自强关系，弱关系提供的支持主要是劳务支持。

（三）乡镇贫困群体社会支持网关系强度

社会支持网关系强度是指被支持者与支持提供者的关系亲密度。本研究采用格拉诺维特确定的互动频率、情感密度、信任程度、互惠程度四个指标分析乡镇贫困群体的社会支持网关系强度。由此提出研究假设3：强关系在乡镇贫困群体的社会支持网中发挥主要作用。

（四）乡镇贫困群体个人特征与社会支持网的关系研究

社会支持网潜在的理论假设是社会支持网络的规模越大，人们越有可能从中获取较多的资源，因此社会支持网的规模研究尤其重要。在以上研究内容的基础上，本研究进一步分析个体年龄、性别、婚姻状况、居住方式等变量对社会支持网规模的影响。由此提出研究假设4：婚姻状态显著影响乡镇贫困群体社会支持网规模。

三、数据来源

本研究选取四川南部某国家级贫困县（以下简称L县）的李家镇为田野调查点，对该镇贫困群体的社会支持网进行典型性分析和研究。李家镇是集该镇政治、经济、文化于一体的典型的传统小城镇。李家镇于2001年开始实施城市居民最低生活保障制度。镇政府根据居民家庭人均收入情况判定该家庭是否属于低保范围，然后将该家庭中的弱势成员确定为低保对象。李家镇的最低生活保障金发放幅度为每人每月 100 元到 300 元不等。李家镇共有低保对象 50 人（2014 年），其中男性 26 人，女性 24 人。本研究对李家镇所有低保对象进行了结构式问卷面访调查，同时选择 6 个典型个案进行了深度访谈。样本的人口学特征参见表 1。

表 1　样本的人口学特征

项　目	类　别	频　数	有效百分比（%）
性别	男	26	52
	女	24	48
年龄	31~40 岁	2	4
	41~50 岁	17	34
	51~60 岁	13	26
	61~70 岁	14	28
	71 岁及以上	4	8
婚姻状况	未婚	3	6
	已婚	32	64
	离异	8	16
	丧偶	7	14
教育情况	文盲或基本不识字	18	36
	小学	18	36
	初中	12	24
	高中	2	4
	职高、技校、中专	0	0
	大专	0	0
本地居住时间	10 年及以上	25	50
	11~20 年	7	14
	21~30 年	10	20
	31~40 年	2	4
	41~50 年	2	4
	51~60 年	2	4
	61 年及以上	2	4

续表1

项　　目	类　　别	频　　数	有效百分比（%）
职业类别	工人	16	32
	个体经营	4	8
	退休	2	4
	下岗	3	6
	无业	13	26
	其他	12	24
自述吃穿状态	不愁吃穿	11	22
	偶尔发愁	28	56
	经常发愁	11	22
自述身体状况	非常差	1	2
	很差	10	20
	一般	27	54
	很好	11	22
	非常好	1	2

四、主要研究结果

（一）乡镇贫困群体社会支持网规模分析

研究发现：乡镇贫困群体的社会支持网规模均值为 4.48，最小值为 0，最大值为 10，标准差为 2.78。乡镇贫困群体社会支持网规模很小，且差异比较大，12% 的受访者无社会支持，50% 的受访者其社会支持网规模小于 4（参见表2）。

表2　乡镇贫困群体社会支持网规模

支持人数①	频　　数	有效百分比（%）	累计百分比（%）
0	6	12.0	12.0
1	1	2.0	14.0

---

① 支持人数＝经济支持网人数＋生活物品支持网人数＋劳务支持网人数＋社交支持网人数（陪伴支持网人数以及情感支持网人数）。

续表2

支持人数	频 数	有效百分比（%）	累计百分比（%）
2	5	10.0	24.0
3	8	16.0	40.0
4	5	10.0	50.0
5	8	16.0	66.0
6	5	10.0	76.0
7	4	8.0	84.0
8	3	6.0	96.0
9	3	6.0	96.0
10	2	4.0	100.0
总　计	50	100.0	—
均值：4.48	最小值：0	最大值：10	标准差：2.78

乡镇贫困群体社会支持网平均规模偏低。支持网中经济支持、生活物品支持、劳务支持、社交支持都十分薄弱。分析各子网的结果如下：

（1）经济支持网规模为1.12。乡镇贫困群体的经济支持网规模是指乡镇贫困群体获得来自他人的无偿货币支持的人数。研究发现：乡镇贫困群体经济支持网规模平均为1.12，最小值为0，最大值为4，标准差为1.154，40.0%的受访者没有获得来自他人的无偿货币支持（参见表3）。

表3　乡镇贫困群体经济支持网规模

支持人数	频 数	有效百分比（%）	累计百分比（%）
0	20	40.0	40.0
1	13	26.0	66.0
2	9	18.0	84.0
3	7	14.0	98.0
4	1	2.0	100.0
总　计	50	100.0	—
均值：1.12	最小值：0	最大值：4	标准差：1.154

（2）乡镇贫困群体生活物品支持网规模为0.6。乡镇贫困群体生活物品支持网规模是指乡镇贫困群体获得来自他人提供的生活用品以及家具或是其他实物帮助的人数。研究发现：乡镇贫困群体的生活物品支持网均值为0.60，

最小值为0,最大值为3,标准差为0.926,64.0%的受访者无来自他人的生活物品支持(参见表4)。

表4 乡镇贫困群体生活物品支持网规模

支持人数	频　数	有效百分比(%)	累计百分比(%)
0	32	64.0	64.0
1	9	18.0	82.0
2	6	12.0	94.0
3	3	6.0	100.0
总　计	50	100.0	—
均值:0.60	最小值:0	最大值:3	标准差:0.926

(3)乡镇贫困群体劳务支持网规模为0.94。乡镇贫困群体劳务支持网规模是指乡镇贫困群体获得来自他人劳务支持的人数。研究发现:乡镇贫困群体劳务支持网的均值为0.94,最小值为0,最大值为3,标准差为0.89,38%的受访者没有获得过来自他人的劳务支持(参见表5)。

表5 乡镇贫困群体劳务支持网规模

支持人数	频　数	有效百分比(%)	累计百分比(%)
0	19	38.0	38.0
1	17	34.0	72.0
2	12	24.0	96.0
3	2	4.0	100.0
总　计	50	100.0	—
均值:0.94	最小值:0	最大值:3	标准差:0.89

(4)乡镇贫困群体社交支持网规模为1.82。乡镇贫困群体社交支持网规模是指与乡镇贫困群体进行日常社会交往的人数。研究发现:乡镇贫困群体社交支持网平均规模为1.82,最小值为0,最大值为5,标准差为1.28。20%的受访者无社会交往(参见表6)。

表6 乡镇贫困群体社交支持网规模

支持人数	频　数	有效百分比(%)	累计百分比(%)
0	10	20.0	20.0
1	9	18.0	38.0

续表6

支持人数	频 数	有效百分比（%）	累计百分比（%）
2	17	34.0	72.0
3	9	18.0	90.0
4	4	8.0	98.0
5	1	2.0	100.0
合　计	50	100.0	—
均值：1.82	最小值：0	最大值：5	标准差：1.28

（二）乡镇贫困群体社会支持网关系构成分析

研究发现：乡镇贫困群体的社会关系构成主要来自亲属关系，占比为71.5%；非亲属关系的贡献比较小，占比为28.5%。参见表7。

表7　乡镇贫困群体社会支持网关系构成

关系类型		频　数	有效百分比（%）	合计（%）
亲属	父母	13	5.8	71.5
	配偶	25	11.1	
	子女	102	45.3	
	兄弟姐妹	17	7.5	
	其他亲戚	4	1.8	
非亲属	朋友	31	13.8	28.5
	邻居	33	14.7	
总　计		225	100.0	100.0

乡镇贫困群体的亲属关系中，父母被提及的频数为13，占比为5.8%；配偶被提及的频数为25，占比为11.1%；子女被提及的频数为102，占比为45.3%；兄弟姐妹被提及的频数为17，占比为7.5%；其他亲戚被提及的频数为4，占比为1.8%。由此可见，子女在为乡镇贫困群体提供支持方面发挥了重要作用。

非亲属关系中，朋友被提及的频数为31，占比为13.8%；邻居被提及的频数为33，占比为14.7%。

进一步分析贫困群体各子网的关系构成发现：

（1）乡镇贫困群体的经济支持主要来自子女、父母以及兄弟姐妹。在贫困群体的经济支持网中，子女被提及的频数为49，占比为86%；去年一年提供的无偿货币支持为 50500 元，占比为 67.9%。父母被提及的频数为 3，占比为 5.3%；去年一年提供的无偿货币支持为 17000 元，占比为 22.9%。兄弟姐妹被提及的频数为 3，占比为 5.3%；去年一年提供的无偿货币支持 1700 元，占比为 2.2%。由此可见，为乡镇贫困群体提供经济支持的主要是子女，其次是父母，再次是兄弟姐妹。配偶、其他亲戚、朋友邻居很少为乡镇贫困群体提供经济支持。

（2）乡镇贫困群体的生活物品支持主要来自子女。在乡镇贫困群体生活物品支持网中，父母被提及的频数为 5，子女被提及的频数为 23，兄弟姐妹被提及的频数为 2。由此可见，亲属关系中的子女在乡镇贫困群体生活物品支持网中的贡献占比为 76.7%。

（3）乡镇贫困群体的劳务支持主要来自朋友邻居。在乡镇贫困群体劳务支持中，父母被提及 2 次，配偶被提及 3 次，子女被提及 8 次，兄弟姐妹被提及 6 次，朋友被提及 13 次，邻居被提及 15 次。亲属关系在乡镇贫困群体的劳务支持中占比为 40.5%，朋友邻居等非亲属关系占比为 59.5%。由此可见，在乡镇贫困群体的劳务支持构成中，非亲属关系发挥了较大作用。

（4）乡镇贫困群体的社会交往支持主要来自子女和配偶。在乡镇贫困群体社交支持网中，父母被提及 3 次，子女被提及 22 次，配偶被提及 21 次，兄弟姐妹被提及 6 次，其他亲戚被提及 3 次，朋友与邻居被提及 18 次。亲属关系在乡镇贫困群体的社会交往支持中占比为 60.4%，非亲属关系占比为 39.6%。亲属关系中的子女和配偶在贫困群体的社会交往支持中贡献较大，占比为 43.7%。

上述分析表明，本文的研究假设 2 成立。

（三）乡镇贫困群体社会支持网关系强度分析

本研究将关系强度划分为互动频率、信任程度、亲密程度、互惠程度四个维度，并用五点法测量。互动频率定义为乡镇贫困群体与资源提供者之间通过面对面、电话等方式交流的频率。① 信任程度定义为乡镇贫困群体是否愿意相信资源提供者。② 亲密程度定义为乡镇贫困群体与资源提供者关系亲近程度。③ 互惠程度定义为乡镇贫困群体与资源提供者互相帮忙的状况。④ 首先分别计算乡镇贫困群体社会支持网四个子网的关系强度，然后加总得到乡镇贫

---

① 互动频率由经常交流到基本上不交流，依次赋值 5 分到 1 分。
② 信任程度由很信任到很不信任，依次赋值 5 分到 1 分。
③ 亲密程度由很亲密到很生疏，依次赋值 5 分到 1 分。
④ 互惠程度由经常相互帮忙到基本上相互不帮忙，依次赋值 5 分到 1 分。

困群体社会支持网关系强度（参见表8）。

表8　乡镇贫困群体社会支持网关系强度

关系强度 \ 关系类型	父母	配偶	子女	兄弟姐妹	其他亲戚	朋友	邻居
互动频率	12.13	10.57	12.53	13.66	6.66	6.61	7.49
信任程度	11.26	10.61	12.77	14.49	6.33	6.05	6.53
亲密程度	11.96	9.85	12.93	13.16	6.33	6.45	6.33
互惠程度	8.40	9.28	11.25	12.49	6.33	6.05	5.76
总　计	43.75	40.31	49.48	53.80	25.65	25.16	26.11
均　值	10.93	10.07	12.37	13.45	6.41	6.29	6.52

分析发现：乡镇贫困群体与不同关系类型的关系强度由高到低排序为兄弟姐妹、子女、父母、配偶、邻居、其他亲戚、朋友。这表明本文的研究假设3成立。

（四）个人特征与社会支持网的关系分析

(1) 性别对乡镇贫困群体的社会支持网规模无显著影响。研究发现：乡镇男性贫困群体的社会支持网规模均值为3.76，乡镇女性贫困群体的社会支持网规模均值为5.25。F检验显示，均值差异的显著性为0.06（大于0.05），表明性别对社会支持网规模的影响不显著。

(2) 居住时间对乡镇贫困群体的社会支持网规模无显著影响。通常在一个地方居住时间越长，越可能与其他人建立关系，获得社会支持。研究发现：居住时间在10年以下的乡镇贫困群体社会支持网规模均值为3.68，居住时间在11~20年的乡镇贫困群体社会支持网规模均值为5.85，居住时间在21~30年的乡镇贫困群体社会支持网规模均值为5.40，居住时间在31~40年的乡镇贫困群体社会支持网规模均值为5，居住时间在41~50年的乡镇贫困群体社会支持网规模均值为4，居住时间在51~60年的乡镇贫困群体社会支持网规模均值为5，居住时间在61年及以上的乡镇贫困群体社会支持网规模均值为4.5。F检验显示，均值差异的显著性为0.557（大于0.05），表明居住时间对社会支持网规模无显著影响。

(3) 婚姻状况显著影响乡镇贫困群体的社会支持网规模。研究发现：乡镇未婚贫困群体的社会支持网规模均值为2.66，乡镇离异贫困群体的社会支持网规模均值为2.25，乡镇丧偶贫困群体的社会支持网规模均值为4.85，乡镇已婚贫困群体的社会支持网规模均值为5.12。F检验显示，均值差异的显著性为0.036（小于0.05），表明不同的婚姻状况对乡镇贫困群体的社会支持网规模有显著影响。乡镇已婚贫困群体的社会支持网规模大于未婚、离异以及丧偶贫困群体的社会支持网规模。婚姻能够显著地拓展乡镇贫困群体的社会支持网络。这表明本文的研究假设4成立。

（五）基于农村贫困群体社会支持网的比较分析

（1）乡镇贫困群体的社会支持网规模显著小于农村贫困群体的社会支持网规模。乡镇贫困群体的社会支持网规模均值为4.48，农村贫困群体的社会支持网规模均值为8.63，各子网也呈现出乡镇贫困群体的社会支持弱于农村贫困群体的社会支持的格局。进一步的方差分析和均值检验发现：乡镇贫困群体社会支持网规模显著小于农村贫困群体的社会支持网规模（$T=37.523$，$P=0.001<0.05$）。四个子网中，除了社交支持网的均值差异性不显著外，乡镇贫困群体的经济支持网、生活物品支持网和劳务支持网均显著小于农村贫困群体。参见表9。这表明本文的研究假设4成立，也就是说，不同社区类型对贫困群体的社会支持网规模有显著影响。

表9 乡镇贫困群体与农村贫困群体社会支持网规模对比表

	乡镇贫困群体社会支持网	农村贫困群体社会支持网
经济支持网	1.12	2.00
生活物品支持网	0.60	2.63
劳务支持网	0.94	1.90
社交支持网	1.82	2.10
社会支持网平均规模	4.48	8.63

（2）农村和乡镇贫困群体的社会支持网关系构成以亲属关系中的血亲为主。农村贫困群体的经济支持和生活物品支持主要来自亲属关系中的子女和兄弟姐妹，劳务支持和社交支持主要来自非亲属关系的朋友邻居。而乡镇贫困群体的经济支持、生活物品支持和社会交往支持主要来自亲属关系中的子女和配偶，劳务支持主要来自非亲属关系的朋友邻居。由此可见，农村和乡镇贫困群体的社会支持网关系构成中，子女和兄弟姐妹发挥的作用较大。

（3）农村和乡镇贫困群体社会支持中强关系的作用胜过弱关系。农村贫困群体与不同关系类型的关系强度由高到低排序为配偶、父母、子女、兄弟姐妹、朋友、邻居、其他亲戚。乡镇贫困群体与不同关系类型的关系强度由高到低排序为兄弟姐妹、子女、父母、配偶、邻居、其他亲戚、朋友。分析可见，两类社区的贫困群体与亲属关系的关系强度胜过其他关系的关系强度。换言之，农村和乡镇的贫困群体在获得社会支持的过程中，强关系的作用胜过弱关系。

（4）婚姻状态对农村和乡镇贫困群体的社会支持网都有显著影响。就个人特征对社会支持网的影响来看，本研究与王卓[①]关于农村贫困群体社会支持网的研究有同样结论，婚姻状态对农村和乡镇贫困群体的社会支持网规模均有显著影响，已婚者的社会支持网规模显著大于未婚、离异、丧偶以及独居者。由此可见，联姻是拓展贫困群体个体社会支持网络的重要因素。

五、结论和讨论

（一）乡镇贫困群体获得的社会支持很弱

在中国社会转型进程中，乡镇无疑是一种非常重要的社区类型，它不同于农村，却与农村有着千丝万缕的联系；它不同于城市，却离城市仅有"一步之遥"。在城市和农村之间，乡镇犹如具有神秘功能的"转圜机"，紧紧地扣住传统和现代的两端，使中国社会不至于因城乡差距而断裂。与此同时，乡村的传统性和城市的现代性又挤压着乡镇的社会关系和社会结构，致使乡镇贫困群体社会支持网十分弱小，平均获得社会支持的人数为4.48，12%的贫困群体无任何社会支持，处于与社会隔离的状态。

（二）强关系在乡镇贫困群体的社会支持中发挥着重要作用

从一定意义上讲，由经济支持到生活物品支持，再到劳务支持直至社会交往支持，呈现了社会关系网中不同层次的资源属性。本研究发现了乡镇贫困群体在其社会关系构成中所获得的资源主要是来自强关系中的血亲所提供的微弱的经济支持、生活物品支持和社交支持。除此之外，乡镇贫困群体几乎不能获得任何其他的社会资源。强关系在乡镇贫困群体的社会支持网中发挥主要作用。婚姻状态显著影响乡镇贫困群体社会支持网规模。

（三）乡镇贫困群体的社会支持网规模显著小于农村贫困群体的社会支持网

在剧烈的社会经济变革中，乡镇居民的生产生活方式日趋多样，人口流动性加速乡镇成为一个半生半熟的社区，社区的异质性显著增加，共同的集体意识日益瓦解，互助和救助的习俗逐渐消失，乡镇贫困群体从中获得社会支持的可能性降低。比较而言，农村居民有大体相同的生产生活方式、行为

---

① 王卓、曹丽：《四川农村低保居民社会支持网研究》，《社会科学研究》2013年第1期。

规范和价值观，社区有较高的同质性、认同感和归属感，加上传统农业劳动的普适性技能等因素使农村社区尚残存互助的集体意识。这种共同的集体意识有助于农村贫困群体从中获得相应的社会支持。

（四）乡镇和农村贫困群体难以通过社会交换建立社会关系

社会交换理论认为人类的一切社会活动可以归结为一种交换，人们通过交换获得彼此需要的东西，在社会交换中缔结形成社会关系。在社会交换的结构中，社会吸引是首要要素。无论是乡镇贫困群体还是农村贫困群体，他们在财富、权力和声望几个方面都不足以对他人产生社会吸引，很难通过社会交换获得自己期望的东西并建立社会关系。

弱小的社会支持体系严重制约乡镇和农村两类社区的贫困群体从既有的社会支持网中获取资源。以农村和乡镇贫困群体为扶贫对象是提高扶贫精准性的前提，通过倡导公益文化、强化社区建设、提高政府社会服务（包括社区扶贫）购买力以及持续推进专业的社会工作，可以由外而内地改善贫困群体的社会关系构成，将弱关系带入贫困群体的社会支持网，从而缓解其贫困状况。

兰州市城市贫困家庭社会支持网研究

社会支持网是社会网络的微观组成，是人们通过与他人、群体或社区之间的相互关系获得社会支持而形成的关系网络。它的研究发端于西方，已有百余年的历史。社会支持最初是适应心理健康的相关研究而产生的，随着社会网络的进一步发展，由社会支持构建的网络成为西方研究者关注的重点问题，成为西方社会解决个体或家庭生存与发展问题不可缺少的研究领域。中国的社会支持网络研究在改革开放后由西方学者引入，并吸引了一批追随者。至今，社会支持网的研究在中国已开展近三十年，取得了一些探索成果。

随着中国经济的发展、产业的变革及社会的转型，加上大量农民工涌入城市，实际上对低学历、少技术、没有土地依赖、生活成本较高的城市人口造成了排挤。加上社会保障体系的不完善，城市中贫困人口日益增加，城市贫困问题引起了社会各界的广泛关注。从国家统计局、民政部和一些地方开展的调研来看，中国城市贫困人口的比例在 7.5% ~ 8.7% 之间。截至 2009 年年底，中国城镇人口数为 62186 万。以 8% 的城市贫困比例计算，目前中国城镇贫困人口约为 5000 万，是低保标准受保人数的 2 倍左右。[①]众多学者从不同的角度，应用各种理论进行缓解贫困问题的研究。学界越来越认识到社会支持与贫困问题的关系，开始积极地探索和总结如何运用社会支持为贫困群体提供帮助和保障，降低其获取脱贫机会所需要付出的成本。[②]

我国对城市贫困群体的社会支持网的研究大部分将重点放在非正式支持上，即关注个体的血缘关系、亲缘关系和朋缘关系，而较少研究政府层面、社会层面的社会支持。本研究在新一轮西部大开发和"十二五"规划开局的大背景下，尝试用个体支持、政府支持、社区和社会组织支持来研究城市中

---

* 原刊载于《西部发展研究》2012 年第 1 期，作者包括研究生焦靖宇，此次整理有修订。国家"985 工程"四川大学"社会矛盾与社会管理研究创新基地"项目成果。

① 潘家华、魏后凯：《城市蓝皮书：中国城市发展报告》（NO.4 聚焦民生），社会科学文献出版社，2011 年。

② 王朝明、郭红娟：《社会资本视阈下城市贫困家庭的社会支持网络分析——来自四川省城市社区的经验证据》，《天府新论》2010 年第 1 期。

的贫困家庭，针对城市贫困家庭及社会支持网络的现状和特征，探索社会支持网络在保障和改善城市贫困家庭的生活水平与生活质量过程中的可行途径。本研究对维护社会稳定，促进城市发展和城乡共同发展，推动"强政府、弱社会"格局的转变有重要的现实意义。

一、概念界定

本研究主要以社会支持网的视角来研究城市贫困家庭，首先描述城市贫困家庭的住房、收入等现状，然后用个体中心网络分析方法来研究贫困家庭的社会支持网，研究该网络中的各种社会关系在经济、心理和就业三大方面发挥着怎样的作用，并探讨如何建构和利用城市贫困家庭的社会支持网，使贫困家庭获得多样化的有针对性的社会支持，帮助贫困家庭更好地生活与发展，从而有效地缓解城市贫困问题。

（一）城市贫困家庭

出于对本研究可行性的考虑，本文将所研究的城市贫困家庭界定为在城市中享受城市居民最低生活保障待遇的家庭，即持有非农业户口、共同生活的家庭成员人均收入低于当地城市居民最低生活保障的家庭。本文的研究总体是兰州市西固区城市社区内接受兰州市城市居民最低生活保障的家庭。2011年12月底该区城市居民最低保障标准为家庭人均月收入低于306元。

（二）社会支持网

国内外对社会支持网的研究涉及经济学、心理学、精神病学和社会学等多种学科。本文采用林南的定义，即社会支持网是人们通过与他人、群体或者更大的社区之间的关系而得到支持的互动网络。

（三）社会支持的分类

在对社会支持的定义上，有学者认为广义的社会支持既涉及家庭内外的供养与维系，也涉及各种正式与非正式的支援与帮助，社会支持不仅仅是一种单向的关怀或帮助，它在多数情况下是一种社会交换。[1] 广义的社会支持包括：物质帮助，如实物、金钱等；行为支持，如分担劳动等；亲密的互动，如倾听、理解等；指导，如提供意见或建议、信息；反馈，即对他人行为、

---

[1] Edvina Uehara. Dural Exchange Theory, Social Networks and In formal Social Support. AJS, Novelnber, 1990.

思想和感受给予反馈；正面的社会互动，即为了娱乐和放松而参与社会互动。①

根据本文的研究对象——城市贫困家庭的特征与需求，本文把社会支持网按照支持内容分为经济支持、心理支持和就业支持三个方面。

（四）社会支持网的关系类型

中国的社会关系具有鲜明的特点。费孝通曾生动地把中国的人际关系比作水波纹：波纹中心是自己，随着波纹与中心的远近而与他人形成种种亲疏不同的具有水波纹性质的差序格局，即人与人的关系是以亲属关系为主轴的网络关系。②学界一般根据社会支持的提供者把社会支持网分为两类，即正式支持和非正式支持。正式支持的提供者包括政府、单位，非正式支持的提供者包括亲属、朋友、同事等。随着中国社会的转型与发展，学者就社会支持的提供者提出了来源更多的社会支持，如社区、社会组织和社会工作者等。

综合文献研究，结合调查目的与需要，本文的社会支持网重点研究城市贫困家庭的个体社会关系和政府层面、社区层面的构成情况。个体社会关系中包括亲属关系与非亲属关系，亲属关系又分为血缘关系的直系血亲和亲缘关系的非直系亲属，非亲属关系则分为邻居、同事、朋友这三大类。

在政府层面，主要是为居民服务的各级政府派出机构，如民政局等单位。政府所提供的社会支持多是政府主导下的社会保障制度，有研究称之为制度型社会资本。政府的社会支持主要是由社会保险、社会救助、社会福利和社会优抚组成的有机系统，不仅可以在舆论上给予宣传，在立法上给予支持，而且可以在政策上给予优惠，在行为上进行协调。③

在社区层面，社区一般定义为"居民生活的共同体"，然而在中国的社区展中，现在的社区并不是完全的居民基层自治组织，它不仅具有法定自治权力的"居民生活共同体"，而且被赋予基层行政管理职能。也有研究中将社区定义为"衔接政府与民众的社会共同体"，担负着实现社会管理和促进社会转型的历史责任。④本文将社区单独作为一个对城市贫困家庭的社会支持层面来进行分析。

---

① Manuel Barrera. The Structure of Social Support：A Conceptual and Empirical Analysis. Journal of Community Psychology, 1983 (11).

② 费孝通：《乡土中国·生育制度》，北京大学出版社，1998年。

③ 陈成文：《社会弱者论——体制转换时期社会弱者的生活状况与社会支持》，时事出版社，2000年。

④ 罗中枢、王卓：《公民社会与农村社区治理》，社会科学文献出版社，2010年。

（五）社会支持网的网络规模

网络规模是指社会支持网中成员的数量，主要通过衡量为城市贫困家庭提供社会支持的关系数来计算。有研究发现，网络规模越大，获得的社会支持越多，社会支持网越大。本文首先分析城市贫困家庭的总体支持网规模，包含经济支持、心理支持和就业支持的内容，然后分析各个子网的网络规模。

二、兰州市城市贫困家庭现状分析

本研究选取甘肃省兰州市下辖的西固区作为调查区域。西固区地处兰州市的西大门，是甘肃省和兰州市的核心工业区、中国西部最大的石油化工基地，素以"西部石化明珠""石化工业摇篮"闻名。截至2011年12月底，全区总面积385平方公里，辖2镇4乡、7个街道办事处、41个村民委员会、79个社区，总人口33万，其中城市人口27.3万，农村人口5.7万。[1]

在20世纪90年代的大型国企转制中，拥有众多大型企业的西固区有大量人口失业和下岗，众多家庭一时的生活来源成为问题；而大量农村劳动力的涌入，使得西固区的下岗人员面临再就业困难，徘徊在贫困的边缘。在新一轮西部大开发和"十二五"规划中，"建设新西固"被列为兰州市的建设重点，力争把西固区建设成为新型物流园。至2010年4月，以每人每月278元的城市居民最低生活保障标准测算，西固区全区纳入城市居民最低生活保障的共9908户、17714人，占城镇人口的6%，其中一类人员[2] 52户、55人，二类人员[3] 2267户、4017人，三类人员[4] 5361户、10808人，四类人员[5] 2228户、2834人；至2011年6月[6]，以每人每月306元的城市居民最低生活

---

[1] 西固区区情概况，西固区政府网站（http://www.xglzgs.gov.cn/zjxg）。

[2] 第一类保障对象是指无劳动能力、无生活来源又无法定赡养人、抚养（扶养）义务人的"三无人员"。

[3] 第二类保障对象为特困对象，是因病、因残部分丧失劳动能力的人员家庭和家庭主要成员属于"4050"人员且未就业，生活存在特殊困难，短期内脱困无望的家庭。

[4] 第三类保障对象是指家庭成员具备劳动能力和再就业条件，但因下岗、失业等其他原因造成家庭生活暂时困难或家庭生活困难相对较小的家庭和人员。

[5] 第四类保障对象是特殊对象，如退伍军人等。

[6] 西固区全面完成城市低保提标工作，西固区政府网站（http://www.xglzgs.gov.cn/xwdt/xgyw/ 2010-05-24）。

保障标准测算，全区共有 9575 户、16787 人享受城市低保[①]，占西固区城市人口的 6.15%。

（一）兰州市西固区城市贫困现状描述

本研究采用问卷调查，向 90 个城市贫困家庭的成员发放了 90 份问卷，收回 90 份，回收率为 100%。剔除无效问卷 7 份，有效问卷为 83 份。样本的人口学特征见表 1。

表 1　样本的人口学特征（2011）

变　量	变量值	频　数	有效百分比（%）
性别	男	29	34.9
	女	54	65.1
年龄	40 岁以下	21	25.3
	41~50 岁	37	44.6
	51~60 岁	23	27.7
	60 岁以上	2	2.4
婚姻状况	未婚	3	3.6
	已婚	62	74.7
	离异	8	9.6
	丧偶	10	12
学历	文盲	5	6
	小学	18	27.1
	初中	35	42.2
	高中	16	19.3
	职高、中专、技校	3	3.6
	大专	6	7.2
工作状况	无业	50	60.3
	退休	27	32.5
	在职	6	7.2
家庭月收入	400 元以下	15	118
	401~600 元	45	54.2
	601~800 元	12	14.5
	801 元以上	11	13.3

① 西固区 2011 年最低生活保障统计数据，http://xigu.mca.gov.cn/article/gzdt/201005/20100500074793.shtml.163。

1. 城市贫困人口就业不充分

在城市中生活，一份工作就意味着温饱的保障。接受调查的贫困人口中，无业者占比60.3%，退休者占比32.5%，仅有7.2%的人处于在职状态。在无业者中，男性占39.7%，女性占60.3%。

在目前无业的城市贫困人口中，有52.5%的人是从国有企业和集体企业中退休和下岗的，28.8%的人一直处于失业状态。在无业人员中，有35.1%的人依靠自己劳动换得经济报酬，而有64.9%的人什么都没有做。这组数据容易让人认为贫困者大都是懒惰的，城市低保是"养懒汉"的政策。但是本次调查发现，在调查对象中有22.9%的人由于疾病而丧失劳动能力，无法进入劳动力市场。

2. 城市贫困家庭住房条件简陋

调查发现，有7.5%的城市贫困家庭居住面积在20平方米以下，31.3%的城市贫困家庭居住面积在20~40平方米，37.5%的城市贫困家庭居住面积在40~60平方米，23.8%的城市贫困家庭居住面积在60~80平方米。进一步研究发现，有76.3%的城市贫困家庭生活在60平方米以下的住房中，课题组成员在走访中也看到有的城市贫困家庭三代共同居住，居住条件简陋。

另外，城市贫困家庭人均住房面积（使用面积）仅为14.44平方米，其中有65.4%的城市贫困人口人均居住面积仅为5~14平方米。2004年，兰州市城市居民人均住房面积为15.67平方米[1]，城市贫困家庭的人均住房面积低于兰州市城市居民平均水平。再将建筑面积与使用面积按1.49∶1进行换算[2]，兰州市城市贫困家庭人均建筑面积为21.51平方米，而2006年我国城市人均建筑面积为27.1平方米[3]，兰州市城市贫困家庭人均建筑面积低于全国城市人均水平。

大部分城市贫困家庭居住的是单位以前筹建的老房子。问卷调查结果显示，只有25.9%的城市贫困家庭拥有房屋的产权。在针对"水电暖是否全通"的调查中，有33.7%的家庭选择了"否"。在平房住户中，贫困家庭的住房设施极为简陋，不具备基本的自来水、厕所、暖气等配套设施；在楼房住户中，城市贫困人口认为每年缴纳供暖费是件头疼的事。另外，大多数家庭因为没有缴纳每月38元的数字卫星电视费用而无法正常收看电视节目。

---

[1] 高云虹：《兰州城市贫困问题调查报告》，《甘肃省区域经济》2009年第11期。
[2] 根据房地产测量规范，建筑面积与使用面积的常规参考换算系数。
[3] 国家统计局：《中国统计年鉴（2010）》，中国统计出版社，2011年。

由此可见，城市贫困家庭虽然都有房屋遮风挡雨，但是基本的生活配套设施却令人担忧。

3. 城市贫困家庭收入只能维系基本生活

问卷调查结果显示，贫困家庭月收入平均为572.22元，最少的为每月300元，最多的为每月900元。月收入在600元以下的贫困家庭占比达72.3%，月收入在600元以上的家庭只有27.8%。家庭人均月收入为173.09元，最少的为75元，最多的为375元，家庭人均月收入在150元以下的高达45.7%。2010年政府统计数据显示，城市人均可支配收入为17174.7元，由此得出每月人均可支配收入为1431.23元。可见，城市贫困家庭人均月收入不足城市家庭人均月收入的三分之一。

在每月收入来源上，除最低生活保障金之外，有55.7%的家庭能依靠家庭成员（配偶、子女）的劳务及经营收入来维持日常生活，有14.5%的家庭在日常生活中有亲戚的接济，2.4%的家庭则依靠朋友的借款。

（二）兰州市西固区城市贫困深度浅析

在有关城市贫困人口的相关研究与分析中，不可避免地要涉及关于贫困标准的确定和贫困群体的识别等问题。本研究对城市贫困家庭的识别采用"贫困深度"（poverty gap）指标。贫困深度是指所规定的贫困线与贫困人口收入之差，它能反映贫困人口的贫困程度，贫困深度越大，说明贫困程度越深。本研究重点对城市贫困家庭人均贫困深度进行测量，公式表达为：

$$g = z - i$$

其中，g 代表城市贫困家庭人均贫困深度；z 代表兰州市城市最低生活保障标准，即贫困线；i 代表城市贫困家庭的月人均收入。本研究开展调查时，兰州市城市居民最低生活保障标准为每人每月306元，即 $z = 306$。城市贫困家庭的人均月收入是以调查对象在问卷调查时填写的家庭月收入除以家庭人口数得出的。

本研究显示，兰州市西固区城市贫困家庭人均月收入为173.09元，最低为75元，最高为375元，最大值与最小值相差5倍，标准差为67.46，内部有一定的离散性。通过公式计算，对城市贫困人口的贫困深度测量显示，城市贫困家庭人均贫困深度为132.91元，最小值为-69元，最大值为231元，标准差为67.46元。其中有一户的贫困深度为-69元，说明这一户人均月收入高于城市最低生活保障标准即贫困线，不应当纳入低保的范围。除去极端值-69元这个样本单位后，城市贫困家庭人均贫困深度为132.13元，其中人均贫困深度为0~100元的贫困家庭占25.9%，人均贫困深度为101~200元的家庭占50.6%。

仅以兰州市西固区为例，2011年兰州市西固区处于城市最低生活保障标准之下的有9575户、16787人，按照本次调查测算的城市贫困家庭人均贫困深度132.13元计算，兰州市西固区每月需要投入221.8万元[①]才能保障本区的城市贫困家庭维持最低生活保障标准。

三、兰州市城市贫困家庭社会支持网研究

（一）兰州市城市贫困家庭社会支持网规模

总体社会网规模是指为城市贫困家庭提供经济、心理和就业三项支持的社会关系总和。调查数据显示，83户城市贫困家庭的社会支持网平均规模为5.57人，最大的社会支持网有11人，最小的社会支持网有1人。有43.5%的城市贫困家庭的社会支持网规模在4~5人之间。

经济支持网的平均规模为2.41人，最大规模为6人，最小规模为1人，有81.9%的城市贫困家庭的经济支持网规模为3人以下。心理支持网的平均规模为2人，最大规模为3人，最小规模为0人，有47%的城市贫困家庭的心理支持网规模为3人以下。就业支持网的平均规模为1.16人，最大规模为3人，最小规模为0人，有59%的城市贫困家庭的就业支持网规模为1人。由此可以推出城市贫困家庭获得的社会支持类型的排序：经济支持——心理支持——就业支持。

（二）贫困家庭社会支持网关系构成分析

本研究按照城市贫困家庭社会支持的提供者分析社会支持网中的关系构成，主要分为亲属关系和非亲属关系两个部分。其中亲属关系包括父母、子女、兄弟姐妹和其他亲属，非亲属关系包括同事、朋友、邻居、政府、单位、社区和社会组织。

表2列出的是西固区城市贫困家庭社会支持网中不同社会关系的构成情况。数据显示，亲属关系与非亲属关系相比，亲属关系在社会支持网中占的比例较大，为63.27%。在亲属关系中，兄弟姐妹所提供的社会支持占比最大（28.99%），其次分别为父母、其他亲属，子女所提供的社会支持占比最小；在非亲属关系中，朋友所提供的社会支持占比最大（16.40%），其次依次为社区、邻居、政府、同事、单位，社会组织所提供的社会支持占比最小。

---

① 221.8万元=16787人×132.12元/人。

表2 兰州市城市贫困家庭的社会关系构成（2011）

关系类型		频数	有效百分比（%）	合计（%）
亲属关系	父母	142	15.96	63.27
	子女	79	8.88	
	兄弟姐妹	258	28.99	
	其他亲属	84	9.44	
非亲属关系	同事	33	3.71	36.73
	朋友	146	16.40	
	邻居	36	4.04	
	政府	36	4.04	
	单位	12	1.35	
	社区	60	6.74	
	社会组织	4	0.45	
总　　计		890	100.00	100.00

总体来说，亲属关系是城市贫困家庭社会支持网的主要组成部分，亲属关系在社会支持网中的作用也带有"差序格局"的特点。而非亲属关系中主要依靠朋友关系来提供社会支持，社会组织所能提供的社会支持很有限。

1. 经济支持网中亲属关系为主导

在经济支持网中，有4个调查对象没有选择任何网络成员，即有4人的经济支持网规模为0，占受访者的4.82%。在城市贫困家庭经济支持网的各类关系中，亲属关系在经济支持中的占比为80.89%，非亲属关系在经济支持中的占比为19.11%，亲属关系发挥的作用较大。在亲属关系中，兄弟姐妹占39.27%，父母占25.13%，其他亲属占9.16%，子女占7.33%；在非亲属关系中，发挥的经济支持作用最大的是朋友，其次是政府，社会组织在经济支持中占比为0。

调查数据显示，在非亲属关系所提供的经济支持中，朋友不仅是提供帮助的重要社会关系，也是寻求帮助的主要对象；同事相比邻居来说，在经济支持上发挥的作用略大；社区在城市贫困家庭的经济支持网中所占的比例高于政府及单位，社会组织则在经济支持网中没有发挥作用。

2. 心理支持中朋友发挥的作用大

在心理支持网中，有8人没有选择任何网络成员，即有8人的心理支持网规模为0，占受访者的9.64%。在城市贫困家庭总体心理支持网的关系类型对比中，亲属关系在心理支持网中占 60.31%，相比非亲属关系发挥了较大的作用。在亲属关系中，兄弟姐妹占 23.08%，子女占 15.69%，父母占 12.62%，其他亲属占 8.92%。非亲属关系在心理支持网中占 39.69%，其中朋友在心理支持网中占比最大（23.08%），其次为邻居、同事、社区、单位，社会组织占比为 0。

在心理支持的提供上，亲属关系占比为 63.86%，非亲属关系占比为 36.14%。

在亲属关系中，城市贫困人口考虑最多的对象依然是兄弟姐妹，其次是子女；在非亲属关系中，城市贫困人口考虑最多的对象是朋友、同事、邻居，社区虽然有所涉及，但比较有限，没有调查对象表示会向政府、单位和社会组织寻求心理援助。

3. 就业支持中非亲属关系占重要地位

在就业支持网中，有 5 人没有选择任何网络成员，即有 5 人的就业支持网规模为 0，占受访者的 6.02%。在城市贫困家庭的总体就业支持网中，亲属关系占 44.89%，非亲属关系占 55.11%，非亲属关系在就业支持中的作用大于亲属关系所发挥的作用。在亲属关系中发挥作用最大的是兄弟姐妹（25.20%），其次为其他亲属（15.75%），子女在就业支持中没有发挥作用。

在非亲属关系中，朋友所提供的支持占比最大，为 35.43%，其次是社区（25.98%）、政府（18.11%），同事、邻居、单位和社会组织均发挥了一定的就业支持作用。

在就业支持网中，发挥作用最大的前三位依次为朋友、社区和兄弟姐妹。总体来看，城市贫困人口的就业支持网主要依靠的是非亲属关系。

（三）政府对城市贫困家庭的支持研究

目前，政府给予贫困城市家庭的社会支持主要侧重于经济支持与就业支持，以此来构建保护社会成员的社会安全网。

1. 政府提供的经济支持有限

政府对城市贫困家庭的经济支持，主要是按照国家政策提供实物与金钱，以保障城市贫困家庭的基本生活所需。兰州市自 1998 年建立城市居民最低生活保障制度，从每人每月 100 元增长到 2011 年的每人每月 306 元，其中 2005—2011 年连续 5 年保持每年增长 10% 的水平。

调查显示，有 88% 的贫困人口已纳入医疗保险，53% 的城市贫困人口已纳入养老保险，27.1% 的城市贫困人口享受失业保险，而表示有工伤保险保障的城市贫困人口则为 0。有 8.4% 的城市贫困家庭获得过实物救助，有 74.7% 的城市贫困家庭表示接受过除低保金以外的经济补贴，有 25.3% 的城市贫困家庭表示接受过政府的优惠卡,可以在采买基本生活用品时使用。

2. 政府提供的就业支持不足

政府重点为有劳动能力的贫困人口提供就业岗位,主要是一些技术含量低的岗位,如交通协管员、保洁员、流水线工人等;同时提供技能培训,如电脑、十字绣、家政服务等。但是,调查数据显示,只有5.62%的贫困人口表示政府为其提供过就业机会和岗位,有2.4%的贫困人口接受过政府提供的就业技能培训。

在对城市贫困人口的经济支持上,政府提供的最低生活保障金和其他补贴能保证他们的基本生活,但是在就业的支持上政府的作用就显得不足了。这有两方面的原因,一方面城市贫困人口受自身能力和心理限制,无法也不想进入劳动力市场,而政府一方也没有积极地挖掘和研究适应城市贫困人口的岗位,就业岗位数量不多,形式也有限。在就业技能培训上,没有组织传授真正适应市场需求的技能,无法使有就业意愿的城市贫困人口获得工作机会。

(四) 社区对城市贫困家庭的支持研究

兰州市西固区拥有众多大型国有企业,这些企业在经济效益较好的时候,为解决职工住房问题集中修建了自己的职工住宅区,在此基础上形成了单位制社区。在这种社区中以熟人社会为主,居民基本上都相互认识,邻里关系较为亲密。随着城市社区的转变,居民委员会也更名为社区办公室,社区的管理者已经不再是"居委会+单位"的形式,有的变成了"社区+物业公司"的模式,有的成为"社区+单位"形式。20世纪90年代,由于大批企业破产、兼并等,西固区在短时期内出现了一大批下岗工人,人员流动性加大,加上商品住房的发展,原先居住在单位社区的职工,或搬家、或转租、或继承,使得原本亲密的社区邻里关系转淡,成员异质性增强。

在经济支持中,社区提供的经济支持占比为3.4%。其中,无偿经济支持占比为8.51%,经济借贷支持占比为0,没有贫困人口在经济有困难时会选择向社区求助。社区的经济支持主要是,通过社区的工作人员发放城市居民最低生活保障金及临时的补贴,不定期地对社区内贫困居民的家庭情况、经济情况等进行调查,并及时地帮助需要其他社会救助方式的家庭申报救助等。

调查中发现有"假贫困"的现象,但这并不是西固区所独有的,在全国范围内都有"假贫困"领取低保的现象。这主要是由于对贫困家庭经济情况认定的渠道较为单一,且具有较强的主观性,主要依靠社区工作人员入户走访了解贫困家庭状况;同时,有些家庭为了得到低保而将一部分收入瞒报,使得社区工作人员不能完全掌握其家庭经济状况。

社区对城市贫困家庭的心理援助占所有社会关系的4.82%，贫困家庭在寻求心理帮助时，社区被提及的约占4.4%。社区对城市贫困家庭的心理支持主要是通过社区的工作人员不定期地走访和城市贫困群体来社区反映情况进行的。

社区的就业支持占比为25.98%，其中社区对城市贫困家庭的就业支持占所有社会关系的50%，贫困家庭在寻求就业岗位与就业机会时，14.96%的人会选择求助于社区。社区的就业支持主要是依靠社区与一些经济效益好的单位或企业建立合作关系，由这些单位与企业提供就业岗位，以简单的体力劳动为主。

在就业技能培训方面，有33.33%的城市贫困人口表示接受过来自社区的技能培训。西固区内很大一部分社区根据市场需求，为失业人员讲解家庭急救常识和新生儿护理、孕产妇护理等医疗护理知识，而大多数贫困人口所打的零工主要集中在保洁、餐饮、刺绣等方面，因此，接受过就业技能培训的城市贫困家庭并没有机会从事相关的岗位。

四、结　语

第一，城市贫困群体中以中年人为主，尤其是中年女性成为下岗"洪流"的主体，她们在经济上大多陷于困境，在家庭中处于从属地位，无法自主谋得话语权与发展的机会。同时，城市贫困群体就业能力低，市场所提供的适合的岗位流动性大、收入低、保障不完善已经成为制约城市贫困家庭成员就业的瓶颈。

第二，城市贫困家庭的社会支持主体呈多元化发展。城市贫困家庭的社会支持网虽然带有同质性和"差序格局"的特征，但是在寻求就业支持的过程中，还是依靠异质性的社会关系获得帮助。同时，在单位功能弱化的背景下，政府为城市贫困家庭所提供的托底的"社会安全网"在经济和就业上都发挥了一定的作用；社区作为城市居民基层组织的身份，虽然没有被城市居民所真正认可和有效利用，但是在经济支持、心理支持和就业支持中都发挥出了一定的作用。另外，研究也发现城市居民的地缘关系淡薄，这是由城市细化的社会分工和封闭的居住格局所造成的。社区居民之间缺乏交流，不仅限制了城市贫困家庭的社会关系网规模，也限制了社区对社区成员生活状况的了解和进一步帮扶。

第三，城市贫困家庭中子女的发展应当被重视。在争取优质教育资源的时候，贫困家庭的子女不论是在营养、教育基础，还是学习环境中均位于劣势，在教育竞争中被边缘化。在城市中以核心家庭为主，贫困家庭中倾尽所有含辛茹苦地供养一个孩子，就是希望孩子学成后能使整个家庭脱离"贫困陷阱"，但是缺乏异质性社会支持的寒门子女在劳动力市场的竞争中依然没有优势，大多从事着工资低、劳动强度大、工作无保障的岗位。

第四，应从内、外两个方面充实城市贫困家庭自身社会支持网。贫困家庭由于自身心理、经济、文化、资源等各方面的限制，致使其在社会交往与社会互动中处于不利的地位。贫困家庭是社会的弱势群体，他们缺乏用于交换的资源和交换的机会，必然导致所获得的社会支持有限。同时，城市贫困家庭在其固定的群体中有了长期的互动后，有了内部的认同，就会更倾向于与境况相似的社会成员交往。这就阻碍了城市贫困家庭结交异质成员，获得更好的社会支持，限制了其向上流动。社会要从思想、行为上消除对城市贫困人口的歧视和排斥。同时，城市贫困家庭自身要改变不良想法，进行正常的社会交往，自觉地参加社会活动，加入社会组织，形成一种"我为人人，人人为我"的思想观念，缔结并维持更多元化的社会关系，实现社会资源的流动，充实自身的社会支持网。

第五，以社区为平台，构建综合社会支持网，把社区真正变成城市居民的自治组织，激发社区的内部活力，鼓励社区居民参与社区活动，管理社区事务，以此扩大贫困家庭的社会支持网规模，获得更有力的社会支持。在社区中成立"居民最低生活保障的评议小组"，实现贫困家庭与社区其他居民的互动，实现社区居民的自我管理。鼓励并帮助建立针对城市贫困家庭或人口开展服务的社会组织。社会组织与政府支持相比其有自身独特的资源与特点，因此政府应当鼓励社会组织对城市贫困家庭开展工作，社区则应欢迎社会组织的介入。

灾后社区扶贫模式研究*

一、引 言

"5·12"汶川特大地震重灾区多数是贫困地区、革命老区和少数民族地区。地震之后，因灾致贫、返贫人数较多，灾民负债重，自我发展能力弱。调查发现，"5·12"地震对一些原来生活状况较好的人影响很大，灾区贫困人口显著增加。抽样调查结果显示，灾区贫困人口占比30%～40%。而四川灾区2516个贫困村贫困发生率由灾前的11.68%上升到灾后的34.88%，灾区扶贫解困任务十分艰巨。

在努力恢复地震灾区人民正常生产生活的同时，政府特别注重地震灾区贫困村的扶贫开发工作，为灾区提供了政策、资金、人力资源等多方面的保障。灾后各类社会组织发挥各自所长，立足于灾区和贫困者需求，协助当地政府开展灾后社区扶贫工作。2011年5月，中国扶贫基金会筹资500万元，通过公开招标方式选出20个社会组织的灾后社区重建和扶贫项目予以资助，以促进社区建设和生计发展。

本文选择其中10个社会组织[①]及其项目作为研究对象，并将这些社会组织统称为"社区型扶贫NGO"。事实上，除了中国扶贫基金会为这些社区型扶贫NGO在灾区的扶贫项目提供援助之外，长期以来还有近三十家基金会或

---

* 原刊载于《农村经济》2013年第1期，作者包括黄钰，此次整理有修订。基金项目：国家社科基金重大招标项目"未来10年深入实施西部大开发战略：若干关键和重点问题研究"（项目编号：10ZD&024）、国家"985工程"四川大学"社会矛盾与社会管理研究创新基地"资助项目、中国扶贫基金会2011年委托项目"灾后生计重建项目跟踪评估和社区扶贫模式研究"的研究成果。

① 这10个社会组织分别是绵竹市青红社工服务中心、益众社区发展中心、大同社会工作服务中心、北京山水自然保护中心（成都办公室）、上海热爱家园青年社区志愿者协会（都江堰龙池站）、中大绿根社会工作发展中心、北川羌族自治县羌魂文化传播中心、绵阳钧天鼓乐团、陕西妇源汇性别发展培训中心、高新区野草生态社区发展中心。

社会组织①为这些社区型扶贫 NGO 提供包括资金、技术、人员、策划、咨询等在内的全方位支持。

大型的筹资型社会组织如中国扶贫基金会，加上大量的社区型扶贫 NGO，是构建社区扶贫模式的组织基础。基于前期一年多的全程实地跟踪评估和问卷调查，本研究重点从构成、举措、问题与建议等几个方面分析灾后社区扶贫模式。

二、灾后社区扶贫模式的概念和内容构成

目前，学界还没有对"社区扶贫"做出明确统一的概念界定，它应介于广义社会扶贫和狭义社会扶贫之间。广义的社会扶贫包括政府和社会各界的扶贫，狭义的社会扶贫专指社会组织的扶贫。本研究认为灾后社区扶贫是指在"政府负责、社会协同"的框架下，由社会组织主导，以参与式方法介入受灾社区开展扶贫工作，通过社区生计发展、能力建设和公共服务等活动帮助贫困家庭适应灾后生活，实现社区居民共同富裕。灾后社区扶贫模式就是通过社区扶贫的具体实践总结出来的一套可复制、可移植的社会扶贫方法论，即范本。归纳起来，灾后社区扶贫模式由以下六个要素构成：

（一）社区扶贫机制

扶贫机制是扶贫模式的核心要素。各级政府、企事业单位、公益性基金会和社区型扶贫 NGO 等协同参与灾后社区扶贫工作，各个扶贫主体发挥自身优势，分工协作，构成政府负责、社会协同的社区扶贫机制。灾后社区扶贫机制通过整合政府、社会组织、企事业单位以及社区的资源，创建社区公共空间，鼓励社区成员成为社区发展的决策者、监督者和执行者，增强社区自我发展能力，促进社区团结和进步。

（1）由政府主导和负责扶贫工作，是中国特色社会主义扶贫的本质特征。基于较强的动员和组织社会资源的优势，政府有能力开展规模大、受益范围

---

① 这些组织分别是中国红十字会、友成基金会、溢达杨元龙教育基金会、中华环境保护基金会、广州千禾社区基金会、四川海惠助贫服务中心（小母牛）、恩派公益组织发展中心、爱有戏社区文化发展中心、心启程残疾人服务中心、日本"味之素集团"、成都市一天公益社会工作服务中心、上海市闸北区热爱家园青年社区志愿者协会、华爱家庭服务中心、云南发展培训学院、成都根与芽环境文化交流中心、麦田计划、香港康复会、国际行动援助、英国聚贤社基金会、香港社区伙伴、香港医疗关怀组织、台湾爱心家园、香港乐施会成都办、美国福特基金会、台湾儿童暨家庭扶助基金会等。

广的扶贫项目,可以为较多的贫困农户提供资源,帮助他们摆脱贫困处境。更重要的是,只有在政府的支持下,社会组织才能在灾区顺利开展扶贫项目。如2011年6月,益众社区发展中心组织二十多名外国人参与益游活动,因为不了解国家对涉外旅游团的相关政策,益游团队在进入农村社区时遇阻,最终依靠当地基层政府协助办理相关手续,益游活动才得以顺利完成。

(2) 社区型扶贫NGO是社区扶贫的执行主体,承担扶贫项目的设计和执行。这些组织大部分是在地震中产生,并长期扎根灾区,在扶贫目标人群的定位上具备优势。另外,社区型扶贫NGO具有一定的弹性和灵活性,可以设计不同的项目回应社区需求,将资源放在政府无法兼顾的地方,以填补政府扶贫的不足。如绵竹市大天池村四组的部分土地地势较低,雨季容易被淹,不适宜猕猴桃种植,因此一些村民未能从政府主导的"千亩猕猴桃基地"项目中获益。绵竹市青红社工服务中心便将这部分村民组织起来,通过建立"银杏种植合作社",帮助他们开展银杏种植,进行灾后生计重建。

(3) 每个社区型扶贫NGO背后都有3~4个更为专业的机构或团体为其提供资金、人力、技术等支持。来自高校的教师和科研机构的专家作为社区型扶贫NGO的"智库",发挥专业所长,为社区型扶贫NGO开展的各项工作提供相应指导,帮助社区扶贫项目顺利开展。中国扶贫基金会顺应社会发展趋势,强化筹资型基金会的功能,全方位培育和促进社区型扶贫NGO发展。

(二) 社区扶贫理念

基于公益最大化和助人自助的理念,社区型扶贫NGO在开展扶贫活动时主要以贫困家庭的需求为导向,尊重并相信他们的能力,充分赋权并维护他们应有的权益,引导扶贫对象充分发挥潜能,同时结合其所处社区实际情况,以机构有限的资源回应受助贫困家庭多样化的需求。社区型扶贫NGO在充分了解贫困家庭需求的基础上设计和实施扶贫活动,切实为当地居民带来福祉,有效避免了自上而下、大规模区域式开发扶贫方式下社区和贫困家庭被动接受和消极参与的缺憾。这种以贫困家庭需求为导向的社区扶贫策略使扶贫项目设计更加贴近民意,使自下而上的诉求表达更加顺畅。

(三) 社区扶贫对象

灾后社区扶贫以灾后贫困家庭及其有劳动能力的成员为扶贫开发对象。

灾后贫困家庭和一般意义上的贫困家庭不同。在地震灾区,除了传统的以人均收入而论的贫困家庭外,更多的是"因灾返贫"的家庭,因地震带来的心灵重创和生活方式改变是灾后贫困的另一种表现。众所周知,按照农民年人均纯收入确定贫困人口有许多缺陷,一是忽视了灾后贫困家庭的特殊性,二是忽视了贫困家庭内部的贫困分布。

大多数灾后社区扶贫项目以培养合作社、互助组等形式组织灾后贫困家庭开展扶贫活动。汶川县席草林村灾后重建可持续生计发展项目在实施过程中，鼓励以家庭为单位参加养鸡合作社，村里的一些大家庭，有一个人加入合作社往往可以带动7~8个家庭成员共同养鸡致富。

（四）社区扶贫内容

目前灾后社区扶贫主要有两类：第一类是以发展经济为主，主要以培养合作社等形式组织村民开展种植养殖业项目。首先，社区型扶贫NGO以小额信贷或直接发放生产资料的方式帮助扶贫对象启动项目，并邀请相关领域专家提供技术培训。其次，社区型扶贫NGO充分发挥"资源整合者"的作用，帮助农户建立规范化的合作社或互助组，拓展其产品销售渠道。再次，向社区居民宣传倡导生态建设理念，改善生存环境。最后，注重扶贫对象的能力建设，充分赋权，培养其作为合作社成员的主体意识和合作意识，促进自主管理。

第二类是以社区文化和社会关系建设为主，重在培养灾区居民参与社区自治的能力。首先，社区型扶贫NGO开展诸如广场舞、洞经音乐演奏、川剧表演、舞蹈表演等社区活动，帮助灾后异地重建社区内邻里关系的重建，促进社区团结。其次，针对儿童、老年人等社区内的弱势群体，社区型扶贫NGO根据实际情况举办青少年课堂、暑期夏令营，推行空巢老人陪伴计划和中医保健医疗卫生义诊等养老服务，关爱社区老年人和少年儿童群体，提升他们的自我管理、自我服务能力。再次，提供项目资金、推动乡村社区基础公共设施建设，培训社区物管人员，为灾后新建社区提供配套的专业物管服务。最后，在建设社区文化的同时，社区型扶贫NGO还为扶贫对象提供手工、电脑、舞蹈、农家乐经营管理等方面的培训，拓展居民的谋生技能。

（五）社区扶贫方法

尽管很多开展社区扶贫工作的社区型扶贫NGO长期扎根本土，与当地居民关系融洽，但从某种意义上说，他们仍是"外来者"。因此，只有采取适宜的工作方法介入当地，取得当地居民的了解和信任，才能保证机构在立足当地的同时持续顺利开展扶贫项目。

一是参与式扶贫方式。这种扶贫方式以扶贫对象受益为基本原则，以赋权为核心，以扶贫对象的广泛参与为基础，采取自下而上的决策方式，从贫困群体的角度设计项目，让其参与项目决策、项目规划、项目实施结果的评估等，通过他们自我发展能力的提高而彻底摆脱贫困。

二是社会工作方法。很多社区型扶贫 NGO 将社区工作中的社会策划模式以及地区发展模式结合起来，突破以往自上而下的扶贫模式的局限，保证了项目决策的实施和推进，消除项目发展障碍，得到扶贫对象的信赖，提高扶贫对象自我组织的能力。

三是努力发掘和培养社区精英。一方面，社区精英更了解当地的实际情况；另一方面，社区型扶贫 NGO 发挥专业优势对扶贫对象进行辅导，真正使社区扶贫转变为社区居民自己的事情。

（六）社区扶贫投入

政策支持、资源配给以及专业团队是社区扶贫模式运行的保障性要素。

首先，国家政策是影响社区型扶贫 NGO 开展社区扶贫项目的重要指针，地震后中央政府对灾区的高度关注是推动灾后社会组织蓬勃发展的重要引擎。其次，中国扶贫基金会等国家级公益性组织为社区扶贫项目提供稳定的资金保障，高校和科研机构提供专业技术支持，这些重要投入保证了社区扶贫项目的实施。最后，社区型扶贫 NGO 工作团队具备良好的职业道德和丰富的实践经验，能够把握当地实际情况，开展适合当地人群的活动，可以保证社区扶贫项目有序、高效执行。

三、灾后社区扶贫的主要举措与成效

调查结果显示，灾后社区扶贫获得较高满意度，这得益于社区扶贫模式框架下的一系列举措，总结起来有如下四个方面。

（一）重视扶贫对象参与，强化社区扶贫基础

良好的群众基础是社区扶贫项目顺利开展的保证。社区型扶贫 NGO 始终将扶贫对象的充分参与作为首要工作目标。通过广泛宣传和入户家访，扶贫对象得以真正了解项目内容。以项目为契机，通过一系列技术培训和团队建设，改善扶贫对象生活状况，实现扶贫对象的自我增能。这一方面使项目更符合当地的实际，得到扶贫对象的支持，保证项目顺利推进；另一方面最大限度地调动了扶贫对象的积极性，使其在参与项目的同时增加了社会资本，增强了自我发展的能力。

（二）运用适宜工作方法，创新社区扶贫途径

首先，参与式扶贫和社会工作方法具备优势。区别于政府扶贫活动中贫困者的被动接受，灾后社区扶贫模式促进扶贫对象的实质性参与，使得他们的乡土知识得以发挥，他们在社区发展中的重要角色和地位也得到很好的显

现，真正建构起了扶贫对象的决策主体性和管理主体性，使其从扶贫受益者转变为自我脱贫决策者和扶贫项目实施与监督者。其次，以合作社或互帮互助的集体方式开展扶贫项目，在一定程度上降低了贫困家庭个体经营管理上的风险，也为社区贫困家庭搭建起一个相互沟通的平台，促进社区贫困家庭团结协作，进而重建被地震解构了的人际关系以及社会关系，增强社区凝聚力。

（三）建设有力扶贫队伍，抓住社区扶贫关键

社区型扶贫 NGO 是社区扶贫模式成功运行的主导力量。社区型扶贫 NGO 规范、专业、高效的工作模式保障了扶贫项目的运行。大部分社区型扶贫 NGO 的项目执行者都具备良好的专业素养和丰富的实践经验，能够更好地把握当地实际情况，采取灵活多样的帮扶方式。其工作内容通过定期简报等形式对外展示，在接受社会监督的同时也宣传了组织自身，为机构今后的发展争取了社会信任和社会资源。同时，NGO 还重视发展本地力量，努力发掘培养本土社区精英，这有利于扶贫项目的顺利开展，也有利于促进社会组织的本土化。

（四）广泛链接社会资源，确保社区扶贫投入

社区型扶贫 NGO 在扶贫过程中注重全方位的资源整合、开发和利用，发挥"中介者"和"资源整合者"的作用，为贫困社区发展链接了丰富的社会资源。与政府建立良好的沟通和互动，争取政府的政策、资源支持，并且根据项目活动的具体需求，与相关部门和组织建立合作关系，为扶贫项目开展提供技术支撑。

四、灾后社区扶贫的主要问题和对策建议

（一）灾后社区扶贫存在的主要问题

基于实地调查和全程跟踪评估，本研究认为当前灾后社区扶贫主要存在以下四个方面的问题：

（1）社区型扶贫 NGO 与政府在公共领域里的权责边界尚未达成共识。在中国，政府与 NGO 的关系表现为政府既是 NGO 的管理者，又是 NGO 所需资源的供给者，还是 NGO 的影响对象。[1] 社区型扶贫 NGO 相对于政府扶贫来说具有某些优势，工作具有一定的弹性和灵活性，可以将项目和资源放在政府

---

① 郭虹、庄明等：《NGO 参与汶川地震过渡安置研究》，北京大学出版社，2009 年。

无法兼顾的地方。从某种意义上讲，这是"政府负责、社会协同"的具体体现。但是，社区型扶贫 NGO 在实现其公益性目标过程中必然要进入公共服务领域，而地方政府对于社区型扶贫 NGO 进入公共领域是有很多担心的，最主要的担心是原有管理秩序的失控。在这样的情形下，社区型扶贫 NGO 与地方政府在共处的扶贫活动领域里，如果责任与协作的边界不清，就很容易产生冲突和矛盾。

当前大部分社区型扶贫 NGO 的话语权和社会影响力都不足，而且是非主流的。这种现状使机构自身及其所代表的群体的利益难以得到有效维护和充分表达。在这种情况下，社区型扶贫 NGO 若是与政府在协同上出现不和谐，势必影响机构在当地的扎根以及扶贫项目的可持续运行。有鉴于此，社区型扶贫 NGO 的生存与发展不得不依托于政府，这样一来又影响到机构的独立性，阻碍其功能发挥。这是目前国内公益性社会组织发展中所面临的共同难题。

（2）社区型扶贫 NGO 难以满足灾后生计发展和社区建设的综合需求。贫困是一个内涵丰富的概念，不仅包括低收入、生活条件差、生产难以维持的经济范畴，还包括预期寿命、文化程度，以及安全感、正义、公平等关于生活质量的社会文化和精神心理范畴。[①] 特别是在"5·12"地震灾区，居民普遍面临生计难寻、邻里关系淡漠、缺乏社区凝聚力、难以适应新的生活方式等困难，由此生发出了社区扶贫的两个路径：一是以生计发展为切入点的经济合作互助；二是以社区文化和社会关系建设为切入点的社区活动。

然而，基于社区型扶贫 NGO 自身的资源限制，并不能面面俱到地满足目标对象的全部需求，只能是针对其中最主要的关注点来开展相关扶贫工作。例如，上海市闸北区热爱家园青年社区志愿者协会根据组织自身的特点在都江堰龙池镇进行新家园项目，着力于当地的社区发展，对重建生计的关注度不高，使得项目的受益人群较为狭窄，参与积极性难以提高。尽管新家园项目也在积极探索生计重建的道路，但受限于机构的资源与能力，效果并不明显。

（3）灾后社区扶贫出现小群体凝聚和社区裂变的趋势。社区型扶贫 NGO 受自身能力和支持资金的制约，所开展的社区扶贫项目范围较小，且短期内无法将服务范围扩大，难以满足更多贫困家庭以及社区的需求。尤其是生计类扶贫项目，通常采取合作社（互助组）的运作模式，将部分村民组织起来，互帮互助。由于合作社（互助组）成员数量有限，受益人群体规模不大，在

---

① 王卓：《中国贫困人口研究》，四川科学技术出版社，2004 年。

一些社区已经出现了小群体凝聚且与原社区成员分隔的现象。

这样的问题在绵竹市大天池村已经凸显。作为"青红"银杏种植合作社的骨干，刘某是一个"地震名人"，社会各界对其的过度关注引起周围人的不满，刘家的超市门口被人贴上"黑店"标签。刘某坦言，目前是银杏种植合作社运作的第一年，而且启动资金有限，因此，在社员的选择上倾向于找自己熟悉的人。项目启动之初，他和合作社的主要负责人把社员的人选锁定在大天池村四组，并采取滚雪球的方式来寻找有意加入银杏种植合作社的人员。然而，由于宣传不到位，不能保证大天池村四组全体村民都能知晓这一项目。这意味着，那些不熟的、不是大天池村四组或者不能及时知晓项目消息的贫困家庭可能被排除在合作社之外。如此一来，银杏种植合作社成员的同质性就不可避免。事实上，这个合作社的大部分成员是地震伤员，有不同程度的残疾，这一群灾后残疾人在抱团适应从健全人到残疾人的突发变故过程中，因为合作社而凝聚在一起，并将自己标签化为"残疾人群体"，刻意排斥外界对于他们身体残疾的种种非议。

(4) 社区型扶贫 NGO 的队伍建设缺乏制度保障。人力资源不足、队伍专业性不强、资金支持不够是目前我国社会组织普遍存在的难题，这直接制约着社会组织自身的发展，影响扶贫项目的持续开展，从长远看，也不利于扶贫对象的生计改善和能力培养。

课题组跟踪评估的 10 个社区型扶贫 NGO，其主要工作人员大多由在校大学生志愿者和大学毕业生组成，他们的流动性很强，在机构待上几个月便会离开，部分受访者表示自己只是借助这个平台积累基层工作经验，并不打算长期在这里做社工。一些社区型扶贫 NGO 工作人员凭热情和激情行事，缺乏必要的理论储备和专业训练，这导致了项目整体执行力不足，使得原本设计优良的项目理念易流于形式，达不到预期的目标。另外，资金匮乏、机构自我造血能力不强，只能依靠项目资金维持机构运行，也是目前我国社区型扶贫 NGO 存在的制度性问题。

(二) 完善灾后社区扶贫模式的政策建议

(1) 积极争取当地政府政策支持，保障社区扶贫可持续进行。在探索中国特色社会主义民主政治的进程中，政府、市场和以社会组织为代表的第三部门共同构成了我国社会公共服务体系。国家承担着公共服务的主要职责，为服务的主要提供者、购买者和服务体系的维护者；市场通过"看不见的手"调节公共服务的配置，提高公共服务的效率，降低公共服务的成本；以社会组织为代表的第三部门，维护不同群体的利益，对公共服务进行有效的补充和监督，重在促进社会公正和民主。[①] 伴随社区公共服务需求的不断增长，社区多元治理结构的不断探索，社会组织在公共事务中的作用也越来越显著。因此，社会组织应当积极与政府建立广泛的协作关系，在"党委领导、政府负责、社会协同、公众参与"的原则下开展扶贫工作。同时，结合市场规律开展生计扶持项目，为社区贫困家庭提供有效的支持，帮助他们改善生活状态，早日脱贫致富达小康。对于政府来讲，应客观认识社会组织的正功能和正能量，把社区型扶贫 NGO 纳入社会建设的框架内，通过购买服务等方式，分解部分社会服务的职能与权力，吸纳更多的社会力量推进中国特色社会主义建设。

（2）采取多样化的扶贫方式，积极拓宽社区扶贫范围。无论是生计发展还是社区文化建设，其宗旨都是改善灾后社区居民生活水平，培育社区能力。灾后社区不仅需要经济援助，更需要自我发展能力的培养。因此，社会组织在开展社区扶贫工作时应当关注扶贫对象的需求，扶贫方案设计应建立在对贫困群体的需求评估基础上，充分考虑社区实际情况，围绕扶贫宗旨，采取灵活多样的扶贫方式，积极拓宽扶贫范围，使项目设计更贴合当地实际，达到资源效用最大化。在开展项目活动时要充分尊重当地的宗教信仰、风俗文化和行为习惯，注重社区生态环境和资源的保护，在保护的前提下合理开发。

（3）强化扶贫对象合作意识，促进扶贫社区和谐稳定。传统的区域性扶贫开发以收入增长为目标。社区扶贫在关注贫困家庭生计改善的同时，更注重贫困家庭能力建设、社区成员互助合作和社区发展。社区型扶贫 NGO 在扶贫工作中，不仅需要团结合作社（互助组）成员，还要逐步扩大受益范围，为社区提供及时的专业服务，协助社区成员提升自我意识，助推目标群体实现自我增能和赋权，使其形成积极的公民意识，并逐渐培养起自我组织、自我管理的能力。把赋权落实到社会参与，使贫困家庭在参与中体验合作和互助。另外，灾后扶贫还应注重提升社区归属感和构建社会关系，通过组织形式多样、内容丰富的社区活动，增进灾后社区成员间的了解，逐渐消除新建社区居民间的隔阂，恢复和重建社会关系，最终达成居民团结、社区和谐的目标。

（4）推进社区扶贫队伍建设，逐步提高社区扶贫专业性。类似中国扶贫基金会这样的大型公益性基金会和其他行业性社会组织应加强对社区型扶贫 NGO 工作人员在工作方式、工作内容及机构成长等方面的督导，加强国内外

[①] 张强、陆奇斌、张欢等：《巨灾与 NGO——全球视野下的挑战与应对》，北京大学出版社，2009 年。

社区扶贫信息交流，扩展社区扶贫模式的思路，完善社区扶贫工作方法，促进社区扶贫效率不断提高。扩大社区扶贫效果还应广泛吸纳人才，建立一支稳定的高素质的专业人才队伍。一方面，积极吸纳高校具有扶贫相关专业知识的大学毕业生，充实扶贫队伍；另一方面，加强对本地志愿者的培养，提高本地居民对社区公共事务的参与程度与参与能力，强化社区自组织的培养，缓解社区型扶贫NGO在开展活动时人手缺乏的状况。同时，还要注重提高现有工作人员的专业水平，定期对其进行社区扶贫理论及方法的培训，提升团队整体工作能力。加强队伍管理，为工作人员建立良好的职业发展渠道，逐步提高机构工作人员的经济待遇和社会声望，充分调动他们的工作积极性。

参与式灾后重建的作用和影响[*]

2008年5月12日汶川特大地震带来的损失有多大？在极重灾区绵竹市民乐村，一个三口之家的中年妇女算了这样一笔账：

> 前几年我家用积攒的两万多元修了三间房子，去年又花了一万六千多元装修。地震那天，我在田埂上趴着看到它垮了，价值两万元左右的家具一样也没有抢出来……地震给我家带来的损失加起来可能有五六万元。现在房子没有了，生活一下子就回到了七八十年代。一切都得重新开始。

该村有500多户，大多数都是三口之家，依此估算，该村受灾家庭直接经济损失约3000万元。四川全省受灾人口1000多万人，约300万户，假定城镇家庭损失和农村相同，地震对受灾家庭造成的直接经济损失至少约1500亿元。实际上，统计这样的数据已经没有什么意义。对于受灾群众而言，灾后重建的种种困难才是现实生活中需要面对的。地震之后，农事活动还在继续，但灌溉用的沟渠被震断了，影响到庄稼的收成以及将来的种植业，甚至养殖业。

面对特大地震带来的破坏性影响，政府至少面临五大压力：①上千万受灾群众的生活安置。这是一个重大的现实问题，安置妥当与否直接影响社会秩序和社会稳定；②城乡出现大量新生贫困家庭。这不仅仅是经济问题，更直接冲击社会安全保障体系。③灾区群众利益诉求多样化。受灾群众在房屋重建、生计重建等方面各有想法，基层问题层出不穷，灾后恢复稳定、调整社会关系迫在眉睫。④灾后重建规划、资金筹措和管理、灾后防疫、生产恢复、土地问题等事项错综复杂、任务艰巨。⑤各级党委政府的执政能力面临考验。在灾区恢复重建过程中，如何加快新农村建设、统筹城乡发展、构建和谐社会，对政府和社会各界既是机遇，又是严峻挑战。

受灾群众的困难和政府的重任之间如何对接？在灾区，看得见、听得到

---

[*] 文章初稿完成于2008年10月16日，修订稿发表于《社会科学研究》2018年第3期，以此纪念四川汶川5·12特大地震十周年。国家社会科学基金重点项目"彝族长期贫困与代际传递的实证研究"（16AMZ012）成果。

的是一个个家庭的房屋重建和生计重建需求。回应不好这些受灾家庭的需求，就会演变成一个个村子的困难，之后就会叠加为农村社会甚至政府的困境。同样，政府的压力看起来是政府要承担的，自上而下可能分解为一个个城乡社区的问题，最终关涉灾区的一个个家庭。怎样将分处于群众和政府两端的这些问题和困难，既符合实际又符合逻辑地联结起来，使政府、社会各方面的力量有机互动，共同面对灾后乡村重建的种种困难？

参与式方法不失为一种选择。

一、参与式方法是什么？

"参与"的概念大约是在20世纪90年代初期被介绍到中国来的，并在中国内扶贫与发展领域和西南地区形成一定范围的应用推广网络。从广泛意义上讲，我们对"参与"并不陌生。中国共产党领导的革命就是广大劳动人民参与社会变革的成功实践。从"群众中来，到群众中去""相信群众，依靠群众""为人民服务"等几乎家喻户晓的经验总结，就是"参与"思想在中国特色社会主义建设中的具体体现。

从历史上的种种社会运动中，也可见参与理念的重要影响。19世纪中期，恩格斯在英国第一次工业革命时期为了探寻危机的原因，采用参与式观察法亲自参加了工人大罢工；同期，马克思在法国革命中根据结构性访谈的结果建立了无产阶级公社的哲学基础。[①] 20世纪初期意大利政治家 Antonio Gramsci 主张工人知识的重要性，他认为农民、工人出身的知识分子和领袖人物深刻理解劳苦大众的现实，他们能够利用他们的知识帮助劳苦大众从困境中出来。[②]

从学术意义上讲，"参与"概念大致出现在20世纪40年代，随后成为社区发展的主流意识，进而演变为国际发展领域盛行的"参与式"方法。

"参与式"概念有三个含义：一是对弱势群体赋权；二是强调社会成员在社会变迁过程中的平等参与；三是提高发展进程中各种投入的效率。

其理论体系包括以下内容：发展对象在发展过程中对规划、执行、监督以及评价等环节的决策作用，受益群体对资源的控制和对制度的影响，社区政治经济权利向社会弱势群体调整并促进社区治理，在社会变革中构建社会

---

① 伊琳·吉特、米拉·考尔·莎著，社会性别窗口小组译：《社区的迷思：参与式发展中的社会性别问题》，社会科学文献出版社，2004年。

② [英]斯图亚特·霍尔著，戴从荣译：《解构"大众"笔记》，上海三联书店，2001年。

成员相互平等的磋商，社会成员的基本愿望和知识系统都能得到充分的尊重。其中至关重要的是利益相关方的主体意识和主体行为，即利益相关方的自觉、自主、自助及其主体性、能动性的发挥。这种意义下的"参与"，既是理念，也是过程；既是手段，也是目的。

作为手段的"参与"，有几个主要的工具，如社区访谈、社区分析、社区排序、社区展示、社区图示、社区大会等。这些工具都是为了帮助社区群众清楚地了解所处社区的基本情况、资源分布、存在的问题以及解决问题的方案。工具的使用服务于社区群众在社会发展进程中自我组织、确定需要、制订计划、采取行动的需求，也就是将自力更生、艰苦奋斗的意识以参与式方法内化为社区群众的具体行为。

2008年夏季，在"5·12"汶川特大地震发生之前，笔者在川西城乡社区组织开展了一项样本量为1000人的问卷调查[①]，其中和"参与"有关的两个问题是："您是否经常参加社区居委会或者村委会的会议或集体活动？""您是否参加过村委会/居委会/社区/单位领导人选举的投票？"调查结果显示：65%的人较少或者没有参加过社区会议或活动，23.1%的人在社区会议或活动中的表现一般，仅有11.8%的人经常参加社区会议或活动。对于投票，40%的人没有使用这一宪法赋予的民主政治权利，他们从来没有参加过村委会/居委会/社区/单位领导人的选举投票。

调查还发现，影响社区群众参与的原因，最主要的是"没有人通知，我不知道"，以及"社区没有组织过什么活动或会议"，两项占比达到60%以上。这说明群众有参与的愿望，但受限于实现参与的相关条件不充分、不具备（见表1）。

表1 很少或没有参与社区会议或活动的原因（2008：1000）

原 因	百分比（%）
基于个人原因，不想参与	19.2
没有人通知，我不知道	42.4
外出打工、学习，没有机会回去参加	6.6
由于在社区是租借别人的房子，不是社区的人	6.6
我很忙，没有时间参加	6.6
社区没有组织过什么活动或会议	18.5

---

① 成都市委市政府委托四川大学课题组"成都市统筹城乡与公民社会建设课题组（2008）"。

相关研究①②认为，影响"参与式"理念和"参与式"方法深入中国社会的因素有：

（1）长期的计划体制和大一统的中央运行机制所形成的单一决策模式和自上而下的决策程序难以保证社会各方平等参与，臣民角色也很难转换，这制约着参与的有效实现。

（2）现代意义上的"参与"是指高度民主条件下，资源管理决策过程中的社会成员互动与共享。而出于政治方面考虑的群众运动和群众极端参与所产生的社会负面影响使人们对"参与"概念望而生畏。

（3）现代"参与式"理念强调本土愿望和本土知识系统的重要性，由此产生的社会倾向就是对外部技术知识和专家介入的犹豫甚至排斥。

（4）"参与式"概念被引入中国三十余年，目前仍停留在工具和方法使用层面，其对社区政治经济的影响并不明显。

面对特大地震肆虐之后百废待兴的城乡社区，一些组织开始尝试运用参与式方法进行灾后乡村重建，希望调动灾区人民自力更生、重建家园的积极性和主动性。

二、参与式灾后乡村重建规划的案例

"5·12"汶川特大地震之后的第三天，中国扶贫基金会③就进驻德阳市，在组织志愿者参加抗震救灾、向受灾群众发放救灾物资的同时，与当地政府达成灾后援建绵竹市民乐村的协议。

民乐村距离"5·12"汶川特大地震龙门山断裂带7公里，与土门镇、西南镇、遵道镇紧邻，共有7个村民小组，农户537户，总人口1422人，耕地面积1920亩。2007年全村农民人均收入4200元。5·12特大地震后，受伤9人，死亡27人（学生4人、劳动力4人、其他19人）。倒塌房屋2217间，面积50950平方米；危房155间，面积3492平方米。房屋倒塌率93.2%。村道受损2.2公里，桥梁受损一座。地震后电力全部中断，变压器受损7台。农田水利设施全部受损，台沟毁坏17条、6650米，抽水设备损坏10台。地震带来的农户房屋及屋内家具等直接经济损失约3000余万元。地方政府计划

---

① 李小云：《参与式发展概论》，中国农业大学出版社，2001年。
② 李志南：《反思参与式方法在农业项目中的应用》，《贵州农业科学》2005年第4期。
③ 在此感谢时任中国扶贫基金会秘书长的刘文奎先生在2008年9月初邀请笔者全程参与在绵竹市民乐村的灾后重建需求评估。

补贴受灾群众房屋建设资金约 1000 万元①；中国扶贫基金会②计划投入募集的救灾资金 500 万元，其中 250 万元用于建房补贴，250 万元用于生计重建和乡村治理；基金会还动员了一批国内外知名的建筑设计专家和社会经济发展专家智力援助民乐村灾后重建。

在灾后房屋重建和安置上，地震灾区的城镇居民和农村群众存在差异。城镇的板房建设基本上可以将受灾的有城镇户口的群众安置下来，在一些地方甚至还有富余的板房闲置未用。农村受灾群众大多居住在临时搭建的帐篷里或者在废墟上自己搭建的棚屋里，在勉强遮风挡雨的艰难生活中等待政府的相关政策。政府住房建设的相关政策牵涉资金筹措和分配、土地规划和使用、房屋规划和设计、建筑材料供应和价格、劳动力供应和价格等一系列宏观的问题。

大灾之后，民乐村和民乐村村民的需求是什么？灾后施予援手的政府和非政府组织以什么方式回应社区的需求？社区又如何回应自己的需求？

在我国传统体制下，政府与社会的关系是管理和被管理的关系。在中央集权主义的政府管治模式下，社会并没有太大的伸展空间。在政府无所不包的习惯下，社会的依赖性也日甚。服务性政府模式的推进，在农村社区还需要一定的制度安排方能承接。因此，厘清民乐村灾后重建的这些问题，实际上关涉政府和社会关系的重新架构。

"5·12"汶川特大地震发生之后，尽管社会力量井喷似爆发，志愿者和社会援助组织云集灾区，但由于制度性框架支撑的缺乏以及人性本身的软弱，这种社会力量犹如昙花一现，灾后重建的巨大重担依然回落到政府肩上。政府与社会都应该反思如何建设良性互动的关系。

参与式方法在民乐村的运用，着重体现在村民房屋重建和生计重建等两个方面的需求评估上。参与需求评估的群体，涉及村民、村民代表、村民小组长、村主任、村支书，还有乡镇干部、基金会工作人员、省内外相关领域的专家教授等。

参与式方法使用了群体思维、头脑风暴法、问题清单、社区关键人③访

---

① 三口之家补贴 1.6 万元，四口之家补贴 1.9 万元，五口之家补贴 2.2 万元，以全村家户人口数估算约合 1000 万元。

② 以下简称基金会。它可以代表正规的社会团体，具有社会组织的一般性特征。

③ 社区的关键人就是对社区的过去和现在很了解的人，还有可能影响社区将来的人。比如社区里德高望重的领袖、社区里的老人、有特殊技能的各种民间艺人（木匠、泥瓦匠、电工、水工等）、专业大户、妇女代表等。

谈、农户访谈、小组访谈、村民大会等工具。从准备到完成初步的村级需求评估历时数天①。有几个主要的阶段性工作步骤：

（1）组建参与式工作团队②，讨论形成灾后重建需求评估的结构式分析框架和问题清单③。这个讨论不是虚的，而是建立在团队成员在各自领域的丰富经验基础上的务实讨论。比如基金会工作人员在灾区三个月的大量亲身实践，乡村干部拥有的本土经验和本土知识，专家富有的专业理论和方法及其在各地试验的经验教训。

（2）工作团队进入民乐村，分组与村支书、村主任、村民小组长开展深度访谈，促使所有参与者了解民乐村村情；在专家指导下，由参与访谈的村民一起绘出村资源分布草图并实地踏勘，帮助包括村民在内的所有参与者了解民乐村各种资源和灾后重建的规划；在村干部带领下，工作队员分组选择典型农户做入户访谈和农户焦点小组访谈，帮助参与者了解灾后重建中村民的想法和困难。

（3）工作团队对民乐村灾后重建中的问题和可能的解决方案讨论形成初步结论和判断。为避免挂一漏万，各种被提及的问题和方案都尽可能地罗列并制成大字报。

（4）工作团队再进民乐村，在田间地头分别召开村组大会，动员村民参与讨论本村的问题及问题排序；结合民乐村现在和将来各种可能的资源，动员村民针对本村问题提出解决方案并排出优先顺序。例如，在民乐村四组的村民大会上，一位退休回乡的老工人和一群中年村民畅所欲言，在参与式方法的引导下，他们很快从被动的听众变为主动的参与者，直面灾后重建的种种困难并视重建为己任而非政府单方面的责任和义务。

（5）工作团队总结回顾民乐村灾后重建的需求和各种资源，与各利益相关方分享参与式需求评估的结果。各利益相关方对此回应，并根据各自的职责制订灾后重建的具体行动计划。

---

① 较规范的参与式方法在村级社区的使用通常在 1~2 周。乡村同质性假设可以适当缩短一些工作时间。

② 这个团队的成员包括大学生村干部、镇社会事业办主任、基金会工作人员、外部专家等。

③ 关于民乐村的分析框架和问题清单，包括社区基础设施现状和需求；社区人口、劳动力状况；社区资源和生产状况；社区重建规划和民意；重建中政府投入和政策。还包括：农户家庭状况；资源及生产状况；收入及支出状况；未来生计打算；对公共服务的需求和组织化的意见；农户对房屋重建方式、重建地址、重建结构、重建资金等等问题的考虑。

通过民乐村参与式乡村需求评估，我们发现：

（1）民乐村村民高度参与灾后重建需求评估，即使在外打工不能回家的家庭成员也致电家人表达意见。全村村民灾后房屋重建需求几乎具有一致性，排在第一位的都是"安全"，第二位的是"经济"，第三位是"方便舒适"。

（2）大多数村民在重建方式上倾向统建①，而不是自建。希望由村民房屋建设互助委员会②统一采购原材料，这样可以节省建筑成本。地震之后，整个灾区建筑材料价格涨势很猛，民乐村没有自己的砖瓦厂，建筑材料的采购成为一个非常现实的问题，加上一些不法商人囤积居奇，建筑材料一时间有价无市。

（3）针对村里（主要是上级政府）规划的集中建房点，多数村民没有意见。但是希望能够配套修建村内道路交通和公共设施。村民都希望房屋靠近自己的田地，方便耕种；同时又能靠近道路，方便出行。

（4）村民对灾后房屋重建的具体需求多样化。比如，关于农家房屋的设计，村民的意见是："不要修高了，容易垮"③，"睡房可以小点，但是晾房要大"④，"一定要有晒坝"⑤，"猪要从后院抬出来，不能从客厅里抬出去"，"房子的门脸要朝向路，不能朝北"⑥，"为了省钱，可以共用墙体"⑦，"可以

---

① 所谓统建是指统一规划安置点，统一设计房屋结构和类型。自建是指自己选择安置点，自己设计施工。两者的差别还体现在政府补贴款项的使用管理上和建筑材料的采购，以及宅基地面积和新建房屋面积差距问题。

② 房屋建设互助委员会是一个灾后新生的乡村民间组织，它建立在村民小组内，由村里的能人组成，其主要作用是合作采购原材料，协作建房中劳动力使用，监督援建资金使用合理等。

③ 农村修房子有攀比的心理。张家修3米层高的，李家就要修3.3米高的压过张家，才显得李家强。可是，"5·12"地震中，越高的房子越容易垮，所以农民怕修高的房子。抗震成了农村建房的第一个重点。

④ 农村的晾房就是堆晾粮食，放置锄头等生产工具的杂物间。

⑤ 每到秋收，农户的粮食就要找地方晒。凡是能摊得开的平地都是农民的晒坝。灾后重建，农民集中居住的住房面积比以前减少，农村的晒坝应该在集中规划建房面积时给予考虑。

⑥ 川西农村的房子不宜朝北，因为冬季多北风，下雨天雨水就会飘进屋子里。

⑦ 四川农村传统的房子大多数是林盘式样下的独立房体，自家户的房子不和其他家户的房子合用墙体，这样便于自己或他人拆房子的时候互不影响。地震之后，大多数受灾家庭没有钱修复原来的房子，政府也鼓励新选地址集中居住，建房中就牵涉共用墙的问题。村民愿意采取共用墙的建房设计，表明集中建房时可以联体修建三家以上。这样既可以节省成本，也可以节省土地。

学学城里人的居室设计"①，等等。城里的设计师们如果没有农村生活经验，无论如何是想不出来这些需求的。而这些想法都来自村民大会中农民表达的意见。灾后乡村永久性房屋重建需要参与式田野规划设计师来回应受灾村民的具体需求。

（5）灾后，大多数村民缺乏建房资金。同期调查显示，地震之后，民乐村95%的村民自有建房资金不足1万元，即使考虑到政府补贴的建房资金和基金会援助资金，仍有96%的村民需要贷款，其中贷款需求在2~4万元的农户占比超过60%。

（6）大多数村民对于灾后生计重建没有更多想法，依旧沿袭传统生产方式和生活方式，如种植业、养殖业和外出打工。

表2　民乐村灾后重建房屋贷款需求

贷款金额（元）	百分比（%）
1万元以下	10.6
2~3万元	37.6
3~4万元	28.2
4万元以上	23.5
合　计	100

种植业是农村基本的生产活动，小农生产方式在四川农村很难有新的突破。大多数农户对于规模化耕种或者合作化耕种没有积极性，对于农业生产结构的调整升级缺乏认识。即使农民一年只有两三个月的时间从事田间劳动，即使有一些土地流转或者开发经营其他经济效益更好的项目②，即使多数农户都希望到工厂上班挣现金，但是土地始终是农民的命根子，这是民乐村安定和谐的基础，也是我国农村社会稳定的基础。

农村剩余的低素质劳动力及其剩余的劳动时间是传统养殖业发展的主要生产资源。但是前几年受到"猪蓝耳病"影响，加上地震造成牲畜的大规模死亡，农户收入锐减。"5·12"地震之后，民乐村生猪存栏处于历史最低水平，90%以上的农户基本没有大型牲畜存栏。村民迫切希望房屋重建时配套建设猪圈、牛圈以恢复和发展养殖业，同时充分利用闲置的劳动力资源。另

---

① 四川农村民居之前大多是一字排开，占地较多，也容易垮，没有相互的结构性拉扯。村民认为城里的套间房子牢靠，节省土地，还洋气。

② 民乐村全村耕地面积1920亩，有200亩耕地以每亩350元价格承包给外地人种植银柳。村民组长认为这个很划算，除了转包费之外，还可以挣砍银柳的工时费。

一个迫切的需求是与养殖业有关的防疫技术培训。

外出务工是四川农村的一大现象。在民乐村也不例外,全村劳动力一半以上常年外出务工。调查显示,民乐村农户收入结构中,务工收入占比67%。地震之后,民乐村村民外出务工和以前相比出现三个变化[①]:

(1) 附近厂矿企业受到地震重创,停工停产,不招收工人,很多农民找不到活干。

(2) 女性外出打工减少。一村妇说:"房子都垮了,哪还有心思出去打工?"她们中的多数人留下来看守着破碎的家园。

(3) 外出打工者不论工钱多少,不论长工、短工,见活就干,目的就是尽快挣到钱,回家修房子。

对于大多数村民而言,交通不便、信息不灵、技术缺乏、资金不足、市场不熟悉是制约其发财致富的普遍问题。民乐村的村民说:"我们的优势,就是有劳力,有土地。劣势是,除了这些,其他什么都没有。"

三、参与式方法对灾后社区重建的作用和影响

观察分析民乐村灾后重建规划过程中参与式方法的应用过程和应用结果,至少有以下几个方面的作用和影响。

(1) 通过广泛的群众参与,一方面可以提高社会的满意度,另一方面可以提高政府回应社会需求的能力。通过广范围的深度访谈和群众大会,社区群众的意见得到充分的表达和交流,每个在场的村民都可以顺利参与到与自己密切相关的重建规划中。当每个人的意见都得到尊重,每个人都有话语权的时候,参与其实就是一种意见的表达。它既是过程,也是结果。"尽管我不赞成你的观点,但是我誓死捍卫你说话的权利",本质上就是公民对话语权的维护。平等参与的过程实现了"大多数人的意见,就是共识"的结果。在这个过程中,不同人、不同群体的意见和利益得到协商和平衡,经由这种协商和平衡可以提高社会满意度。

[①] 在民乐村召开村民大会时,村组干部通知每家每户来代表参加,在农村开这样的大会时,除了外出务工的人之外,都会派出在家里主事的人参加。在民乐村七组参加村民大会的60余人中,其中50岁以上的男性占比约40%,50岁以上的女性占比约15%,40~50岁女性占比约30%,30~40岁的人几乎没有,30岁以下的年轻男性占比约10%,30岁以下的年轻女性占比约5%。在四组的村民大会上,30~50岁的人占比约70%。七组靠近公路,四组靠近山脚,相对偏远一些。

"参与"应该是政府一直致力的、代表最广大人民群众利益的实现路径之一。受灾群众的困难和政府的重任之间的关系就是社会需求与政府供给的关系。在社会需求过大，政府能力有限的情况下，通过利益相关方的广泛深入参与，政府直面受灾群众的困难，双方达成相互理解和沟通。在这个过程中，政府积极有效地动员各种资源和力量，在将政府的重任具体化为实实在在的安民行动的同时，政府回应社会需求的能力得以提高。

"参与"是一种方法，更是一种理念。在参与过程中，如何兼顾社区内弱势群体的利益表达既是操作上的技巧，也是主导者应秉持的公平公正理念。比如，在灾后房屋设计中，周到地设计无障碍设施就是对特殊人群（如残疾人）需求的回应。

政府若要持续地回应社会需求，维持社会满意度，就需要将"参与式"理念贯穿到社会发展的相关环节和领域。而要将这种理念深入下去，一是需要专业的社会工作者，二是需要有序选择推进的领域。如灾后乡村生计重建、灾后城镇社区重建、新农村建设、城乡发展、精准扶贫、乡村振兴等事关民生的主要方面应成为优先考虑的领域。这既有利于政府决策科学化，满足人民对美好生活的向往，也有利于社会和谐稳定。

（2）"参与式"方法不仅可以提高政府的运行效率，也有利于改进政府与社会的关系。灾后重建，政府困难重重，资金不足是瓶颈之一。如何利用有限的资金撬动社会力量？在民乐村，我们看到通过参与规划重建过程，村民的思想和精神面貌发生了明显变化。起初，村民以为"统建就是政府统一建好房子，我们搬进去住"。通过参与式重建需求评估，基层政府的干部有机会将政府关于统建的政策等权威信息传递给村民。在政策解释的过程中，村民也得以理解政府的难处。社会组织得以动员各种援助性资源参与灾后重建活动。这种互动与合作是有效率的。

实现政府与社会良性互动的关系，需要三个条件。一是政府愿意改善与社会的关系，并动员社会力量；二是社会成员有意愿参与社会治理，并增进共同利益；三是专业力量提供科学指导，并促进政府与社会力量的有机融合。这三者缺一不可。

（3）"参与式"方法可以刺激社区群众对公共品的需求，促进社区自治能力建设。大灾难之后必有大的补偿，或曰"大难不死，必有后福"。这种信念植根在受灾群众心中，形成的灾后社会心理有两种倾向，一是成年人对未成年人的补偿性抚慰以期待未来的回报，二是成年人的自我抚慰以期待未来的补偿。弥漫在社会的这种心理，多了一些对外部世界的现实渴望。

因此，一方面我们需要将社会慈善制度化、常规化，将每一个好人好事转化成社会的慈善；另一方面，灾区重建要立足自身。其中重要的基础性工作就是社区自治能力建设。

社区自治能力的建设和社会组织的产生不是凭空的，它们应建立在社区群众对公共品需求基础之上。在城乡社会发展以及城市化进程中，居民相对集中居住是大势所趋。集中居住之后，紧接着就涉及一系列的公共设施建设问题，比如公共交通、公共娱乐活动场所、公共厕所、集中垃圾场等。越是现代化程度高的社会，对公共品的服务需求越广泛，群众参与公共领域治理的公共意识也就越强。对公共品的需求衍生出来的就是公共管理，包括社会治理。像民乐村这样相对落后的社区，村民对公共品的需求还局限在与自己利益紧密相关的内容上。比如大多数村民都认为很有必要由政府或基金会援建公共娱乐活动场所，但是如何管理，对民乐村村民来讲也是地震之后需要学习的新知识。调查显示，大多数村民都愿意付费委托他人进行管理。这无疑是群众参与社区自治、培育社区自治能力的一个开端。

（4）通过利益相关方共同参与，促进社区管理向社区治理转化。灾后村民住房建设互助组是地方政府在灾后重建实践基础上，建议村民小组组建的民间互助组织。虽然这样的民间组织不是草根自发，但是它体现了村民公共的利益，村民对这种民间组织的功能是认可的。互助组与村委会、村支部的性质不一样。村党支部在乡村社区，代表着执政党的声音和权威。在参与式灾后重建规划过程中，村党支部书记的立场是鲜明的，主要表现在两个方面：在与社会组织对话中，他代表村民和社区的利益；在与村民对话中，他代表党和政府，甚至是社会组织的利益。村委会的功能体现在具体的社区管理工作上，召集和协调村民的意见。互助组的性质是服务性的，其合法性体现在基层政府和村民的认同，与其他社会组织不同的是：它无须注册登记。互助组的建立，一方面有助于发挥乡村社区能工巧匠的作用，培育社区自治能力；另一方面也体现了地方政府在社会组织管理制度上的大胆尝试和创新。

在灾后社区自治能力建设过程中，传统的社区管理模式可以转型为以服务为导向的社区自治模式。比如，村委会可以探索转型为为村民服务的社区组织，在村民大会选举和委托下，村委会作为一级法人在政府管理机构合法登记注册，接受村民的付费委托开展公共服务，包括公共娱乐场所的管理，集体文化活动的组织，老年人的健身活动等；也接受政府或其他社会组织的委托开展公共品服务，如宣传政策、组织技术培训等。

在社区管理模式转型中，社区各有关组织的关系也面临改革。村党支部是执政党的基层组织，村委会是村民自治组织，因此村党支部与村委会的关系不是党和政府的关系，而是党和社会组织的新型关系。这种新型关系表现在执政党通过制定社会组织管理制度来监督社会组织的运行，保障社会稳定和谐。村里的其他社会组织，如灾后房屋重建互助组、养猪专业组、集中居住区垃圾管理组、社区老人活动中心等，因其草根性和非营利性无须到民政管理部门注册登记，而统由村委会牵头形成扇状组织，顺其自然，自我发展。社会有机运行机制在参与理念和参与方法下，在党和政府的支持以及社会其他资源的推动下，可以逐渐建立起来。

综上所述，"参与式"方法在地震重灾区民乐村重建规划中的探索使用，在一定程度上表明了政府组织与社会组织在促进社区发展上可以有效合作，政府可以更科学地回应社区和社区群众的需求，灾后参与式乡村重建可以为精准扶贫、乡村振兴以及城乡社区建设提供借鉴。

四、结　语

中国社会治理大致可以分成两个部分，一部分是乡村治理，一部分是城市治理，介于城市和乡村的小城镇的治理有其特殊性和游移性。总体上中国社会治理的根子和出路还是在乡村。改革开放以来，切入乡村治理的路径以环境保护和环境治理为主，并以此唤醒公民的环境保护意识直至公共权益的维护。另一个切入乡村治理的路径是扶贫，并以此促进公民的合作行为和合作意识，构建现代乡村社会。5·12汶川特大地震之后，尤其是灾后重建的中后期，一些继续留守在灾区开展服务活动的社会组织在沿袭乡村治理的上述路径之外，也使用了新的方法，开辟了新的领域，将灾后生计扶贫推进到乡村治理的核心：资源配置的权益及其在利益相关者之间的分割。近年来，随着政府精准扶贫战略的大规模、强力度推进，无论是灾后重建乡村社区的参与性空间，还是贫困乡村的参与性空间都大幅度萎缩，在一定程度上消减了来自基层的自主性和群众的内生性力量。